상담실의 단골손님

상담실의 단골손님
심리학 전성시대에도 답을 얻지 못한 당신에게

초판 1쇄 펴낸날 | 2025년 4월 22일

지은이 | 박신혜
펴낸이 | 고성환
펴낸곳 | (사)한국방송통신대학교출판문화원
　　　　(03088) 서울시 종로구 이화장길 54
　　　　전화 1644-1232
　　　　팩스 (02) 741-4570
　　　　홈페이지 https://press.knou.ac.kr
　　　　출판등록 1982년 6월 7일 제1-491호

출판위원장 | 박지호
편집 | 박혜원
편집 디자인 | (주)성지이디피
표지 디자인 | 오하라

© 박신혜, 2025
ISBN 978-89-20-05333-7　03180

값 18,000원

- 잘못 만들어진 책은 바꾸어 드립니다.
- 이 책의 내용에 대한 무단 복제 및 전재를 금하며, 지은이와 (사)한국방송통신대학교 출판문화원 양쪽 모두의 허락 없이는 어떠한 방식으로든 2차적 저작물을 출판하거나 유포할 수 없습니다.

상담실의 단골손님

박신혜 지음

심리학 전성시대에도 답을 얻지 못한 당신에게

지식의날개

일러두기

• 책에 등장하는 상담사례는 내담자의 사용 허락을 받았습니다.
• 일부 사례는 내담자의 익명성을 높이고 주제를 명료하게 전달하기 위하여 실제와 조금 다르게 가공하였습니다.

심리학 책을 읽어도 마음은 왜 나아지지 않을까

"좀좀허라, 좀좀허라."

한강 작가의 작품 세계를 다룬 MBC의 다큐멘터리 〈한강이 온다〉에 나온 '잠자코 있어라, 조용히 해라(입 다물어라).'라는 뜻의 제주 방언입니다. 제주 4.3사건 당시 무자비한 학살로 집안의 모든 남자 어른을 잃은 한 소년이 그분들에 대해 어머니께 물을 때마다 돌아왔던 대답이라고 합니다. 절대 입에 올려서는 안 되는 이야기, 묻지도 않아야 하는 아픈 이야기.

우리에게 '트라우마'라는 단어가 주어지기 전까지 우리는 이 비참하고 무거우면서도 형언할 수 없는 경험을 무엇이라 불러야 했을까요? 한(恨), 히스테리, 광증(狂症) 등이 모자라나마 그 고통을 부르는 단어들이었을 겁니다.

'트라우마'라는 용어가 등장하고 나서야 우리는 비로소 우리가 겪은 것이 무엇인지를 공공연하게 입에 올릴 수 있게 되었습니다. 더 이상 '좀좀허지' 않아도 되는 세상이 열린 것이지요. 심리학 덕분에 우리는 아픈 경험은 시간이 흘러도 잊히거나 사라지지 않고 계속 우리 안에 실제적인 고통으로 남아 있다는 것을 발견하였습니다. 또한 인간의 경험은 말로 표현할 때 비로소 하나의 완결된 이야기로 뇌에 저장되고, 자동적으로 느끼는 고통과 분리되기 때문에, 어떤 경험이든 그것을 말로 옮기는 것은 치료의 핵심 원리라는 것도 알게 되었습니다. 프로이트가 처음으로 개업한 클리닉에서 만났던 부르주아 여성 환자들이 프로이트에게 자신이 입은 학대의 경험을 털어놓았듯, 사람들은 이제 심리학에 대해, 상처 입은 경험에 대해 서로 이야기하며 치유를 시도합니다.

그런데 요즘 한국에서 심리학적 개념들이 사람들의 입에 오르내리는 방식은 어딘가 시원치 않아 보입니다. 어린이도 '자존감'이라는 단어를 쓰고, 저마다 자신의 '애착 유형'을 테스트해 보고, 친구의 '번아웃'을 염려하기도 하지만, 정작 우리가 가고 있는 방향은 정신적 건강함과 거리가 먼 것 같습니다. 이 책은 그 문제의식에서 시작되었습니다. 우리가 사는 세상이 인간이 살아가는 데 충분히 좋았던 적은 한 번도 없었다 하더라도, 적어도 우리의 마음이라도 건강하게 지키기 위해 이렇게 많은 애를 쓰는데 우리의 상태는 왜 이전과 별반 다르지 않은 걸까요.

예를 들어 우리는 트라우마를 경험한 사람에게 '네 탓이 아니야.'라고 말해 줘야 정답이라는 것을 압니다. 힘들어하는 친구에게 '이제 그만 과거에서 자유로워져라.'라고 말해야 정답이라는 것도 압니다. 아이가 태어나면 최소한 세 살까지는 주 양육자가 사랑으로 키워야 세상과 안정적인 애착을 맺는다는 것도 압니다.

그래서 열심히 합니다. 나 자신에게도 친구에게도 네 탓이 아니라고 말해 주고, 과거에서 자유로워지라고 마치 구호처럼 외쳐 줍니다. 자녀에게 '안정적 애착'이란 걸 형성해 주기 위해 일과 육아 사이 아슬아슬한 줄타기를 하며 최선을 다해 아이의 마음을 돌봅니다. 그런데 개운치 않습니다. 나쁜 일이 생겼을 때 아무리 네 탓이 아니라는 위로를 들어도 어떤 부분은 내 탓, 내 잘못이라는 찜찜함에서 벗어날 수가 없고, 과거에서 자유롭다는 것이 대체 어떤 상태를 의미하는 건지 솔직히 잘 모르기 때문입니다. 아이가 세 살이 될 때까지 육아에만 매진하는 것도 현실적으로 쉽지 않고, 그래서 좋은 아이를 길러 낼 수 없다면 그냥 출산을 포기하는 게 낫다고 생각하기도 합니다.

그러니 유행하는 개념들을 이야기하면서 우리는 결국 건강한 애착, 과거로부터의 자유로움, 트라우마로부터의 회복이 우리에게 가능하지 않다는 사실만 반복적으로 확인하는지도 모르겠습니다. 내가 경제적인 수준뿐 아니라 마음의 수준마저 흙수저라는 사실만 확인하고 씁쓸하게 심리학 책을 덮는 것이지요.

심리학 전성시대에 우리가 느끼는 풍요 속 공허함을 채우기 위해 저는 이 책에서 개념과 정답 사이의 빈 공간을 채워 드리려고 합니다. 그러기 위해 먼저 1부를 통해 우리 사회에 심리학의 인기와 유행이 어떤 의미와 배경을 가지는지 살펴볼 것입니다. 비출산, 반반결혼, 수저론, 갑질 등의 키워드로, 심리적 고통이 팽배한 한국사회에서 심리학은 현재 어떤 역할을 수행하고 있는지 알아보겠습니다.

이어서 이 책의 백미라고 할 수 있는 2부에서는 애착, 트라우마, 자존감이라는, 상담을 하다 보면 가장 자주 등장하는 단골 개념들을 쉽고 촘촘하게 해설하려 합니다. 예를 들어 우리가 '과거에서 자유로워져야 한다.'라고 할 때의 과거란 무엇인지, 그 과거에서 자유로워진다는 것은 우리 뇌에서 어떤 반응이 일어나는 것인지, 그래서 과거에서 자유로워진 사람은 대체 어떻게 살게 되는 것인지를 상담 사례를 통해 실감 나는 이야기로 이해를 돕고자 합니다.

3부는 최신 뇌과학의 연구 자료를 가지고 와서, 우리는 왜 몸과 마음이 찌그러진 채 모험도, 도전도, 즐거움도 없는 삶을 살고 있는 것인지, 그럼에도 우리 중 누군가는 어떻게 용기 있는 모험가가 될 수 있는 것인지, 왜 친구들은 내 이야기에 공감을 안 해주는지 등을 심리학과 상담, 뇌과학의 지식들을 촘촘하게 엮어 이야기할 것입니다.

마지막 4부에서는 좀 더 현실적인 고민들, 예를 들어 나의 우울한 마음에는 요가가 필요한지 정신과 방문이 필요한지, 상담에 관심 있는 분들을 위해 상담이란 무엇인지, 가까운 이들의 우울증과 자살은 어떻게 대처할 수 있을지 등에 대해 현실적인 조언을 드리고자 합니다.

똑똑하고 역동적인 한국사회의 구성원인 우리들은 마음에 대한 새로운 사실들을 맹렬하게 받아들일 준비가 되어 있음에도, 정말 알아야 할 중요한 근거와 원리들은 두껍고 무거운 이론서 속에 딱딱한 용어와 전문지식으로만 남아 있었습니다. 그러다 보니 처음엔 아픈 곳의 혈을 정확하게 찌르는 약침으로 작용했던 심리학 개념들이 어느 순간, 있으나 마나 한, 알음알음 붙여 보며 효과가 없다고 투덜거리는 수지침과 같이 무뎌지고 만 것이지요. 심리학적 개념들, 상담의 용어들이 정말 사용되어야 할 곳에 제대로 사용되도록, 그래서 여러분의 자기 이해를 정말로 잘 도울 수 있도록 실제 상담사례와 일상적 경험을 토대로 근거와 원리를 설명하고자 합니다.

이 책이 세상에 나올 수 있었던 것은 매시간 나를 가르쳐 주고 어리석음과 편견을 부수어 주며 인간에 대한 존경심을 갖게 해준, 그리고 사례를 공유할 수 있게 허락해 준 내담자분들이 계셨기에 가능했습니다. 저와 상담으로 만난 모든 분이 저의 교사이자, 선배님이 되어 주셨습니다.

또한 제 원고를 출판해 주신 한국방송통신대학교 출판문화원 '지식의 날개'에 깊은 감사의 말씀을 드립니다. 불완전한 아이디어와 내용을 예리한 피드백과 인내심으로 이끌어 주셨기에 완결된 책이 될 수 있었습니다. 이 책의 최초 아이디어 역시 '지식의 날개'에서 출판한 루이스 코졸리노의 《심리치료의 비밀》을 접하면서 시작되었습니다. 코졸리노의 가르침을 통해 상담이 무엇인지, 내가 하는 일이 무엇인지를 확실히 이해하게 되었고, 이 정보를 사람들과 공유해야 겠다는 계획을 세우면서 점차로 다른 이론들과 연결되며 이 책으로 확장되었습니다. 그러므로 코졸리노 박사뿐 아니라 《몸은 기억한다》와 같은 명저를 저술한 베셀 반 데어 콜크와 같은 위대한 심리학자, 치료자, 연구자분들께도 감사와 존경을 표합니다.

서강대학교와 대학원의 은사님들 그리고 긴 시간 상담을 가르쳐 주시고 저를 상담자로 양육하여 주신 김양희 교수님께 깊은 감사와 존경의 마음을 드립니다. '나무와 숲 심리상담센터'의 훌륭하신 선생님들, 수련생으로 만나 오늘날까지 서로 사랑하고 의지하는 '굿 오브젝트 클럽'의 동료들, 저의 상담자 백혜수 선생님, 멀리서 지켜봐 주시는 인천대학교 이지연 교수님께도 말로는 부족한 애정과 감사를 드립니다. 마지막으로 내 곁에 있어 준 소중한 가족, 그리고 친구로 남아 준 이들에게 자리를 빌려 사랑과 감사를 전합니다.

프롤로그: 심리학 책을 읽어도 마음은 왜 나아지지 않을까 05

Part 1. 마음을 발견한 한국사회

1. '순수한 관계'의 등장
- 오직 행복을 위해 여기 왔노라 16
- 심리학은 반반결혼을 먹고 자란다 18

2. 심리적 수저론과 비출산
- 마음의 흙수저에게 심리학이 일으킨 박탈감 21
- 비극을 반복하지 않기 위해 출산을 거부하는 세대 25

3. 넘치는 자기애와 갑질 사회
- 만인의 만인에 대한 갑질 28
- 공평함 속에서 무한히 경쟁하는 한국인 29
- 무한 경쟁은 어떻게 자기애를 강화하는가 33
- 자기애는 어떻게 특권의식을 강화하는가 35
- 갑질의 피해자에서 가해자로 37

4. 성공의 심리학?
- 내가 상처를 덜 받았더라면 더 성공했을 텐데 40
- 솔루션과 모범답안을 찾는 사람들 42

Part 2. 마음에 대한 오해와 진실

5. 애착: 당신을 쥐고 흔드는 현재진행형 과거

- 불안정 애착, 이제 와서 어쩌라고요 48
- 애착은 곧 생존이다 50
- 내 옆의 이 사람이 안전하다는 느낌 51
- 우리에게 드리운 부모의 그림자 56
- 과거는 지나가지 않고 매 순간 활성화된다 61
- '무의식'에 휘둘리고 '의식'의 '말빨'에 속고 사는 우리들 64
- 우리가 단단히 착각하는 세 가지 69
- 상담실에 들어오는 단체 손님 74
- 의식이 무의식의 고삐를 잡도록 79
- 가장 깊고 넓은 기억의 도랑 86

6. 트라우마: 빠져나갈 수 없는 촘촘한 그물

- 어디까지가 트라우마일까 89
- 트라우마에 대한 새로운 정의 91
- 프로이트, 명성을 건지려다 트라우마를 낚다 93
- 트라우마 앞에 놓인 오직 두 가지의 선택지 95
- 자책을 대신할 지식 100
- 스트레스에 대한 우리의 편견 104
- 제가 흠잡을 데 없이 야무졌어야 해요 112
- 트라우마를 부인하는 사회 116

7. 자존감: 무수한 혐의를 뒤집어쓴 실체 없는 유명세

- 자존감이라는 '치트 키' 121
- 낮은 자존감은 애정결핍의 결과이자 불행한 삶의 원인? 125
- 쉽게 포기한다 = 자존감이 낮다 130
- 전쟁통에 자존감 찾기 135

Part 3. 마음을 머리로 이해하기

8. 뇌 가소성: 되돌아갈 순 없지만 경로 변경은 가능하다

- 뇌는 죽을 때까지 매 순간 새로 연결된다 144
- 좋은 관계 안에서만 학습이 이루어진다 148
- 두꺼운 신경의 경로 옆에 얕은 길을 내 보기 154

9. 편도체: 생존 말고는 아무것도 모르는 바보

- 도전하라! 전세 보증금을 걸고 159
- 안전하다고 느끼는 자만 위험을 무릅쓴다 161
- 생존을 위해 모든 걸 희생시키는 편도체 164
- 트라우마는 관계를 파괴한다 165

10. 변연계와 대뇌피질: 과거에 저당 잡힌 현재와 미래

- 40년 전의 어느 날을 반복하는 우리 170
- '명료화'와 '비엔나 햄' 172 • 뇌를 새로고침 하는 언어의 힘 175
- 오른쪽 뇌의 농간 180 • 상담의 적(敵), 공감 183

11. 피질 아래의 자아: 감춰진 진짜 문제

- 자기계발 vs. 상담 186 • 뇌는 변하지 않기 위해 방어한다 191
- 새로운 것을 배우지만 이전의 것도 잊기 어려운 우리 194
- 다시 'evenly hovering attention' 198

12. 36개월의 신화: 경단녀와 불안정 애착 사이에서

- 자녀를 수확하는 나라 202 • 내 아이의 완벽한 36개월? 205
- 양육의 딜레마 211 • 학창 시절 차별과 억압에 대한 기억 216
- 부모는 교육의 대상일까 219

Part 4. 마음을 위한 걸음 내딛기

13. 정신과, 요가 중에서 고민 중이시라고요?
- 건강했던 시절이 기억나지 않는다면 224
- 심리상담을 감당해 낼 자신이 없다면 228
- 자신을 돕지 못하고 자꾸만 방치한다면 230

14. 같은 잘못을 반복하지 않으려면
- 상담, 당신을 비출 새하얀 스크린 231
- 우리는 부모와 대응되는 존재인가 236
- 무의식의 다음으로 243

15. 당신, 가족, 친구의 자살 신호 알아채기
- 음소거 버튼이 눌린 머릿속 246
- 아무것도 느껴지지 않으므로 변화할 방법이 없다 247
- 설명할 수 없는 상태 249
- 끝없이 불리해지는 상황 253
- 주변 사람이 우울증인 것 같다면 257

에필로그: 상담자들에게 드리고 싶은 이야기 259

참고문헌 267

Part 1

마음을 발견한 한국사회

1. '순수한 관계'의 등장
2. 심리적 수저론과 비출산
3. 넘치는 자기애와 갑질 사회
4. 성공의 심리학?

'순수한 관계'의 등장

오직 행복을 위해 여기 왔노라

"제가 가난하고, 신분이 낮고, 못생기고 작은 여자라고 해서, 저한테 영혼도 감정도 없다고 생각하세요? 저도 당신처럼 영혼이 있고, 당신만큼 풍부한 감정도 있어요! (중략) 우리는 평등해요."

-샬럿 브론테《제인 에어》중에서-

위의 대사는 소설《제인 에어》속의 한 구절입니다. 고아 출신으로 어렵게 학교를 졸업하고 가정교사가 된 제인 에어가 자신을 고용한 고용주이자 대지주인 로체스터에게 울분에 가득 차 외치는 대사죠. 제인의 곁을 맴돌며 마음을 떠보고 희망 고문을 하던 로체스터가 어느 날 미모의 여성을 데려와 자기와 어울리는지 따위의 질문을 해 대자, 이미 그를 좋아하게 되어 버린 제인은 해고를 각오하고 시원하게 포효해 버립니다.

　오늘날 보면 너무나 상식적인 이야기를 저렇게 비장하게 외칠 일인가 싶지만, 당시 영국사회는 《제인 에어》를 금서로 지정할 정도로 충격을 받았습니다. 하녀와 같은 식탁에 앉아 식사를 하는 가정교사가 대지주인 남자 주인에게 자신에게도 똑같은 영혼과 감정이 있다고 주장하다니. 이 소설의 도발은 여기서 끝이 아닙니다. 소설의 후반부에서 제인은 성직자인 사촌오빠의 청혼을 거절하고, 그 사이 빈 털터리가 된 로체스터에게 돌아옵니다. 선교사의 아내가 되어 희생의 덕을 쌓아 다음 생의 구원을 바라느니, 사랑하는 남자와 '지금, 여기'에서의 행복을 추구하는 여자 주인공은 당시에는 듣도 보도 못한 인물이었습니다.

　19세기 후반에 탄생한 제인 에어의 '평등'과 '마음'에 대한 선언은 20세기 초반에 태동한 심리학을 발판으로 21세기를 사는 우리의 보편적 상식이 되었습니다. 모든 인간에게 감정, 즉 마음이 있다는 것을 발견한 우리는, 누군가 행복하다면 나도 그만큼 행복할 수 있다는 인식을 갖게 된 것입니다.

　오늘날의 정치적·사회적 배경은 이러한 인식을 더욱 공고히 하고 있습니다. 기든스(1992/2001)에 따르면 우리가 관계 안에서 발생하는 문제들에 집중하며 '건강한 친밀감'을 얻으려 노력하게 된 배경에는 정치적 민주주의와 경제적 자유주의의 확산이 있었고, 이런 환경에서 '순수한 관계(pure relationship)'라는 개념이 생겨났습니다(서

우빈 외, 2023에서 재인용). '순수한 관계'란 쉽게 말하면, 사람들 사이에서 내가 시아버지니, 너는 며느리니 하는 계급장을 떼고 '너와 내가 사이좋게 행복한가?'만을 중시하겠다는 것입니다. 이제는 더 이상 봉건사회가 아니므로 모든 인간은 서로 평등한 위치일 뿐, 누군가가 누군가에게 고개를 조아리고 복종할 이유가 없어진 것이지요. 윗사람의 권위와 아랫사람의 도리는 이제 '순수한 관계'로 대체되고 있습니다. 오늘날 한국사회는 '반반결혼'이라는 이름으로 이 순수한 관계를 대변하는 중입니다.

심리학은 반반결혼을 먹고 자란다

이제 막 신혼 생활을 시작한 30대 여성 B씨가 있다고 합시다. 직장을 다니는 B는 자신이 모은 돈과 남편이 모은 돈으로 전세금과 혼수를 마련해서 결혼생활을 시작했습니다. 그런데 남편이 연애 때와는 다르게 말투가 툭툭거릴뿐더러 신혼여행에서 돌아오자마자 시간이 조금이라도 나면 방에 들어가 게임에 몰두해 버립니다. 주말에 오붓하게 데이트도 하고 집안일도 오순도순 소꿉놀이하듯 하고 싶은데 남편은 게임만 하거나 술약속이 있다며 집 밖으로 나가 버립니다. B는 남편에게 진지하게 대화를 요청했지만 남편의 반응은 미지근합니다.

B는 지체 없이 이혼을 결심합니다. B에게 결혼은 남편과의 친밀

하고 행복한 관계를 누리기 위해 필요한 것이었습니다. 그런데 결혼이 행복을 주지 못하니 유지할 이유가 없습니다. 시부모와 친정부모가 B를 설득하기 위해 아내의 도리, 며느리의 의무, 결혼으로 맺은 관계는 쉽게 깰 수 없는 것 등을 이야기해 보지만 B에게는 씨알도 먹히지 않습니다. 시가에서 집을 받은 것도 아니니 원래 살던 대로 보증금을 빼서 다시 오피스텔을 얻으면 그만이고, 남편에게 생활비를 받아 쓴 적도 없으니 월급은 원래대로 내 것을 쓰면 됩니다.

말하자면 가부장적 권위와 경제력에 기대서만 생존과 안전을 보장받을 수 있는 시대가 아니기 때문에 B는 더 이상 사랑을 느낄 수 없는 남편과 관계를 유지할 필요성을 못 느낍니다. 이렇듯, 심리학의 유행과 '반반결혼'의 출현은 서로 떼려야 뗄 수 없는 관계입니다. 고난을 견디면 '나중에' '구원'을 주겠다는 약속을 포기한 우리는, 방법을 익히기만 한다면 '행복'이 '지금, 여기'에서 가능하다는 심리학(Lembke, 2022)에 기대는 것이 어쩌면 당연한 수순이 된 것입니다.

부모가 아이에게 해로운 영향을 끼쳐서는 안 되며, 자신의 잘못을 인정함으로써 진정한 부모가 되어 민주적인 가정을 이끌어야 한다는 생각도 비슷한 맥락에서 생겨났습니다. 의무와 도리에 의해 유지되는 관계는 가치가 없어진 것입니다. 괴롭히는 장모님을 죽어도 보고 살아야 할 이유가 없고, 나를 어려서 버린 부모가 병에 걸렸다고 해서 자식이라는 도리 때문에 부양해야 할 이유도 없습니다. 관계가 주는 행복이 있을 때, 양질의 친밀함이 있을 때 그 관계는 유지할 가치를 지닙니다. 이와 관련해 기든스(1992/2001)는 재미있는 예를 가져옵니다. 성인이 된 자녀가 양부모를 부양해야 하는 상황이 생겼을 때, 그 자녀가 얼마나 열심히 양부모를 돌볼 것인가는 양부모가 자녀를 양육하던 시절 자녀에 대해 얼마나 사랑하고 헌신하며 친하게 지냈는가에 따라, 얼마나 건강한 친밀함이 있었는가에 따라 그 의무의 수준이 결정된다는 것이지요(서우빈 외, 2023에서 재인용).

그래서 우리 세대는 오은영 박사님이 진행하는 TV 프로그램에 등장하는 '금쪽이'를 보며 공감하고 분노합니다. 아이들이 더 이상 억압받지 않도록, 부모들이 부족하게라도 '순수한 관계'에 봉사하는 것이 중요해진 것입니다(서우빈 외, 2023). 심부름을 시켜 놨더니 꾸물거리고 늦게 왔다고 애 얼굴에 두부를 던져도 '부모가 애한테 그럴 수도 있지.'라며 이해받은 것이 부모 세대였다면, 두부를 사 와서 촉감놀이를 안 시켜 주고 찌개에 다 넣어 먹어 버리는 것만으로도 아이의 발달을 저해한 건 아닌지 찜찜해하는 것이 요즘 부모들의 기본 마인드가 되었습니다.

요즘 부모들은 자녀와 순수한 관계 속에서 양질의 친밀감을 쌓기 위해 애쓰는 한편, 권위적이었던 그들의 부모로부터 입은 상처를 심리학이라는 도구를 통해 치유하는 데도 관심을 쏟습니다. 행복한 관계를 돕고 자아실현에도 효과적이며 치유의 도구이기도 한 심리학에 우리는 그렇게 더욱 몰입하게 되었습니다.

심리적 수저론과 비출산

마음의 흙수저에게 심리학이 일으킨 박탈감

순수한 관계 속에서 희망에 부풀어 심리학에 몰입하게 되었건만, 여기서 의도치 않았던 부작용이 발생합니다. 우리는 불행하지 않기 위해 심리학을 공부하지만 동시에 심리학을 접하며 우리가 얼마나 불행하게 살아왔는지 깨닫고 말았습니다. 오은영 박사님이 진행하는 솔루션 프로그램들, EBS에서 방영한 여러 양육 프로그램들은 아이가 가지는 문제 중 많은 부분은 아이 고유의 것이라기보다는 부모와의 관계에서 오는 불협화음의 결과 또는 부적절한 부모의 양육이 아이에게 입힌 피해라는 인식을 갖게 했습니다(윤예영, 2022).

양육 프로그램들이 유행을 끌기 시작하면서 충격을 받은 채 상담소에 오는 내담자들을 종종 만나게 됩니다. TV에 나온 출연자가 겪은 일이 자신이 겪은 일과 똑같은데 프로그램에 나온 전문가들이나 진행자들이 그것은 '일종의 아동학대'라고 하거나 '부모의 과오'라고 말하는 것을 보았던 것이죠. '사랑의 매'였다고 애써 덮고 살았던 부모의 폭력이 사실 부모의 화풀이였다는 것을 알게 된 순간 걷잡을 수 없는 혼란에 빠져 상담소를 찾아온 것입니다. 또는 나름의 방식으로 분노와 억울함을 해소하려 몇 년이고 노력해 보지만 결국 잘 안 되었다는 결론을 내린 후 방문하기도 합니다. 또는 다른 문제를 겪다가 그 밑바탕에 깔린, 꺼지지 않고 타고 있는 부모에 대한 화를 깨닫고 오는 경우도 많습니다.

다시 말해 부모가 부러뜨려 놓은 자신의 '꺾인 마음'이 자기 삶의 전반적인 부분에서 악영향을 미쳤음을, 자신이 더 성공하거나 더 행복할 수 있었던 기회들을 날리고 이렇게 지지부진하게 살게 된 것이 부모에게 상처받은 유년에서 시작되었음을 인식하게 된 것이지요.

젊은 세대일수록 "넌 할 수 있어, 라고 / 말해 주세요 / 그럼 우리는 무엇이든 / 할 수 있지요!"라는 노래를 부르며 자라 왔습니다. 그런데 아이러니하게도 젊은 세대일수록 원한다고 해도 무엇이든 할 수 없다는 것을 뼈저리게 실감하며 살고 있습니다. 집안이 좋은 친구들이 외모도 뛰어나고, 공부도 잘해 다시 좋은 직업을 가지고 좋은 집안의 배우자를 얻는 현실을 관찰하게 된 것입니다. 이것이 바로 수저론입니다. 그런데 여기에 한 가지가 더 얹어집니다. 부자면 심술궂고 인격적으로 덜 성숙해야 하는데 반대의 현상이 관찰되기 시작한 것입니다. 부자 부모님을 가진 친구들이 해맑고 꼬인 데 없고, 사람들에게 호의적이고 예의 바르며, 부지런하고 성실하며 계획성 있게 살아가는 모습이 목격됩니다.

돈이 없거나 인물이 못난 것도 서러운데, 좌절감과 열등감을 부모에게 물려받은 우리에 비해, 지지적인 부모를 가진 그들은 세상에 대한 신뢰, 높은 자존감 등 정신적인 건강함에 있어서까지 우월합니다.

하다못해 성공한 연예인의 부모가 TV에 나와 그 연예인이 청소년기나 초기 청년기 시절에 방황했던 이야기를 나눌 때면, 성공한 연예인은 곧잘 눈물을 흘리며 부모님에 대한 감사의 마음을 표시합니다. 자신이 가장 초라하고 무능력하고 갈피를 잡지 못했을 때조차 묵묵히 지켜봐 주거나 때로는 응원과 지원, 애정을 아끼지 않았던 부모님에 대해서 말이지요. 마치 가정의달 시즌마다 홍삼CF에 나오는 자애롭고 현명한 부모님의 표상 같습니다.

그 모습을 지켜보는 시청자들은 그 연예인과 부모의 마음에 공감도 하지만 한편으론 씁쓸한 마음을 감출 수가 없습니다. 열심히 살았던 자신에게 무관심했거나, 칭찬과 인정은커녕 입만 열면 기를 죽였던 나의 부모에 대한 기억이 떠오릅니다. 용기를 가지고 뭔가를 도전해 보려 했을 때 그게 얼마가 드는데 네가 성공할 수 있겠느냐며 가로막은 부모가 떠오릅니다. 힘들어서 부모에게 도움을 청할라치면 오히려 화를 버럭 내거나 훈계를 하거나 또는 자기 문제에 빠져 허우적대느라 자식은 안중에도 없던 부모의 얼굴이 떠오르기도 합니다.

성공한 연예인과 우리 자신의 차이는 재산과 성공의 수준, 대중의 사랑을 얼마나 받느냐의 수준에만 있는 것 같지 않습니다. 이제 우리는 건강한 마음, 당당한 멘털, 바른 심성마저 입에 물고 태어나는 수저에 담겨 있다는 사실을 알게 된 것이지요. 우리의 부모는 적은 돈과 부적절한 생활 방식, 여드름성 피부와 질병뿐만 아니라 건강하지 못한 마음, 상처받은 기억을 우리에게 물려줌으로써 내가 느낀 불행과 내가 경험한 실패, 고질적인 나의 문제 행동들의 시작과 끝을 결정하게 된 것 같습니다.

이렇게 우리는 우리의 마음마저도 수저계급이 있다는 것을 알게 되었지만, 우리에게는 불행하게도 어떤 경험이 인간에게 도전적이며 성장을 촉진하는 경험으로 남을 것인지, 트라우마로서 정신병리에 기여하는 경험으로 남을 것인지를 분별하거나 예측할 능력이 없습니다. 그저 최선을 다해 상처와 스트레스를 주지 않는 것이 우리들의 의무가 되었습니다. 양육자로서, 또 사회 구성원으로서의 우리가 자녀나 공동체의 다른 구성원들에게 상처를 줄까 봐 조마조마한 상황을 맞이한 것입니다. 그런데 상처를 주지도 받지도 않고 살아가겠다는 결벽주의는 실현 불가능합니다. 우리가 사는 세상은 소수만이 성공과 충분한 안전을 보장받고 사회는 한 번도 충분히 안전한 적이 없는 취약성을 가지고 있기 때문이지요(Porges, 2020). 그러니 비극을 반복하지 않는 방법은 생명을 더 이상 이 세상에 내어놓지 않는 것밖에 없다는 결론에 이르고 맙니다.

비극을 반복하지 않기 위해 출산을 거부하는 세대

"아니오!"

나는 순간적으로 즉시, 망설이지 않고 말했다. 거의 본능적으로 튀어나온 말이었다. '본능적'이라고 표현한 것은, 그 사이 우리의 본능이 실제의 본능대로가 아니라 본능과는 반대로 작동하는 것이 아주 자연스러워졌기 때문이다. 말하자면 우리의 반(反)본능적인 것이 본능을 대신해 작동하는 것이다.

-임레 케르테스,《태어나지 않은 아이를 위한 기도》중에서-

2002년 노벨문학상 수상 작가 임레 케르테스의 소설《태어나지 않은 아이를 위한 기도》는 이렇게 도발적인 문장으로 시작합니다. 자전적 성격이 짙은 이 소설에서 숲에서 만난 한 철학박사가 주인공(작가)에게 "아이가 있느냐?"고 묻자 주인공은 온 힘을 다해 "아니오!"를 외칩니다.

2003년 한국에서 출간된(원작 발표는 1990년) 소설임에도 2025년 현재의 한국 사람들의 머릿속을 그려 낸 것 같습니다. 아우슈비츠 수용소에서 살아 돌아온 주인공은 이런 세상에 절대로 새로운 인간을 내놓아 살아가도록 하는 과오를 저지를 수 없고, 자신의 생명은 자신으로 마감하겠다는 굳은 결심을 합니다. 작가이자 번역가로 살아가는 주인공은 때로 사람들과의 토론 자리에서 "아우슈비츠는 이해 불가능한 사건"이라고 장엄하게 말하는 사람들을 만나곤 하는데

이에 대해 주인공은 매우 시니컬한 반응을 보입니다. 주인공에게 이해가 안 되는 것은 아우슈비츠만이 아니었던 것입니다. 5세부터 지내야 했던 강압적이고 가부장적인 분위기로 가득했던 기숙학교에서의 삶도, 아버지가 한 번도 제대로 설명해 주지 않았던 부모의 이혼 사유도, 자신에게 언제나 차가웠던 아버지의 태도도 어차피 이해가 가능하진 않았던 것이지요. 주인공 즉, 작가는 아우슈비츠에서의 경험은 기숙학교에서 경험한 것들의 확대판이었을 뿐이라고 이야기합니다.

그래서 작가보다 15세 연하이자, 의사인 아내가 그에게 아이를 갖자고 제안했을 때, 그는 거의 발작적인 거부 반응을 보입니다.

"안 돼!"
나는 울부짖으며 소리쳤다.
"그런 유년시절이 아이, 당신 혹은 내게 닥쳐서는 절대로 안 돼!"

케르테스에게 삶이란 살아남은 것이 말도 안 되는 부조리한 것이었으므로 이런 세상에 아이를 태어나게 한다는 것은 상상도 할 수 없는 만행이었던 것이지요.

유대인 대학살의 현장에서 살아 돌아온 작가가 장착한 '반(反)본능적인 본능'이 오늘의 한국을 살아가는 우리의 본능이 되었다는 사실은 많은 생각할 거리를 던져 줍니다. 부모는 자기처럼 무시당하고 고생하는 삶의 굴레를 자기 대에서 끊어 내겠다며 우리를 공부시켰는데 우리에겐 그 논리가 훨씬 확대 적용되었습니다. 삶이라는 것 자체가 내 대에서 끊어 내야 하는 대상이 되었으므로 존재하지 않을 그 누군가를 위해 우리는 '생명'을 내 대에서 끊어 내기로 한 것입니다.

나의 문제 많은 멘털은 문제 많은 멘털을 가진 존재를 길러 낼 수밖에 없을 테고 그 문제 많은 멘털을 가진 나의 자손은 결국 자기 삶에서 그 멘털에 걸려 넘어지고 말 것이라는 공포가 우리를 사로잡았습니다. 상처 주는 부모가 되느니 상처받은 자녀로 남아 여기서 이 상처를 끝낸다는 것이 심리적 흙수저들이 취할 수 있는 가장 현명한 선택지인 것입니다. 이렇듯, 마음을 발견한 우리 세대는 가해자가 되지 않기 위해 출산을 거부하는 세대가 되었습니다.

넘치는 자기애와 갑질 사회

만인의 만인에 대한 갑질

그런데 여기서 이상한 현상이 관찰됩니다. 우리가 이렇게나 진지하게 자신과 타인의 마음에 관심을 가진 적이 없었음에도, 그래서 아이를 낳아 상처를 주느니, 아이를 낳지 않겠다는 극단에까지 이르렀음에도 불구하고, 근래에 '갑질'이라는 마음에 대한 공격행위의 빈도 역시 그에 맞먹는 수준으로 많아진 것입니다. 이제 갑질은 거의 모든 곳에서, 거의 모든 연령과 성별과 계층에서 행하는 보편적인 행위가 된 것 같습니다(최항섭, 2018). 오죽하면, 갑이라고 할 만한 지위와 권위가 없는데도 갑과 같은 행위를 하는 사람들을 일컫는 '을질'이라는 용어마저 등장했을까요. 구청이나 행정복지센터에서 복지 관련 업무를 하면, 인류애를 잃는다는 이야기도 심심찮게 들립니다. 조직 내 권력의 차이에서 오는 갑질의 피해를 막기 위해 제정된 '직장 내 괴롭힘 금지법'을 자신의 요구를 관철하려는 도구로 악용해 조직이나 상사, 동료들을 공격하는 '권리 남용 직원'이라는 용어까지 법조인들 사이에 사용될 정도이니, 대체 무엇이 한국사회를 '만인의 만인에 대한 갑질'의 세상으로 만들었는지 생각해 보게 합니다. 우리 사회는 어쩌다가 아무도 준 적 없는 권리를 주장하는 사람들이 이토록 많아진 것일까요?

사실 갑질의 기본적 전제인 '특권의식'(김형진, 심덕섭, 2022)은 내가 특별한 존재이므로, 나의 이익을 위해 너희들이 봉사해야 한다는 인식인 자기애(이세라, 2016)와 관계가 깊습니다. 그렇다면 갑질의 증가는 병리적 자기애를 가진 사람들이 급속도로 늘어나고 있다는 것으로 이해할 수 있는데요, 오늘날의 우리는 자기애와 대체 무슨 인연을 가진 것일까요?

공평함 속에서 무한히 경쟁하는 한국인

이 부분은 이철승 교수의 《쌀, 재난, 국가》(2021)의 설명을 빌려 오겠습니다. 책에 따르면, 본래 한반도는 베트남이나 일본과 같은 기후와 토지에 비하면 사실 벼농사가 불가능한 지역이라고 합니다. 그러나 우리의 조상들은 단위면적당 생산량이 다른 곡물과 비교가 안 되게 많은 벼를 포기할 수 없었기에, 오로지 인력으로 환경을 극복하고야 말았습니다. 지금도 그렇듯 환경이 받쳐 주지 않는 상황에서 오직 인간의 성실함과 땀으로 그 한계를 극복하는 것이 우리 조상들의 '치트 키'였던 것이지요. 마을 사람 모두가 힘을 합쳐 모내기를 하고, 김을 매고, 물을 끌어오고, 수확을 하는 공동생산-개별소유의 방법을 우리 조상들은 채택했습니다.

이 방식은 곧 옆집 아이가 내 논에 손을 담그는 독특한 협업을 의미했습니다. 옆집 아이가 모내기를 잘하는지를 옆집 아줌마인 내가 참견하고 감시할 수밖에 없는 상황입니다. 옆집 김 씨네 아들이 손이 영 야무지지 못하고 하는 일마다 껄렁껄렁하다면, 내 논의 적어도 몇 줄은 김 씨 아들이 모내기를 할 텐데, 그 녀석이 모를 적절한 깊이로 심지 못하거나, 또는 칠칠치 못해서 남이 심어 놓은 모를 무자비하게 밟고 다닌다면, 그해 우리 집의 쌀 생산은 그만큼 손해를 볼 수밖에 없습니다.

여기서 벼농사의 독특한 특성이 드러납니다. 어업이나 다른 여타의 공동생산과 다르게, 농업은 공동생산-개별소유의 형태를 가집니다. 일은 함께 하더라도, 수확물은 각자의 땅에서 난 것을 각자가 가지는 것이죠. 그리고 여기서 한국사회의 가장 고통스러운 문제가 파생됩니다. 경쟁과 비교가 공동생산-개별소유의 환경에서 격렬하게 일어나게 된 것입니다.

공동체 중에 누구도 손해를 봐서는 안 되기에 마을 사람들은 모두가 평균은 된다 할 정도로 농사기술을 습득했지만, 그렇다고 모두가 똑같은 결과를 얻는 것은 아닙니다. 같은 저수지의 물, 같은 햇빛,

같은 사람들의 손이 일을 했다면 나와 옆집의 수확량이 똑같아야 할 텐데 정말 알 수 없는 작은 차이가 옆집과 우리집 사이의 차이를 만들어 내기 때문입니다. 옆집보다 내가 더 벼를 많이 수확하고 싶어도, 내가 줄 수 있는 것은 작은 차이밖에 없습니다. 그렇다고 옆집이 나를 항상 앞서가는 것을 보고만 있을 수도 없으니 무한히, 뭐라도 해서, 적어도 옆집과 같아지기 위해서라도 애를 써야 하는 것이죠.

여기다 마을 사람 모두가 어느 정도 평준화된 기술 수준을 가지고 있으니 여기서 시기와 질투가 생겨납니다. 시기심은 자신이 원하는 소유물을 타인이나 다른 집단이 향유하고 있다고 자각하는 데서 비롯되는 열등감, 적대감, 원한으로 특징지어지는 불유쾌하고 고통스러운 감정(Parrot, 1991; Parrot & Smith, 1993; 박신혜, 2018에서 재인용)입니다. 신이 불공정하게 분배했기 때문에 좋은 복을 많이 받은(Aquaro, 2004) 성공적인 이웃과의 비교에서 느껴지는 시기심은 스스로를 열등한 존재로 여기게 만듭니다(Leach, 2008; 박신혜, 2018에서 재인용).

게다가 이 시기심은 자신과 완전히 다른 상대보다, 자신과 비슷해 보이는 상대에게 더 잘 느낀다는 연구 결과도 있습니다(Cohen-Charash, 2009). 나와 특별히 달라 보이지 않는 상대가 성공하는 것은 훨씬 더 민감하고 고통스러운 일이 됩니다. 요즘으로 따지자면, 같은 평수의 아파트에 살고, 비슷한 차를 몰며, 부모의 교육수준도 비슷하고, 아이들은 같은 학교와 학원에 다니는데, 자녀의 성적에서 차이가 날 때 그 차이가 어디서 왔는지 몰라 괴로워하게 됩니다.

그런데 옆집 김 씨의 논에서 다섯 가마니의 쌀이 더 나온 것에 머리를 싸매고 누운 저에게 또다시 청천벽력 같은 소식이 전해집니다. 바로, 아랫집 송 씨의 집에서 막내아들이 과거에 합격했다는 것입니다. 급제자가 나온 송 씨네는 노비를 동원해 땅을 더 개간하여 논을 크게 넓히고, 저수지와 보 공사까지 해내어, 이제 마을 사람들 모두가 그 물의 수혜를 얻기 위해 잘 보여야 하는 대단한 가문으로 상승합니다(이철승, 2021). 이제 송 씨네의 농업생산량은 옆집이나 우리 집과는 비교도 되지 않습니다. 아니, 송 씨 저 녀석, 예전에 나랑 강가에서 물장구치고 놀 때는 콧물이나 흘리는 녀석이었는데 이제 따라잡을 수 없는 부와 권력의 간극이 그 집과 우리집 사이에 생기게 된 것이지요. 그리고 이 차이는 우리 자손 중에 급제자가 나오지 않는 이상, 대대손손 이어질 것이라는 생각에 밤에 잠이 오질 않습니다. 모두가 고만고만하고, 모두가 같은 수준의 기술과 노동력을 가진 공동체 안에서 누군가는 벼락부자로 상승할 수 있다는 사실이, 그것이 내 것이 아니기 때문에 뼈아프게 여겨지기 시작합니다.

이런 상황은 현재의 우리의 상황과도 비슷합니다. 우리는 외환위기와 금융위기를 겪으며 중산층이 무너지고 사회는 계층 간 이동이 거의 불가능한 양극화의 사회로 변화하는 것을 두 눈으로 보았습니다. 최근에는 코인과 같은 새로운 투자방식이 유행하고 집값이 크게 상승하며 그 조류에 잘 탄 사람들은 혼란의 와중에 그래도 성공의 기차에 올라타는 것을 목격하게 되었습니다. 여기서 오는 상대적

박탈감은 그들의 성공을 순순히 인정하기 어렵게 만듭니다. 타인의 상대적인 성공을 우리 자신에 대한 차별로 인식하게 하며 그들이 누리면 나도 누려야 한다는, 그들의 것이 원래는 내 것이었어야 한다는 왜곡에까지 이르게 되는 것이죠. 티끌처럼 작은 차이가 옆집과 우리집의 차이를 가져왔듯, 송 씨네 막내아들과 우리 아들의 똘똘함이 비슷한데도 그 작은 차이 안에서 급제와 낙방이 갈렸기 때문에, 부의 창출을 이룬 자와 그 기회를 잡지 못한 자 사이에 질적인 차이가 없다는 생각에 사로잡혀 멀쩡한 집과 직장이 있어도 괴롭기만 합니다.

무한 경쟁은 어떻게 자기애를 강화하는가

우리 사회는 획일성, 능력주의, 혹독한 경쟁과 비교, 경쟁에서 뒤처진 이들에 대한 혐오와 모멸이 존재합니다. 일하지 않는 자는 먹지도 말 것이며, 일할 수 없는 자는 더욱 먹지도 말아야 하고, 일을 제대로 하지 못할 인간들은 아예 태어나지도 말았어야 한다는 잔혹한 도그마가 우리 사회에, 그리고 젊은 세대에게 자리 잡게 된 것이죠 (김현수, 2022). 사회적 약자를 향한 노골적인 비하와 조롱에 양심의 가책이나 불편함을 느끼지 않는 사람들이 늘어난 것은 단지 그들이야말로, 능력주의와 성과주의의 속성을 비판 없이 오롯이 받아들였을 뿐임을 보여 줍니다.

개인의 능력과 노동력 외에는 비옥한 토지도, 온화한 기후도 없는 한반도에서, 능력이 뛰어난 것만이 생존을 보장한다는 절박함이 우리 안에 뿌리내렸습니다. 따라서 자녀를 양육하는 가정 안에서도 작은 차별화를 이루기 위해 더 많은 간섭과, 강요, 압박이 가해질 수밖에 없습니다. 부모가 비일관적이며 과잉으로 기대하고, 과잉으로 간섭한다고 자녀에게 느껴질수록, 또 부모가 학대와 방임을 했다고 느껴질수록 자녀는 특권의식과 과대성이라는 인지 도식이 강하게 형성되고, 자기애적인 성격 또한 강화된다는 연구결과(정선영 외, 2013)가 있습니다. 이는 우리 사회의 경쟁이 왜 갈수록 심화되는지, 개인이 느끼는 박탈감이 심해질수록 자기애와 특권의식으로 무장된 사람들은 왜 많아지는지를 설명해 줍니다. 1999년에서 2014년에 이르기까지 한국 대학생들을 대상으로 한 연구에서도 한국 대학생들의 자기애가 지속적으로 증가해 왔음을 볼 수 있습니다(이성경 외, 2014; 이세라, 2016에서 재인용).

비단 가정뿐 아니라 학교에서, 학원에서 그리고 매체에서 우리는 젊은 세대에게 네가 남들과 차별화될 수 있다면 많은 것을 누리게 될 것이고, 그때는 지금과 같은 무한대의 노력을 기울이지 않아도 된다고 가르칩니다. 2000년대 초반만 해도, 성공한 연예인이나 앓는 것으로 알았던(사실 일반인들은 자신에게 그런 증상이 있어도 그게 무언지조차 알지 못했던) 공황장애가 주변의 친구들, 우리 가족, 그리고 나 자신의 일상으로 깊숙이 들어온 것은 우리가 기본이라고 생각하는 노력의 양, 극기(克己)의 정도가 점점 강해지고 있다는 증거일

지도 모릅니다. 이렇게, 정말 성공한 연예인이나 걸릴 법한 공황장애까지 겪으며 온 힘을 짜내 살고 있지만 사실 그렇게 해서 획득하거나 유지하는 우리의 삶은 평범한 일반인의 삶입니다.

그런데 이처럼, 숨이 막혀 오는 고통을 겪으면서까지 구직활동을 해서 그래도 괜찮은 회사에 들어가게 되면 어떤 마음이 들까요? '아, 그럼 이제부터 또 새로운 시작이니, 열심히 달려 볼까?? 평사원 신화를 내가 써 보겠어!!'라는 생각으로 가슴이 두근거리고, 새로운 희망으로 설렐까요? 사실 취직이나 창업은 새로운 시작이 맞긴 합니다. 그럴 때, 학원 선생님이나 부모님께 들은 이야기가 마음속 깊은 곳에서 떠오르겠죠. '지금 이렇게 노력을 하면, 나중에 노력을 그만해도 되는, 누려도 되는 때가 온다.'는 그 말 말입니다. 공황장애 약을 먹을 만큼의 무리한 노력을 했으니 이제 누릴 차례가 오지 않았을까 하는 생각이 들 수밖에 없습니다. 남들도 다 이만큼은 한다는 말을 귀에 못이 박히게 들은 데다가 그래서 남들보다 조금 더 많이, 열심히 했으니 이 회사에 들어온 이상, 상사가 누리는 것들, 선배가 누리는 것들이 나와 차이 나면 안 된다는 평등에 대한 민감함이 고개를 듭니다.

자기애는 어떻게 특권의식을 강화하는가

우리가 어떤 가게에 들어선 순간, 회사에 고용된 순간, 많은 보상과 이익이 우리에게 약속되어 있고, 그것은 기본적인 계약의 내용이라는 신념을 가지게 되는 것이죠. 특권의식과 자기애를 가진 개인은 성과에 의한 보상이라는 개념을 가지지 않고, 고용관계와 같은 '관계 자체'가 자신에게 어떤 보상을 약속하고 있다는 인식을 가집니다(김형진, 심덕섭, 2022). 개인의 실제적 성과와 관계없이 많은 칭찬과 보상을 받을 자격이 있다고 인식하며, 고용관계에 대해 과대 해석해 계약 수준 이상의 가치와 보상을 기대하는 비현실적인 태도를 가집니다(주재홍 외, 2022). 거기서 이미 약속되어 있다고 믿는 허구의 권리를 추구하며, 조직이나 상대가 자신의 기대를 충족시켜 주지 못해 좌절이 오면 공격하게 되는 것입니다. 특권의식이 높은 개인은 자신이 생각하는 만큼의 보상이 오지 않으면 그 스트레스를 자기 중심적으로 해소하게 됩니다. 동료를 공격하거나 태업을 하거나 부하직원들을 괴롭히는 비윤리적 행동을 할 가능성이 높아지는 것이지요(김형진, 심덕섭, 2022). 가게에 가서는 별점 테러를 하고, 음식을 던지며 막말을 합니다. 말하자면, 조직의 진상이자, 갑질 가해자로 등극하게 되는 것입니다. 갑질 가해자들은 자신들의 행위가, 자신들에게 약속된 정당한 권리를 행사하는 행위라고 생각하기 때문에 그 행위 자체를 매우 일상적이고 자연스럽게 여기며, '여기서 이러시면 안 됩니다.'라는 사회적인 조절과 통제의 시도에 영향을 받지 않습니다. 심리적으로 동요를 하지 않는 것은 당연합니다(이세라, 2016).

사실, '자기애'라는 성격에는 웅대하고 훌륭하며 강한 자기와 더불어, 초라하고 약하며 공허한 자기가 함께 존재합니다. 이는 많은 심리학 연구에서 밝혀진 내용입니다. 자기애가 강한 이들은 기대가 충족되지 않는 순간, 초라하고 약한 자신을 상대가 공격했다고 여기며, 웅대하고 과장된 자신을 동원해 상대를 공격합니다. 망설임도 자책감도, 자기가 지금 무슨 짓을 하는지에 대한 자각도 없습니다. 너희들이 꿍꿍이를 가지고 나의 행복과 성공을 방해했다는 의심하에(이철승, 2021), 정당한 권리 행사를, 약속된 의무를 이행하지 않은 대상(김형진, 심덕섭, 2022)에게 합당한 대응을 한다는 식입니다. 그게 누구인지는 몰라도, 최대한의 권리를 행사하는 누군가가 있다면, 나도 그만큼을 행사할 수 있어야 한다는, 털끝 하나만큼의 손해도 볼 수 없다는 열의가 마음속에서 불타오르는 것입니다. 허구 속의 누군가와 평등해지고자 하는 평등에 대한 집착이라고도 할 수 있습니다.

갑질의 피해자에서 가해자로

직장인과 상담을 하다 보면 심심찮게 듣는 이야기가 있습니다. 과중한 업무부담에 대해 이야기를 나누다 보면, 팀에서 결원이 발생했는데 결원을 보충하지 않고 그대로 남은 팀원들이 그가 하던 일을 나눠서 하고 있다는 것이죠. 팀원이 몇 명이건, 대개는 어떤 한 명이 나간 한 명의 일까지 뒤집어쓰는 경우도 많고, 회사에는 충원 계획이 없어 현재의 상황이 기약 없이 흘러가게 됩니다. 기업 입장에서는 노동자들끼리 알아서 하게 둬도 일이 굴러간다면 구태여 노동자를 더 뽑아서 임금을 더 지급하고 싶지 않을 수 있겠죠. 매일 야근을 하고, 집으로 일을 가져가며 극한으로 몰리는 직원은 결국 어느 때에 가서는 이 상황을 받아들일 수밖에 없게 됩니다. 상사와 상담을 해 봐도 주변에 도움을 청해 봐도 '네가 참고 조금만 더 견뎌 봐라.'에서 '못 하겠으면 관두든가.'로 여론이 바뀌는 것을 경험하게 되기 때문이지요. 이 직원은 결국 조직의 일원으로 남아 있기 위해서는 자신이 어디까지 감내해야 하는가의 기준을 매우 상향 조정할 수밖에 없습니다.

그런데 이런 현상이 사회 전반으로 확대되곤 합니다. 이 직원이 자녀의 학교 담임이나 학원 강사에게도 자신이 감내한 것과 같은 수위의 잣대를 들이대는 것이죠. 교사는 아이들에게서 눈을 떼면 안 되는 거 아닌가? 그런 일이 발생했으면 즉각 학부모에게 알렸어야 하는 거 아닌가? 아직 어린 철없는 애들이 선생에게 욕 좀 할 수 있는 거 아닌가? 그럼에도 애를 잘 달래서 활동에 참여시켰어야 하는 거 아닌가? 그걸 못 참겠으면 교사를 그만두든가…. 자신이 요구받은 만큼, 다른 이에게 요구하고 있기에 문제의식을 가지기 어렵습니다. 학교폭력의 피해자가 학생에서 교사로 확대되며 교사를 괴롭히는 가해자에는 학생뿐 아니라 학부모, 동료 교사와 같은 성인의 가해자들이 존재한다는 것을 알게 되었습니다. 이들은 교사보다 높은 지위를 가진다고 보기 어려운데도, 교사의 생각, 욕구, 감정과 성취를 무시하고, 지지하지 않거나, 언어폭력을 가하고, 공적으로 비웃거나 지위에 대해 위협하고, 노력이 부족하다고 비난하는 방식으로 직장

내 괴롭힘을 실현합니다(김태선, 이지연, 2015). 교사들이 경험하기에 교권 침해 행위를 하는 주체 중 가장 많은 수를 차지하는 것은 학부모로 지목되었는데, 학부모들은 교권 침해를 하는 학생과 학부모들이 그런 행위를 하는 이유로 '학교의 방침이나 조치에 대해 불만족하거나 오해'하기 때문이라고 응답하였습니다(최선옥 외, 2018). 이 역시도 학교라는 조직과 개인 사이에 자신과 자녀가 누려야 할 어떤 특권이나 권리가 있다고 인식하여, 그런 자신의 기대가 충족되지 않을 때 공격적인 행위를 하는 것으로 이해해 볼 수도 있겠습니다.

앞서 말했듯 우리 사회는 엄격한 노동 교환 체계를 통해 존재해 왔습니다. 내 손이 김 씨네의 농사를 망치지 않기 위해서, 김 씨 아들의 손이 내 논의 농사를 망치지 않게 하기 위해서 우리가 모두 어느 정도의 평준화, 표준화된 기술력을 가지고 있다는 것은 사회의 가장 중요한 약속의 내용이었던 것이지요(이철승, 2021). 이처럼 내가 하는 만큼 너도 할 수 있어야 한다는 평등에 대한 집착, 그리고 그 안에서 어떻게든 내가 더 성공해야겠으니 누구도 나에게 털끝만큼도 방해를 해서는 안 된다는, 그러니 내가 가는 길에 내 맘을 상하게 하거나 거스르지 말라는 당당한 차별화에 대한 추구. 이 둘은 우리 사회에 만연한 갑질의 씨앗이자, 햇볕일 수도 있겠다는 생각이 듭니다.

성공의 심리학?

내가 상처를 덜 받았더라면 더 성공했을 텐데

앞서서 저는 우리 사회에 공동체 구성원을 공격하는 갑질이 왜 이처럼 폭발적으로 늘고 있는지에 대한 의문을 제기했습니다. 그것은 사실 우리가 심리학을 받아들이게 된 독특한 환경에서도 그 이유를 찾아볼 수 있습니다. 예능 프로그램이라는 틀을 통해 치유의 작업과 과정이 송출되면서, 정신적인 결핍도 이해받고 진단받으면 해결이 가능하다는 논리가 우리 사회에 자리 잡게 되었습니다. 마음의 결핍마저 노력 여하에 따라 채울 수 있는 대상이 된 것이지요. 그러니 문제를 해결하고 교정할 기회가 왔을 때 이를 거부해선 안 된다는 암묵적 약속도 생겨납니다. 비슷한 패턴의 방송들을 반복적으로 보면서 우리는 이해할 수 있는 것은 해결도 가능하다는 생각에 익숙해졌습니다(윤예영, 2022). 애초에 불가능한 것이라면 몰라도 할 수 있는 것을 하지 않는 것은 잘못이 됩니다.

그런데 여기에는 함정도 존재합니다. 마음의 문제가 이렇듯 딱 떨어지게, 해결 가능한 것이 되어 버리면, 마음이 일으킨 (것으로 보이는) 문제들도 다 좋아져야 합니다. 주변 사람과의 관계가 좋아지는 것은 물론이고 우리의 능력도 최대 효율로 발휘되며, 우리는 우리 자신이 속한 곳에 더 잘 적응할 수 있게 되어야 합니다. 학교에 잘 적응하고 재미있게 다니게 되었다는 것은 친구들과도 의사소통이 잘 되고 선생님과도 잘 된다는 것인데 그러면서 선생님이 가르쳐 주는 공부를 잘 못한다는 것은 말이 안 되는 것입니다. 이렇듯 현재의 대한민국에서 마음을 치유한다는 것은 내가 더 잘할 수 있었고, 더 가질 수 있었으며, 더 누렸어야 하는 것들을 되찾는다는 의미를 갖는 것입니다. 말하자면 심리학, 심리학적 치유에 대한 우리의 열렬한 관심 이면에는 충분한 성공을 하지 못했다는, 엄마 친구 아들보다 더 잘살았어야 하는데 그러지 못했다는 열패감이 전제로 깔려 있습니다.

바꿔 말하면 우리가 이토록 치유를 중시하고, 우리 자신을 치유의 대상으로 보게 된 것에는 우리의 마음이 더 건강했더라면 우리가 (사회적·경제적으로) 더 성공했을 것이라는 전제가 깔려 있음을 알 수 있습니다. 여기서 우리는 아이가 학교에서 교사에게 혼이 나고 돌아와서 풀이 죽어 있으면 교사를 공격하고 항의하는 학부모들의 동기를 추측해 볼 수 있습니다. 사실 교권 침해의 사례들을 많이 보면서, 자기 아이가 교사에게 한 행위는 접어 두고, '선생님이 사과를 받아 주지 않아서 우리 아이가 상처를 받았다.', '선생님이 그런 식으로 수업을 중단해서 아이에게 트라우마라도 생기면 책임질 거냐?'며 분노하는 학부모들의 이야기를 많이 듣게 되는데요. 말하자면 그들에게는 교사의 훈육이나 질책으로 우리 아이가 받은 상처는, 아이의 미래에 타격을 줄 수 있음을 의미하기 때문에 견딜 수가 없는 것입니다. 리더십 있고, 훌륭한 어른으로 자라날 우리 아이의 성공 가도를 아이의 마음에 상처를 주는 방식으로 방해하다니, 학교와 교사를 용서하기가 힘든 것이지요.

그러니 우리는 심리학마저도 흙수저인 우리가 올라갈 수 있는 사다리의 맨 위까지 데려다 줄 마지막 동아줄로 인식하고 있는지도 모르겠습니다. 능력 없는 자는 길에 내려놓고 가겠다는 능력주의의 기차에 상처 입었음에도 그 능력주의에 잘 순응하고 그 기차 안에서 내 자리를 확보하기 위해 다시금 심리학에 의지하는 것입니다.

솔루션과 모범답안을 찾는 사람들:
심리학의 것과 심리학의 것이 아닌 것

온라인 서점에서 '심리학'이라는 단어로 검색을 해보면, 인문 분야만큼이나 자기계발서, 경제경영서로 분류된 책들도 많이 볼 수 있습니다. 상대와의 관계를 개선하거나 상대를 설득하기 위한 심리학은 물론, 게으른 습관을 없애고 실행력을 높이며 리더십을 키우고 투자에서 성공할 수 있게 돕는다는 심리학 책들도 있습니다. 우리가 심리학을 어떻게 인식하고 있는지 단적으로 보여 주는 제목들을 보고 있자면, 그 책을 다 읽고 체화하면 외모, 지성, 직업, 집안, 인성, 자산을 다 가진 육각형 인간을 넘어서, 거의 24각형 인간이 되는 것도 가능해 보입니다.

비단 책뿐 아니라 우리가 심리학을 대중적으로 받아들인 수단과 형태 자체가 예능과 다큐멘터리의 형식인데, 문제의 진단과 솔루션의 제공, 해결이라는 형식에 익숙해진 우리가 마음의 문제는 해결 가능하다는 생각과 동시에 누구나 그런 해결을 위해 최선의 노력을 다하며 살아야 한다는 의식을 갖게 된 것은 당연해 보입니다(김은준, 2018).

평등에 대한 민감함과 무한 경쟁을 통한 차별화의 추구가 공존하는 사회에서 우리는 상처를 받지 않거나 치유하기 위해, 즉 더 성공적인 삶을 위한 수단으로 심리학을 활용하는 경향이 있다고 앞서 이야기했습니다. 그래서 우리는 애착, 자존감, 우울, 불안과 같은 심리학적 개념들을 양손에 쥐고 열심히 씁니다. 말 그대로 심리학 전성시대에 발맞춰 마음에 많은 관심을 기울이는 것이지요.

그러나 심리학이 이처럼 명확한 진단과 솔루션을 제공할 수 있다면 제가 이 책을 쓸 이유가 없었을 겁니다. 진짜 문제는 현실에서는 뭔가 해결이 시원하게 되지 않고 있다는 사실입니다. 아마도 심리학이 효율적으로 사용되지 못해서인 것 같습니다. 저는 그 원인을 크게 두 가지로 봅니다.

첫째, 심리학이 심리학의 책임이 아닌 것을 떠맡고 있기 때문입니다. 애나 렘키는 이런 현실을 사회가 심리학이 자기 역할을 대신 떠맡은 것을 손 놓고 구경하고 있다고 표현합니다. 가난과 결핍이 정신과 처방 횟수를 증가시킨다는 미국과 스웨덴의 통계가 있는 만큼, 사회의 구조적 문제가 우리 심리적 건강에 큰 영향을 끼침에도 불구하고 사회가 그 모든 것을 개인의 심리적인 문제로 돌리고 있다는 것입니다(Lembke, 2022). 더군다나 한국사회는 피식민지배, 전쟁, 군사정권을 거치며 온 국민이 함께 역사적 트라우마를 경험했습니다(전명희, 2016). 그러나 우리 사회가 구성원들의 정신적인 건강에 관심을 기울일 만큼 충분히 풍족하지 못했기에, 특히 생존에 급급한 사회 분위기 안에서 트라우마 경험이 있어도 치유의 기회를 가져보지 못한 채 살아온 것(채수미 외, 2021)도 사실입니다. 말하자면 개인에게 영향을 줄 수 있는 이런 역사적인 배경, 집단의 경험, 낮은 임금, 높은 노동 강도, 위험한 생활환경 등과 같은 사회적·구조적 문제가 존재할 때조차 개인의 심리에서만 원인과 해결책을 찾으려고 하니, 필연적으로 그 시도는 실패할 수밖에 없는 것입니다.

둘째, 심리학이 유행처럼 퍼지고 일상에서도 자주 사용되다 보니 심리학적 개념들에 대한 오해와 선입견 역시 함께 늘어났기 때문입니다. 많은 책과 프로그램에서 모범답안만 나무할 뿐, 제대로 된 해설과 이해는 여전히 부족해 보입니다.

예를 들자면 이런 것이죠. 수학 일타강사의 유려한 문제 풀이는 그냥 볼 때는 그럴듯하고 이해도 잘 되는 것 같지만, 막상 내가 직접 풀어 보려 하면 시작부터 막히곤 합니다. 개념 자체에 대한 이해가 부족하거나, 연산과정에서 어딘가 빈 구멍이 있기 때문에 계속해서 스스로는 알 수 없는 오류에 걸려 넘어지고 맙니다. 수학과 심리학은 이 점에서 닮은 점이 많습니다. 고등학생이 된 수포자가 지난 9년의 수학 교육과정 중에 무엇이 자신에게 누락되었는지 스스로 찾지 못하듯, 내 마음에 문제가 생겼을 때 어느 과정에서 오류가 일어났는지 나는 잘 알지 못합니다. 나의 무의식이라는 것이, 내 마음의 장애물들이 문제를 제대로 해결하지 못하도록 단계마다 덫을 놓고 있는데 그것을 스스로 알아내기는 어렵죠. 그러니 내가 심리학 책 50권을 보고 남의 성공담, 극복기, 꿀팁을 보는 것은 학원에 가서 인기 많은 강사의 화려한 문제 풀이를 입을 벌리고 50번 구경하는 것과 다를 바가 없습니다. 수학에 대한 기본기가 탄탄하지 않은 학생이거나 '수포자'라면, 문제 풀이가 아니라 기본 개념부터 충분히 익혀야 곳곳에 생략된 해설이 없어도 빈틈에 걸려 넘어지지 않습니다.

그러니 이제부터는 '노 베이스' 친구에게 수학 개념을 설명하듯이 우리에게 꼭 필요한 개념들에 대한 설명을 진행하려 합니다. 기본 개념에 대한 안내는 물론, 연산은 제대로 하고 있는지, 대체 어디에서 풀이가 엉뚱한 방향으로 가는 것인지, 문제와 답 사이를 메꾸는 촘촘하고 쉬운 해설이 이제 시작됩니다.

Part 2

마음에 대한 오해와 진실

5. 애착: 당신을 쥐고 흔드는 현재진행형 과거
6. 트라우마: 빠져나갈 수 없는 촘촘한 그물
7. 자존감: 무수한 혐의를 뒤집어쓴 실체 없는 유명세

애착

당신을 쥐고 흔드는 현재진행형 과거

불안정 애착, 이제 와서 어쩌라고요

언젠가 제 친구가 요즘 인기 있는 상담 예능 프로그램을 보고 저에게 이런 질문을 한 적이 있습니다.

"근데, 그런 프로그램에서는 꼭 과거를 물어보고 부모 탓을 하더라? 다 부모 탓이래. 그래서 난 기분 나빠서 안 보잖아. 그냥 부모 탓이라고 하면 끝이야?"

이런 질문은 꽤 자주 받습니다. 아니 내가 지금 힘들다는데 왜 자꾸 과거를 묻는 거죠? 과거가 이랬으니까 지금 이렇다고 할 거면 상담을 왜 받나요? 과거는 바꿀 수 없으니까 그럼 이대로 살아야 하는 건가요? 부모님 이야기를 왜 묻나요? 부모님 이야기를 하는 게 무슨 도움이 돼요? 부모를 용서한다고 제가 괜찮아질까요? 옛날 이야기는 안 하고 싶어요. 기억이 잘 안 나요. 등등….

사실 이 책을 쓰게 된 계기가 저와 만나는 사람들의 이런 말들에 있었습니다. 수많은 심리학 대중서, 이론서가 출간되면서 우리는 여기서 한 조각, 저기서 한 조각, 나 자신과 어울리는 단어와 개념을 찾아낼 수 있게 되었습니다. TV에서 방영하는 상담 프로그램에 나와 꼭 닮은 사연을 가진 사람이 나오고, 책을 읽다가 '불안정 애착'이란 단어에 대한 설명을 읽으면 마치 나 자신을 설명하는 것 같아 눈이 번쩍 뜨입니다. 그런데 시원하지가 않습니다. 아는 만큼 내 마음이 나아져야 할 것 같은데 돌아보면 제자리 걸음입니다. 알면 알수록 내가 참 복이 없었다는 것만 알게 되어 울컥합니다. 책과 예능 프로그램의 말미에는 항상 '과거에서 벗어나라, 과거의 상처를 극복해라.', '건강하지 못한 애착에서 벗어나 건강한 애착 관계를 맺어라.' 라고 하는데, 아니 그게 되는 일이면 벌써 했지, 누가 몰라서 못 하나? 마치 나를 놀리는 것 같습니다.

그런데 뭐 일단, 과거에서 벗어나거나 과거를 극복하자면 대체 과거가 무엇인지부터 알아야겠지요? '불안정 애착' 같은 것으로 구성된, 그래서 나를 이토록 힘들게 하는 과거 말입니다. 그런데 이 과거를 규명하기 위해서는 먼저 애착의 개념부터 알아야 합니다. 대체 애착이 뭐길래, 여기저기서 애착, 애착 떠드는 것인지. 아마도 과거에 만들어진 것 같은 그 애착이란 녀석이 뭔지부터 명확하게 짚어 보겠습니다.

애착은 곧 생존이다

애착(attachment)은 다른 사람과의 정서적 유대를 말합니다. 보호자로 대표되는 타인의 곁에 붙어 있게 하는 생존의 충동이 바로 애착입니다. 인간을 비롯한 포유류는 자기 무리에 애착을 가지는 것이 버림받고 소외되어 죽음을 맞는 것을 방지합니다. 따라서 애착은 감정이나 기분의 문제가 아닌, 생존을 위한 본능이라고 할 수 있습니다. 이는 인간이 정신적인 여러 고통을 겪는 것, 우리가 누구인가에 대한 논의에서 매우 중요한 부분이기 때문에 뒤에서 다시 이야기하도록 하겠습니다.

오죽하면 태어난 지 53분밖에 안 된 신생아조차 다른 물체보다 사람의 얼굴에 더 많은 주의를 기울입니다. 신생아들에게 사람의 눈코입과 비슷한 위치에 구멍이 뚫려 있는(그렇지만 엄연하게는 얼굴이 아닌) 그림 과녁과 구멍이 위아래 거꾸로 뚫려 있는(그래서 아무리 봐도 얼굴로 보기는 힘든) 그림 과녁을 보여 주면, 신생아들은 사람의 얼굴로 보이는 과녁을 두 배 더 길게 바라보았습니다. 다른 소리와는 다르게 사람 소리를 들려주었을 때 고개를 소리 나는 쪽으로 돌리는 반응도 보였지요. 말하자면 인간은 사회적 반응을 할 준비를 한 채로 세상에 태어나는 것입니다(Myers, 2009).

내 옆의 이 사람이 안전하다는 느낌 :
세상이 안전하다는 느낌

애착이 무엇인가를 설명하기 위해, 저는 《다미주 이론》의 저자인 스티븐 W. 포지스 박사의 설명을 빌려 오고자 합니다. 포지스 박사는 딱 잘라서 말합니다. 인간의 원초적인 생물학적 지상 과제란 바로, '다른 사람과의 연결'이라고요(Porges, 2020). '다른 사람과의 연결'이란 표현을 다시 문제의 단어로 바꾸면 '애착'이라고 불러도 무리는 없을 것 같습니다.

  그러나 이는 아무하고나 아무렇게나 연결되는 것을 말하는 것은 아닐 겁니다. 예를 들어 영화 〈범죄도시〉의 '장첸'이나 〈다크 나이트〉의 '조커' 같은 사람과 연결된 다음에, 벅차고 기쁜 마음으로 '아, 나는 원초적인 생물학적 과제를 완수하였다.'라고 하며 개운한 마음으로 잠들 순 없지 않을까요?

  포지스(2020)에 따르면 인간은 장첸 같은 사람이 아닌 안전하고 선한 타인과 가까이에서, 그의 애정을 받고, 서로 도움을 주고받고 살면서, 결국은 이 세상이 나에게 호의적이고, 안전하고, 안정적인 곳이라는 믿음을 갖게 되길 기대합니다. 바로 이 부분이 인간을 포함한 포유류가 다른 동물들과 구분되는 점입니다.

  '애착'이라는 단어가 얼마나 우리 삶과 밀접한지를 이해하기 위해서는 먼저, 인간이라는 종이 속해 있는 포유류에 대해 이해할 필요가 있습니다. 포유류에게는 함께 있기에 안전한 동종(同種)의 누군가를 식별하는 것이 생존을 위해 꼭 필요한 일이었습니다. 왜냐하면 포유류는 태어남과 동시에 타인(부모)의 헌신적인 돌봄을 받아야만 생존할 수 있고, 또 무리에 속해 있어야만 생존의 가능성이 높아지기 때문입니다. 인간의 경우를 예로 들면, 가족과 함께 사는 이는 혼자 있다가 화장실에서 쓰러져도 저녁이면 누군가 돌아와 화장실에 쓰러진 나를 병원으로 옮겨 주지만, 혼자 사는 사람이라면 화장실에서의 낙상으로도 목숨을 잃을 수 있습니다. 또 출산이나 어린 자식의 양육, 놀이와 게임, 학습, 사랑하는 사람과의 성관계 등을 위해서도 선하고 협조적인 동료와 적으로부터 위협을 받지 않는 환경, 즉 안전한 동종과 안전한 환경이 필요한 것이지요. 그런데 타인만이 나에게 안전한 동종이어야 하는 것이 아니고, 나 역시도 타인에게 그런 존재여야 한다는 것이 중요합니다. 포유류는 그래서 서로가 곁에 있어야 안심하고, 서로의 얼굴을 바라보며 마음의 안정을 찾는 능력을 발달시켰습니다.

파충류에서 척추동물로 생명체가 진화하면서 새로이 생겨난 신경회로가 있습니다. 미주신경의 일부인 이 신경회로는 안전한 환경, 안전한 대상이 있을 때만 전원이 들어옵니다. 이 신경회로는 얼굴 표정 특히, 눈가의 표정과 목소리, 심장 박동 등을 조절하는 역할을 하는데, 표정을 짓게 하고, 부드럽고 리듬감 있는 목소리를 내게 함으로써 타인과 잘 어울려 지내는 사회적 활동을 가능하게 합니다.

예를 들어 내 어깨와 부딪힌 타인이 있다고 칩시다. 내가 인상을 찌푸리며 '눈을 어디에 두고 다니냐!'라고 한다면 그는 내가 싸우려 든다고 생각할 것입니다. 그러나 내가 눈을 선하게 뜨고 '어이쿠, 괜찮으세요? 죄송합니다!'라고 한다면 그는 짜증이 나도 화를 내긴 어려울 겁니다.

"웃는 얼굴에 침 못 뱉는다."는 속담처럼, 우리는 얼굴 표정과 목소리로 상대의 감정을 변화시키고, 우리 역시 상대로 인해 감정이 변합니다. 이렇게 상대의 의도와 감정, 생각을 읽게 하고 내 의도와 감정, 생각을 드러내는 사회적 활동을 가능하게 하는 이 신경회로는 안전한 환경에서만 전원이 들어옵니다. 왜냐하면 나에게 호의적이지 않은 상대 앞에서 우리는 도망갈지 싸울지를 결정해야 하고, 이때는 교감신경과 연결된 다른 미주신경을 활성화해야 살아남을 수 있기 때문입니다. 그런 의미에서 포유류는 호혜적으로 상호작용하는 것이 중요한 생명체입니다. 호혜적이라는 단어를 표준국어대사전에서 찾아보면 "서로 특별한 혜택을 주고받는 것"이라고 나와 있습니다. 내가 주는 사랑과 친절에 상대도 사랑과 친절로 응답하길 원한다는 것입니다. 내가 어떤 사람과 있으면 심장이 마구 뛰고 숨이 가빠지는데, 그 상대방은 나와 있을 때 호흡이 편안해지고 심장박동이 느려지는 일은 없다는 말입니다. 포유류는 서로의 생리적 상태를 호혜적으로 조절하고 기본적으로 안전하다고 느낄 수 있는 관계를 만드는 능력을 가지고 있기에 이것이 타인과의 관계에서 실현되는 것이 매우 중요한 존재입니다. 우리의 마음만 그런 것이 아니라 몸 전체에 깔린 신경계 자체가 안전감을 주는 호혜적 상호작용을 갈망하는 것이지요. 그리고 이 신경계가 활성화되어 있을 때 생명체는 건강이 증진되고, 성장도 하며, 상처와 손상으로부터 회복도 됩니다. 생존에 유리해진다는 말입니다.

정리하자면 인간에게 애착이란 타인과 연결되어 있고자 하는 본능을 의미합니다. 그런데 그 타인은 위험한 타인이 아닌 안전한 타인이어야 하고 우리가 존재하는 환경 역시 안전해야 합니다. 그러니까 좋은 애착이란 안전함을 전제로 합니다.

다시 말해, 저는 '애착'을 남을 얼마나 믿는가?, 타인 옆에서 얼마나 마음을 놓는가?, 남에게 기대를 품는가?, 어떤 기대를 얼마나 품는가? 등의 질문으로 바꿔서 부를 수 있다고 생각합니다. 애착이란 타인에게 품는 신뢰의 정도에 대한 문제입니다. '당신은 애착에 문제가 있네요.'라는 말은 당신이 세상과 사람을 신뢰하지 않는다는 뜻입니다. 당신이 사람들 사이에서 웃고 있을 때도 사실 마음을 놓지 못한다는 것을 의미합니다. 부모가 있건 없건, 친구가 있건 없건, 자식이 다섯이건, 하나이건, 당신은 혼자뿐인 세상 속에 살고 있다는 것을 의미합니다.

우리는 우리가 신뢰하는 만큼의 세상 속에서 사는 존재입니다. 예를 들어 봅시다. 성경에서는 어느 날 밤, 예수님이 안 보여 찾아다니는 제자들의 이야기가 나옵니다. 제자들이 예수님을 찾다가 물가에 갔는데 저 멀리 예수님이 물 위를 걸어 다니는 믿을 수 없는 광경을 목격하게 됩니다. 예수님은 물 위를 걸어오다, 자기를 귀신으로 오해한 제자들에게 물 위를 걸어 자신에게 다가와 보라고 합니다. 제자들의 대장 격인 베드로는 모범을 보여야 한다는 무언의 압력에 못 이겨, 시키는 대로 물로 뛰어듭니다. 베드로는 예수님을 믿고 물 위에서 걸음을 옮기지만 점점 뭍에서 멀어지고 높은 파도와 깊은 물을 보자 곧 믿음이 흔들리고 두려움을 느낍니다. 그리고 그 순간 거짓말처럼 물속에 빠져 살려 달라며 허우적댑니다. 이처럼 우리는 우리가 가진 애착의 정도만큼 세상 속에서 성큼성큼 멀리 나아갈 수 있습니다.

이런 의미에서 애착은 과거이자 현재입니다. 애착은 당신이 얼마나 안전하고 신뢰로운 상황과 사람들 속에서 살아왔는지 보여 주는 증거입니다. 그러니까 애착은 당신의 경험, 과거를 반영한다는 의미에서 과거의 산물입니다. 그런데 현재를 보여 주는 것이기도 합니다. 왜냐하면 애착이라는 이 세상에 대한 믿음은 순간순간, 당신의 신경계, 당신의 마음과 뇌, 신체 안에서 활성화하여, 당신의 인생을 결정짓고 있으니까요.

포지스 박사는 거의 반사적으로 일어나는 환경에 대한 신경계의 평가, 의식보다 앞서 일어나서 교감신경계를 어떤 모드에 놓을지를 결정하고 지금 내 눈앞의 타인과 사회적인 교류를 할지, 말지를 결정하는 신경계의 이 기능을 '신경지(neuroception)'라는 개념으로 부릅니다. 우리가 이 세상과 내 앞의 타인들을 믿고 의지할 대상으

보는지, 피하고 공격해야 할 대상으로 보는지는 의식에 앞서 우리의 신체가 먼저 판단을 내린다는 것이지요. 불안정 애착입니까, 안정 애착입니까를 묻는 대신 스스로에게 이렇게 물어봅시다. '나는 이 세상과, 내 옆의 이 사람을 어느 정도 믿는가? 어느 정도 긴장하고, 경계하는가?'라고 말이지요.

이 질문에 대한 대답은 여러분 각자 어느 정도 마음속에 품고 있을 겁니다. 앞서 말했듯이 애착은 곧 믿음의 문제입니다. 이 믿음이 약하고 잘 흔들리는 사람은 당연히 인간관계에서 갈등과 문제를 많이 겪을 수밖에 없고, 그로 인해 마음에도 상처가 많을 수밖에 없습니다. (물론 아무나 덮어놓고 믿는 것도 큰 문제고 이 역시도 건강한 애착이라고 할 수 없습니다. 이는 환경과 상대를 평가하는 능력에 어떤 결함이 발생했다고 봐야겠지요.)

자, 여기까지 대체 애착이 무엇인가를 일단 이야기해 보았습니다. 그렇다면 이제 그 애착이 형성된 과거, 문제의 그 '과거'에 대한 이야기를 이어가 보겠습니다. TV와 책에서 자꾸 벗어나라고 하는 그 과거 말입니다.

우리에게 드리운 부모의 그림자:
살리에리는 모차르트의 아버지를 갖고 싶었다!

인간의 뇌는 긴 시간 동안 진화를 거쳐 왔습니다. 컴퓨터에 빗대어 말하자면 286에서 시작해 슈퍼컴퓨터까지 왔다고 할까요? 그런데 인간의 뇌가 컴퓨터와 다른 점은 컴퓨터는 사양이 좋아지면서 예전의 운영체제를 빼고 더 성능이 좋은 새로운 운영체제로 갈아타 왔다면, 인간의 뇌는 286의 운영체제 위에 386을 얹고 그 위에 또 그다음 버전을 얹는 형태로 발달해 왔다는 것입니다. 그래서 현재 인간의 두뇌는 생명활동을 책임지는 가장 원시적인 뇌부터 고차원의 사고가 가능한 뇌까지 덕지덕지 겹쳐 있는 상태가 된 것입니다(Cozolino, 2018b).

우리가 엄마 뱃속에서 8개월이 되었을 때 이미 파충류의 뇌와 그 위 변연계의 편도체까지가 완성됩니다. 그리고 나머지 부분은 빈 도화지인 채로 긴 시간을 양육자의 도움을 받아 살아가게 됩니다. 아니 대체 인간은 왜 이렇게 나약한 상태로 긴 시간을 성장해야 하는 걸까요? 동물들과 비교해 보면 힘도 약하고, 냄새도 못 맡고, 시력도 나쁘며, 속도도 느리고, 치아도 부실하기 짝이 없는 인간이 세상에서 살아남자면, 철저하게 자신을 환경 즉, 세상과 자신을 둘러싼 타인들에 맞추는 수밖에 없었습니다(Eagleman, 2022).

자신이 살게 될 환경이 어떤 곳인지 모르기 때문에 뇌가 굳어 있을수록 생존에 불리합니다. 나를 키울 사람이 어떤 사람인지도 모르고 내가 고려시대 개경에 태어날지 2024년도 뉴욕에 태어날지 모르니까 일단 태어나서 환경을 보고 거기에 맞춰 뇌를 발달시키기로 한 것입니다. 위에서 말한 파충류의 뇌는 연수, 중간뇌, 다리뇌 등이 포함되는데 호흡, 배변, 체온조절, 호르몬 분비 등을 책임집니다. 그

위의 변연계는 포유류의 뇌로 불리는데 그 이유는 무리 생활을 위해 기능하는 뇌이기 때문입니다. 특히 편도체는 어떤 사람이나 물체에 대해 '저 대상과 멀어질까, 싸울까'를 결정하는 부분으로 우리를 위험과 위협으로부터 지키는 보초의 역할을 합니다. 변연계는 '내가 저 사람과 친해지면 생존하는 데 도움이 될까? 저 사람은 가까이 해도 좋은 사람일까?'를 판단하기 때문에 갓난아이라도 완성해서 나와야만 하는 것이지요. 인간은 태어남과 동시에 좋은 사람에게서 좋은 도움을 받아야만 살아남을 수 있으니까요.

밖으로 나온 뇌는 한 시도 쉴 시간이 없습니다. 엄마의 표정이 굳어지기 전에 이유식을 납죽 받아먹는 게 내 신상에 이롭다든지, 내가 웃으면 아빠의 찡그린 표정이 미소로 바뀐다든지 하는 것들을 알아내 어떻게 여기서 살아남을지 궁리해야 합니다. 그래서 선택한 방법이 '다운로드'입니다. 나는 몰라서 한 행동인데 그게 싫은 양육자가 나를 흙바닥에 내려놓고 가 버리면 어떻게 될까요? 버림받음이 곧 죽음인 상황인데 세상에 대한 정보 즉, 알고리즘을 한 줄 한 줄 받아 적을 여유 따위는 없습니다. 그래서 인간의 뇌는 양육자의 뇌 안에 있는 것들을 '내려받기'합니다. 목마른 자가 우물을 판다고, 아쉬운 내가 양육자가 세상을 보는 방식 그대로 세상을 보기로 한 것입니다. 이것을 가능하게 하는 것은 거울 뉴런이라는 부분인데, 남의 행동을 관찰함으로써, 다음 행동을 예측하고, 그 사람의 마음을 짐작하며, 그의 행동을 모방해 배울 수 있게 합니다. 그래서 남을 돕고 협동해 사랑받으며 어울려 살 수 있도록 하는 것이지요(Cozolino, 2018a).

깡통 노트북을 가진 사람은 일단 윈도우부터 설치하고 봅니다. 이 윈도우가 바로 인간의 뇌로 따진다면 양육자의 내면, 양육자의 정신세계입니다. 여기서 우리의 운명이 갈라집니다. 에러가 없고 균형 잡힌 윈도우를 다운로드한 노트북은 이후로 별 문제 없이 잘 기능합니다. 그런데 에러도 있고 바이러스에 감염된 윈도우를 다운로드한 노트북은 까딱하면 먹통이 되고, 자꾸 문제를 일으키지요. 윈도우가 컴퓨터의 기능을 좌우하듯, 양육자로부터 우리에게 전달된 것들은 가장 기초에 자리 잡기 때문에 불행하게도 우리에게 결정적인 영향을 미칩니다. 제가 '불행하게도'라는 말을 덧붙인 것은 우리 중 이 '불행'에서 비껴간 사람은 별로 없기 때문입니다.

내가 힘들다는데 왜 부모 이야기를 묻나요?
지금 힘들다는데 왜 자꾸 과거를 묻나요?

이제 거의 눈치를 채셨겠지만 이 질문이 당신의 문제가 어디서부터 어떤 방식으로 생겨났는가를 알아내는 가장 빠른 방법이기 때문에 그렇습니다. '그럼 우리가 부모라는 존재들의 희생양이라는 말 아냐?'라는 생각이 들어 이 사실을 부인하고 싶을 수도 있습니다. 그러나 우리가 좋든 싫든 간에 우리 뇌는 우리를 살리기 위해 양육자의 내면을 비판 없이 수용하는 방법을 택했습니다. 그리고 내 자신에게 관심을 기울이기보다 남에게 관심을 온통 기울이도록 진화했습니다. 남의 마음을 헤아리며 우리는 사람들 사이에서 내쳐지지 않고 무리의 일원으로 살아갈 수 있게 되었고 동시에 여러 약점들도 가지게 된 것이지요. 양육자의 내면을 다운로드한 부작용은 '생존'이라는 목표를 위해 감수할 수밖에 없었습니다. 이상한 양육자를 만나 세상에 대한 신뢰를 잃거나, 자신이 매우 쓸모없는 존재라는 생각에 빠져 평생을 살아가는 것이 이 부작용의 한 예입니다.

윈도우가 있은 다음에야 구글도 깔고, 엑셀도 깔고, 한글과 컴퓨터도 깔지요. 그런데 이런 프로그램이나 앱을 설치하는 데는 몇 분이면 되지만, 인간의 뇌는 인내와 절제, 합리적 사고 등이 가능한 대뇌피질이 완성되는 데 20년이 넘게 걸립니다(Cozolino, 2018b). '대뇌피질'의 통제라는 이름의 백신도 맞고 업그레이드도 하며 윈도우를 고쳐 가며 쓸 수 있기까지 긴 시간 우리는 덜컹거리는 윈도우를 가지고 살아간다는 이야기입니다. 이 긴 시간이 바로 제가 계속 이야기하는 우리의 '과거'입니다. '너는 언니보다 둔해.'라는 말을 들으면 정말 자신이 언니보다 둔한 줄 알고 사는 시간. 무섭고 거친 세상을 부모가 물려준 조악한 방패만 들고 온몸으로 견뎌야 하는 시간. 우리는 그 시간을 과거라고 부릅니다.

영화 〈아마데우스〉의 처음 부분에서 살리에리는 모차르트를 회상하며 자신이 질투한 것은 그의 재능이 아니라, 그의 아버지였다는 말을 합니다. 그는 자신이 동네 아이들과 술래잡기를 하고 있었을 때, 이미 아버지에게 피아노를 배워 작곡을 하며 유럽 순회공연을 하고 있었던 모차르트의 유년기를 부러워했습니다. 이미 지나간 과거는 각자의 아버지들이 창조한 것이었고, 도저히 메꿀 수 없는 그 과거의 차이가 천재 모차르트와 수재에 불과한 자신의 운명을 갈라놓았음을, 살리에리는 가슴 깊이 슬퍼했던 것입니다.

과거는 지나가지 않고 매 순간 활성화된다: 지나간 일은 잊고 살자고요?

다운로드한 내용들은 변연계와 같은 깊은 뇌의 영역에 저장됩니다. 그런데 이렇게 다운로드가 일어나는 시기는 우리 뇌에서 아직 언어를 관장하는 영역이 발달하기 전입니다. 그렇기 때문에 우리가 복제한 양육자의 내면, 그 당시 우리가 살았던 환경, 당시의 상황과 우리가 느낀 감정들은 언어로 표현하기가 어렵습니다. 그 기억들이 언어의 형태로 저장될 수 없었기 때문입니다.

   우리는 이것이 우리의 기억이기는 하지만, 언제 우리에게 들어온 것인지 기억할 수 없고, 말로 잘 풀어서 설명되지 않기 때문에 '암묵기억'이라고 부릅니다. 프로이트가 말한 '무의식'이 바로 이 암묵기억입니다. (사실 의사인 프로이트의 야망은 이러한 무의식과 의식 등의 신경생리학적 기전을 규명하는 것이었습니다. 당시 의학발달의 한계로 프로이트의 야망은 실현되지 못했지만, 어쨌든 프로이트는 옳은 비전을 갖고 있었던 것이지요.)

암묵기억 또는 무의식은 언어화되진 않지만 힘과 영향력은 셉니다. 구조적으로 가장 안쪽에 저장되기도 하고, 무리의 일원인 우리의 생존을 좌우하는 변연계의 부분에 저장되었기 때문에 스스로 엄청난 책임감을 가지고 있는 것 같습니다. '나의 생존'이라는 사명감에 불타느라 어떤 상황에서든 망설임 없이 결정을 내려 버립니다. 대뇌피질이 합리적인 이성으로 검토하고 성찰하고 나에게 정말 좋은 건가를 따져 본 후에 결정을 내리려고 하는데, 변연계가 대뇌피질에게 틈을 주지 않는 것이지요.

변연계가 주도하는 빠른 결정과 대뇌피질을 거쳐서 내려지는 느린 결정의 차이는 시간으로 따지면 0.5초의 차이밖에 나지 않지만(Cozolino, 2018a), 0.5초란 이미 말이 입 밖으로 내뱉어졌거나, 누군가의 멱살을 잡기에 충분한 시간입니다. 아니, 그래도 좀 기다렸다가 하지, 왜 자꾸 빠른 결정을 해 버리나 싶지요? 우리 뇌는 에너지 낭비를 싫어합니다. 대뇌피질을 거쳐서 빙 돌아오는 정보처리는 에너지를 많이 쓰게 되기 때문에 웬만하면 빠르고 간단한 처리를 선호합니다. 얼마나 에너지 낭비를 싫어하는가 하면 자기성찰을 하는 것마저도 좋아하지 않습니다(Cozolino, 2018b). 우리가 우리를 돌아보면 후회도 들고, 자책도 하면서 거침없이 행동하기보다는 머뭇거리게 되지요? 아니, 바쁘다 바빠 현대사회에서 머뭇거릴 여유가 어딨나? 그러다 죽을 수도 있다고! 자기성찰은 배부른 소리야! 이게 우리 뇌의 생각입니다. 그렇기에 자기 객관화가 잘 이뤄진 사람을 찾기 어려운 것입니다.

항상 과중한 업무에 시달려 병까지 얻은 회사원 C씨가 있습니다. 그런데 C의 부서원 전체가 업무가 과중한 것은 아닙니다. 종일 인터넷 쇼핑을 하거나 주식창을 들락거리는 동료도 있고, 딱 적당한 업무만을 맡아서 5시 40분이면 이미 책상정리를 마치고 화장실에 가서 돌아오지 않는 동료도 있습니다. 이 사실을 C도 알고 있습니다. 그래서 이제는 자기도 업무를 좀 쳐내야겠다고 다짐해 봅니다.

어느 날 상사가 또 일거리 하나를 들고 C의 책상에 다가옵니다. 이걸 좀 맡아서 처리해 달라는 상사의 말에 C는 '거부해야 해. 이따 병원도 가야 하잖아.'라고 생각하지만, 왠지 모를 불편감에 그만 "네, 알겠습니다. 두고 가세요."라고 말하고 맙니다. '여기서 또 일을 맡는 것은 불공평하고 부당해. 게다가 오늘은 병원예약도 잡아뒀잖아.'라는 대뇌피질의 판단이 '거절은 나쁜 것이고 희생과 성실을 통해서 인정을 받아야만 한다.'는 다운로드된 암묵기억 즉 그의 무의식보다 0.5초 뒤져 버렸고, 되돌리기에는 "네, 알겠습니다."가 이미 뱉어져 버린 것이지요. 아픈데 병원도 못 갈 정도로 사는 것은 잘못된 것임을 C도 알고 있습니다. 그러나 오늘도 병원 예약을 취소해야 합니다. C만 남겨 두고 모두 퇴근해 버린 사무실에서 C는 진통제를 삼키며 억울함에 눈물이 찔끔 납니다. 왜 이렇게 사는지 모르겠다고 C는 친구에게 전화해 하소연합니다. C는 모르겠지요. 그것은 C의 무의식이 저지른 일이니까요. 그래 놓고 다음 날에도 똑같이 새 업무를 떠맡습니다. 아마도 C는 자기 의식을 업무 처리에만 사용하는 모양입니다.

여기서 저는 '거절은 나쁜 것이고 희생과 성실을 통해서 인정을 받아야만 한다.'라고 설명했지만, 우리 뇌가 이렇게 구체적으로 설명하지는 않습니다. 앞에서 말했듯 '왠지 모를 불편감'을 '무의식적으로' 느낄 뿐이지요. 아주 오랜 시간 공을 들여, 그 불편감을 말로 표현하자면 뭔지를 고심해서 가장 비슷하게 설명한 문장이 '거절은 나쁜 것이고 희생과 성실을 통해서 인정을 받아야만 한다.'입니다. 그런데 평상시에는 '아이씨, 나는 항상 왜 이러지? 짜증 나!' 정도로만 인식됩니다. 말로 표현할 수 없는 '짜증'은 곧 우리 안에 작동하고 있는 무의식의 체취인 것이지요.

우리는 이렇게 프로이트가 말한 '무의식'이 신비주의나 문학적 개념이 아니라는 것을 알게 되었습니다. 말을 유창하게 할 수 있게 되기 전, 우리가 세상과 사람들에 대해 획득한 모든 정보가 무의식을 이룹니다. 내가 기억하지 못하는 때에 일단 살고 보려고 세상과 맺은 불공정 계약이 몇십 년이 흐른 지금도 내 인생을 좌우하고 있는 것입니다.

'무의식'에 휘둘리고 '의식'의 '말빨'에 속고 사는 우리들: 본부장과 비서실장의 환상의 콜라보

이렇게 된 이상 이제 대뇌피질, 즉 의식이 나설 차례입니다. 뒷북이

긴 하지만 재벌 3세 본부장님이 저지른 말썽을 비서실장이 무마하고 다니듯이 무의식이 저지른 일을 의식이 뒷수습하는 겁니다. 저 자식들이 우리 회사를 무시했다며 본부장이 충동적으로 거래처와의 계약을 끊고 오면 비서실장이 한 번만 봐달라며 거래처를 달래고 계약을 다시 원상복구시키고 오는 겁니다. 그런데 이렇게 똑똑한 비서실장이 사실 우리의 마음에 병을 불러옵니다(Cozolino, 2018b).

사실 이상적으로는 비서실장이 망나니 본부장님을 통제해야 합니다. 본부장이 충동적으로 사고를 치려 하면 손목을 '턱' 잡고 '이러시면 안 됩니다. 잠깐만 생각해 보시죠. 이게 우리 회사를 위한 일입니까?' 하고 본부장을 제지해야 합니다. 그리고 자신의 의견대로 본부장이 따르도록 설득해야 합니다. 그런데 실제에선 이렇게 이상적인 일이 잘 일어나지 않습니다. 본부장이 저지른 사고에 대해 비서실장이 갖은 핑계를 대주고 '쉴드를 치는' 역할을 하여, 본부장이 자신을 바로잡을 기회를 주지 않는 것입니다.

시간이 갈수록 본부장이 일으키는 사고는 커지고 거기서 오는 피해도 커집니다. 회사는 본부장과 비서실장의 환장의 왈츠가 반복될수록 점점 부실해집니다. 우리의 몸과 마음도 회사처럼 우울해지거나 불안해지고, 홧병이 오고, 분노가 차오르고, 번아웃이 옵니다.

C의 의식은 무의식이 저지른 일을 수습하기 위해 갖은 핑계와 이유를 대 줍니다. '아까 그 일을 거절했으면 퇴근하고 나서도 내내 맘이 불편했을 거야. 참는 자에게 복이 와. 이렇게 희생을 했으니 인정

을 해주겠지. 이번 승진은 내 차례야. 이렇게 하니까 나는 회사에 적(敵)이 없잖아.'라며 스스로를 달래거나 아니면 더 채찍질을 할 수도 있습니다. '나 정도 안 하는 직장인이 있을까? 이 정도 가지고 힘들다고 하면 안 될 것 같아. 내가 전문대를 나와서 그런 걸 수도 있어. 그때 왜 전문대를 갔을까. 정말 바보 같았어. 늦었지만 학사는 땄으니 이제 대학원에 가볼까?'

'더 잘하면, 더 성공하면'이 무엇을 의미하는지는 몰라도 그렇게 되면 지금의 문제가 해결될 거라고 의식은 우리를 몰아칩니다. 그러다 그 방법이 실패하면 상담실을 찾기도 하는데요. 그때 C가 제게 호소한 내용은, '거절은 나쁜 것이고 희생과 성실을 통해서 인정을 받아야만 한다.'는 믿음이 무너져 괴롭다는 게 아니었습니다. 그가 한 말은,

"고3 때 했던 대학교 선택이 후회되어서 너무 힘들어요."

"더 이상 회사 일이 신명 나지 않아요. 열정을 되찾고 싶어요."

"워라밸이 있는 사람들이 부럽고, 보고 있으면 화가 나요."

"이직에 대해 이야기해 보고 싶어요."

"친구가 가 보라고 해서 왔는데 사실 무슨 이야기를 해야 할지 모르겠어요. 생각해 보니 저는 취미가 없는 것 같아요."

"욕심이 많고 이기적인 것 같아서 괴로워요. 욕심을 내려놓는 방법이 있나요?"

입니다. 우리는 무의식이 저지른 폐해 그 자체보다는 의식의 '쉴드'가 더 이상 통하지 않을 때, 그게 바로 문제라고 오해하곤 합니다. 그

래서 거절을 못하고, 대학을 잘못 선택한 것이 자신의 문제라고 지목합니다. 그런데 문제는 바로 여기 있습니다. 스스로의 문제가 무엇인지 잘못 지목(진단)했기에 책을 아무리 읽어도 쉽게 나아지지 않는 것입니다. 우리가 우리 자신에 대해 이해하고 있다고 믿지만 사실 '오해'하는 경우가 더 많다고나 할까요? C의 이야기를 더 구체적으로 들려 드리겠습니다.

C가 다니는 직장은 유명한 대기업입니다. 일이 많기로 소문난 부서에서 몇 년을 고생해서 일했고 C에 대한 회사 내 평판도 좋았습니다. 그런데 C는 올해도 승진에서 밀렸습니다. 올해로 세 번째입니다. 아마도 4년제 대학을 나오지 않고 전문대를 나와서 야간으로 학사를 딴 것이 불리하게 작용한 것 같습니다. C는 이 결정을 후회했고, 사람들 역시 C에게 답답하다는 듯이 말했습니다. '웬만하면 4년제를 나왔어야지. 나이도 젊은 사람이 왜 그랬어. 다 나오는 4년제….'

회사에 충성을 다하느라 혼기도 놓친 C는 자기에게 남은 게 없다는 생각이 들어 괴로웠습니다. C는 변변하게 연애를 안 해 본 것도, 어린 마음에 부모에게 부담을 지우기 싫어 전문대를 간 것도 자책하고 있었습니다. 이야기를 자세히 나눠 보니 사실 C가 전문대를 간 것은 '어린 마음'에 한 결정이 아니었습니다.

C에게는 장손인 형이 한 명 있습니다. 형은 학생 때부터 운동을 했는데 집안의 얼마 안 되는 수입은 모두 형을 뒷바라지하는데 쓰였

습니다. 집에 방이 두 개뿐이었는데 하나는 부모님이, 하나는 형이 쓰고, C는 거실에서 생활했죠. C는 공부를 곧잘 하는 모범생이었는데 그런 C에 대한 부모님의 칭찬은 '혼자서 알아서 잘하는 아들, 양보를 잘하는 아들, 부모를 한 번도 힘들게 안 하는 아들'이었습니다.

형이 대학생이 되었고, C도 고3이 되었는데 C는 형의 등록금 걱정에 머리를 싸고 누운 엄마에게 자기가 전문대에 가서 엄마의 부담을 덜어 주겠다고 먼저 이야기했습니다. C는 이 상황을 "누가 시킨 것도 아니었는데 내가 스스로 발목을 잡았다."라고 설명했습니다. 우리는 C만 방을 갖지 못했던 상황에 대해 이야기를 나눴습니다. 그 가정에서 C는 '부가적인' 존재였습니다. C가 부모를 돕고 희생하고, 부담을 덜어 드리는 역할을 하지 않고도 자기 존재를 인정받을 길은 없었습니다. 부모가 워낙에 가진 자원이 적었기에 C가 나도 좀 대접해 달라고 고집을 부렸다면 '욕심꾸러기, 이기적인 것, 불효자 자식'이라는 욕을 먹고 끝났을 가능성도 있었습니다.

실제로 C가 여섯 살쯤, 자기도 형처럼 신발을 사 달라고 졸랐는데 C의 엄마는 대뜸 부엌에 주저앉아 통곡을 터뜨렸습니다. 냉장고 옆에 서서 그 장면을 보고 충격을 받았던 C는 갖지 않고 양보함으로써 가정의 평화를 유지하는 방법을 선택했습니다.

40대 초반의 C는 새 신발을 포기한 때로부터 35년도 넘게 흘렀건만, 아직도 엄마의 통곡 장면과 당시 느꼈던 낭패감을 잊지 못합니다. 자신이 양보하지 않으면 안 될 것 같은 불안을 느끼며 희생을 해서 사랑받기를 반복하고 있는 것입니다.

문제는 이곳은 부엌이 아닌 회사고 회사는 양보와 희생에 보상을 주겠다고 약속한 적이 없다는 것, C는 새 신발을 가지려고 하는 것이 아니며, 상대는 엄마가 아닌 상사나 동료라는 데 있습니다. 상황과 시기와 상대가 모두 변했는데, 슬프게도 무의식은 시간관념이나 공간관념이 없어서 쉼 없이 설쳐 댑니다. 문제는 계속 무의식이 만들고 있는데, 의식은 안 그래도 힘든 C에게 '그때 바보처럼 4년제를 안 간 너의 탓이 아닐까?'를 속삭이며 불난 집에 부채질을 해 댑니다. 그러니 C는 저에게 와서 "20년 전 대학 선택을 잘못한 것 같다. 이에 대해 이야기해 보고 싶다."라고 말합니다. 무의식을 들고 와야 할 자리에서 난데없이 입시를 들먹입니다. 의식이 C에게 자신이 지금 무엇 때문에 힘든가에 대해 오해하게 만든 것입니다.

우리가 단단히 착각하는 세 가지

코졸리노(2018a)는 이 오해와 착각에 대해 이렇게 설명합니다. 우리의 마음이 아래의 세 가지 잘못된 전제를 바탕으로 의식 즉, 생각이라는 것을 만들어 낸다는 것이지요.

- 우리가 경험하는 것은 현재이다.
- 우리는 완전한 자유의지를 가지고 있다.
- 우리는 자신과 세상에 대해 정확한 정보를 가지고 있다.

이 세 가지의 전제는 모두 잘못되었는데 불행하게도 우리는 의식의 농간에 넘어가 이 세 가지 전제를 가지고 자신을 바라보고 결국 괴로운 생각에 빠지고 맙니다.

우리가 과거를 현재에서 계속 반복하고 경험하는 한, 그것은 과거가 아닌 현재입니다(Clarkson & Mackewn, 2019). 과거 시점을 다룸으로써 그 문제가 오랫동안 지속되어 왔음을 알게 되는 것뿐입니다. 실제 어떤 자극이 오면 우리 뇌는 뇌의 여기저기를 뒤지기 시작합니다. MRI로 이를 관찰하면 여기저기가 번쩍거리지요(Genova, 2022). 기억의 주머니를 뒤지다가 지금의 자극과 일치하는 기억을 찾아 활성화하면 우리는 그것을 마치 지금 벌어지고 있는 것으로 느낍니다. 활성화된 기억은 그와 연관되어 있는 행동, 생각, 감정을 활성화시키는데 이렇듯 우리는 이미 저장되어 있는 것을 다시 활성화하는 방식으로 과거를 반복합니다. 그리고 반복된 과거는 또 하나의 기억이 되어(봐라, 내 말이 맞지? 하며 의기양양하게) 신경망에 입력됩니다. 동일한 기억이 자꾸 축적되는 신경망은 크고 두꺼워지고 내가 누구인지를 설명할 수 있는 특성이 되는 것입니다(Cozolino, 2018b).

우리는 우리에게 자유의지라는 게 있으므로 C가 자신을 위한 더 진취적인 선택을 했어야 한다고 여기는데 이것 또한 착각입니다. 앞서 우리는 양육자의 내면을 다운로드함으로써 빠르게 생존을 확보하려 한다고 말씀드렸습니다. 한마디로 양육자에게 없는 것은 우리에게도 빠져 있습니다(Cozolino, 2018b). C의 부모가 내면에 '나를 위해 주장도 할 줄 아는 당당함'을 지닌 사람이었다면 좋았을 것입니다. 그러나 그 당시에 C가 부모로부터 내려받은 유일한 무기이자, 성공해 온 무기는 '희생과 양보'뿐이었습니다. 보수적인 우리의 뇌는 희생과 양보라는 해결책이 성공하면 계속해서 희생과 양보를 고수하고 유지하려는 경향이 있습니다. 이렇게 해야 위험하지 않다고 느끼며 이후의 다른 경험들에 대해서도 '희생과 양보가 좋다'는 신념을 유지해 주는 경험들만 자기 안에 간직합니다(Genova, 2022). 그러니까 진취적이어야 한다는 우리의 조언은 그가 아닌 다른 사람이었다면 통했을 것입니다. 또한 '나는 무언가를 못한다.'는 생각만큼이나 '나는 무엇이든 할 수 있다.'는 생각 역시 환상인 경우가 많습니다. 해야 했는데, 할 수 있었는데 하지 않았다는 생각이 우릴 힘들게 만듭니다. 이것 역시 나를 너무 과대한 존재로 보는 착각임을 기억해야겠습니다. 아이들의 노래 중에 "넌 할 수 있어, 라고 / 말해 주세요 / 그럼 우리는 무엇이든 / 할 수 있지요!"라는 노래가 있는데 위험한 가사입니다. 누군가 우리에게 할 수 있다고 말해 준다고 해서 우리가 무엇이든 할 수 있게 되지는 않습니다.

　더 쉬운 예로 8살 아이가 수학 시험에서 60점을 받아 오자 화가 난 부모가 시험지를 구기고 찢어 던져 버렸다고 합시다. 그런데 그 아이가 그 시험지를 다시 주워 와 펴고, 테이프로 찢어진 조각들을 붙여서 오답을 다시 풀어 봅니다. '이번 시험은 망쳤지만 시험은 100점 맞기 위해 보는 게 아니라 무얼 알고 모르는가를 알기 위해 보는 거야. 그러니 무엇을 몰랐는지 확인해서 실력을 키워야지.'라고 다짐하며 스스로를 격려하고, 다음번 시험을 잘 보는 발판으로 삼기란 불가능합니다. 실패나 부족함을 거부하는 부모는 실패를 어떻게 받아들여야 하는지 어려워하는 자식을 길러 냅니다. 그 집안에서 실패 또는 부족함이란 있어서는 안 되는 일, 일어나면 회복할 수 없는 일, 있어도 없는 척해야 하는 일이 됩니다. 어떻게 대해야 할지 배운 적 없는 시련을 만나고, 그 와중에 자신의 마음을 돌보는 것조차 부모와 사회로부터 배운 적 없는 우리들은 격하고 고통스러운 감정에만 자꾸 빠져 들게 됩니다(Tsabary, 2022).

C는 열심히 하면 세상이 인정해 줄 것이라는 정보를 가지고 있었고 그것이 진리라고 믿었습니다. 그것이 맞을 때도 있지만 일부만 맞습니다. 우리는 열심과 인정이 원인과 결과가 아님을 현실적으로 인정해야 합니다. 인생이 이렇다, 저렇다 판단하고 굳게 믿고서 그대로 되지 않았다고 화를 내거나 실망하거나 절망하는 것은 우리가 긴 시간 '인생은 이렇다'라고 배우고 그대로만 보도록 훈련받은 결과입니다. 우리는 오랜 훈련의 결실로 반사적으로 반응할 수 있게 되었습니다(Tsabary, 2022). '아이를 다그치지 말고, 무엇이 어려웠는지 묻고 달래 줘야지.'라는 이성이 발동하기 전, '수학을 이렇게 많이 틀리다니 내 자식 인생은 끝났어! 망했어!'라는 파국적인 생각이 편도체의 알람과 함께 반사적으로 떠오르고 울분과 공포에 휩싸여 아이의 시험지를 구기며 우리의 과오가 하나 더 적립됩니다.

이 세 가지 농간은 우리로 하여금 모든 어려움의 원인을 우리 스스로에게 돌리도록 합니다. 그러나 우리는, 우리 고유의 생각과 선택(그런 게 진짜 있는지는 모르겠지만)은 우리의 것으로, 부모의 것을 그대로 다운로드한 프로그램 즉, 무의식의 것은 무의식의 것으로, 그리고 상황과 시대의 것은 상황과 시대의 것으로 돌려야 합니다.

'부모를 향한 착한 마음', '전문대를 나와도 나는 똑똑하니 충분히 잘 살 수 있을 것이라는 자신감'은 그의 것일 수 있지만 '가난한 집안, 그가 희생할 때만 사랑해 준 부모, 그를 이끌어 준 다른 어른의 부재, 학력 차별주의 사회, 그를 이용만 하고 대우해 주지 않은 조직 문화' 등은 그의 것이 아닌 것으로 나누어 멀찍이 떼어두는 것이지요. 그렇게 함으로써 그의 것이 아닌 것들에 연결된 부정적 감정들(슬픔, 분노, 자책)의 연결선을 잘라내 버리고 그 감정들에 휘둘리지 않게 되는 것입니다.

이야기가 길었지만 요약하자면, 잘못은 C가 아니라 C의 무의식에 있습니다.

어? 그런데 그의 무의식을 구성한 가장 유력한 인물은 그의 부모님이네요? 모든 잘못은 그의 부모에게 있다! 부모에게 사과를 받자! 사과를 안 하면 안 보고 살면 된다! 이렇게 결론을 내리면 되는 것일까요? 우리가 심리학 책을 보고, 상담 프로그램을 시청하고, 상담실을 찾는 것은 그저 부모를 용서하기 위해서일까요?

상담실에 들어오는 단체 손님:
아니, 자네 어깨에 누가 앉아 있는데?

무속인에게 신점을 보러 간 사람들 중엔 이런 이야기를 들은 이들이 많다고 합니다.

"자네 어깨에 누가 앉아 있구먼! 평소에 어깨가 많이 무겁고 아프지 않았어?!"

점을 보러 간 사람은 자기가 혼자라고 생각하지만 사실 조상님을 동반해 다니고 있었단 이야기입니다. 믿거나 말거나 개인의 자유지만 상징적인 의미는 있다고 생각합니다.

예전에 상담 실습을 처음 시작할 무렵, 만난 내담자가 있었습니다. 그날 대학원의 수업에서 저는 '감정이 세대를 통해 후손에게 전해진다.'는 사실에 대해 배웠는데, 그 수업을 마치고 상담실에서 마주한 그 내담자가 마치 그 수업에 왔다 간 듯 놀라운 이야기를 했습니다.

"제가 상담실 문을 열고 들어올 때, 제가 혼자 들어오는 게 아니라는 생각이 들었어요. 아빠와 함께 들어왔구나……."

그로부터 오랜 시간이 흐른 후에 앞서 이야기한 내담자 C를 만났고 그 역시 농담조로 저에게 이렇게 말한 적이 있습니다.

"제가 여기에 대체 몇 명과 함께 들어온 건지 모르겠어요. 줄줄이 사탕인 것 같은데요?"

C가 이렇게 말한 건 C의 아픔이 그의 아버지, 그리고 할아버지에게까지 줄줄이 엮여 있기 때문입니다. C의 아버지는 열 살 때 어머니 즉, C의 조모를 잃었습니다. 아내를 잃은 C의 할아버지는 술독에 빠져 가산을 탕진하고 자녀들에게 막 대하면서도 살림도 시키고 돈을 벌어 오게끔 했기 때문에 사실 C의 아버지 입장에서는 그때 어머니뿐 아니라 아버지마저 잃은 것이나 다름없었습니다. C의 조모가 죽은 것은 6.25전쟁에 참전한 맏아들이 전사하자 그 슬픔을 견디지 못하고 몇 년을 제정신이 아닌 채 살다가 어디선가 약을 구해 와 먹어 버렸다고, C는 그렇게 전해 들었다고 했습니다.

C의 집이 항상 쪼들렸던 것은 C의 부친이 그나마 얼마 되지도 않는 벌이를 자기 아버지 즉, C의 조부에게 많이 가져다 드렸기 때문이었습니다. 그렇다고 C의 조부가 C의 부친에게 고마움을 느끼고 사랑하는 것도 아니었습니다. C의 조부 역시 죽은 맏아들 외에는 자식이 없는 것처럼 굴었습니다.

"아빠와 고모들은 아마도 할아버지한테 방에 굴러다니는 성냥갑 같은 존재였나 봐요. 우리가 성냥갑에게 '성냥갑아'라고 부르지 않잖아요. 성냥갑을 보고 반가워하거나 걱정하거나 미안해하지 않잖아요."

그럼에도 C의 부친은 자기 월급을 가져다가 자기 아버지에게 바치길 멈추지 않았고, 이제는 C에게 그 역할을 물려주었습니다. 맘이 우러나는 것도 아니었지만 그렇게 하지 않으면 죄책감을 느끼고 이렇게 함으로써 자기가 여기 있다는 것을 부모에게 증명하는 것. 그것이 C의 부친이 C에게 물려준 정신적 유산이었습니다.

C가 한번은 아버지에게 자기가 얼마나 힘들고 부모에게 서운했는지 말을 꺼낸 적이 있었는데, C는 이야기를 하다 이내 그만뒀다고 합니다. 왜 그랬는지 묻자, C는 자기 아버지가 마치 외국어를 듣는 사람처럼 하나도 이해하지 못하는 표정을 지었기 때문이라고 했습니다.

C의 부친은 자기 부모가 그랬듯 아무런 비판의식 없이 장남만을 사랑했고, 차남인 자신은 아버지를 짝사랑하고, 또다시 자신의 차남 C로 하여금 자신을 짝사랑하게 만들고는 그 세계 안에서 어떤 불편감도 느끼지 않았습니다. 그 세계만이 굳건하게 자리잡은 C의 부친의 뇌는 C의 마음을 이해할 신경의 돌기를 만들어 내지 못한 것입니다.

부모가 정신적으로 안녕할수록, 자녀 역시 안녕감을 가진다는 연구는 셀 수 없이 많습니다(류지아, 김주현, 2022). 안녕감은 세상과 자신에 대한 신뢰에 기반하기에 안정된 마음은 세상을 살며 만나는 복잡한 문제와 상처 앞에서 유능한 해결과 빠른 회복을 가져다 줍니다. 그렇다면 C에게 이런 어려움을 안겨 준 것은 C의 조부가 원흉이라고 이해하면 될까요?

유대인 대학살의 생존자들과 생존자의 자손들에 대한 연구에서, 생존자의 자손들은 비슷한 정도의 외상에 노출되었을 때, 대학살의 피해를 입지 않은 사람들의 자손들에 비하여 PTSD에서 높은 유병률을 보였습니다(Yehuda, 1999; Cozolino, 2018b에서 재인용). 부모에게 가해진 외상이 그 자녀에까지 영향을 준 것입니다. 이렇게 되는 것은 트라우마를 입은 사람들은 자신들이 이미 불안하기 때문에 스트레스에 잘 대응하지 못하고, 아이 역시 그 불안에 동참하게 만드는 방식으로 자기 아이를 보호하려 하기 때문입니다. 그런데 앞에서 말했듯, 편도체가 이미 엄마 뱃속에서 완성되기 때문에 이미 생물학적으로도 불안에 민감하게 태어난 아이들은 부모에게서 적응적인 상호작용도 잘 배우지 못할뿐더러, 생물학적인 취약성도 가지고 있기에 외상 앞에서 더 약해지는 것이지요. 외상을 입은 사람은 또다시 비슷한 상황이 올 것이 두려워 움츠림으로써 스스로를 보호하려 합니다. 자신감을 가지고 행동해 성공하는 경험을 가지기도 어렵기에 자녀에게 성공적인 행동을 가르치기도 어렵습니다(Herman, 2022).

외상이란 우리가 애를 써서 상처 입지 않고 성공한 경험이 아니라, 우리의 노력이 무색하게 결국은 상처받고 피해자가 된 경험이기 때문입니다. 다시 상처를 반복하지 않기 위해 피하고 숨고, 안전하다고 판명난 행동만을 반복하는 것이 트라우마를 입은 삶의 특성이 됩니다.

사실, 전쟁에서 자녀를 잃은 C의 조부모는 트라우마를 치료할 기회를 갖지 못했고, 조부는 아내마저 자살로 잃었습니다. 그로 인해 알코올 중독에 빠지고, 경제활동도 하지 못해 자식들에게 의존한 그의 삶이 바로 외상의 결과인 것이지요. 그가 입은 외상이 C의 부친을 비롯한 친가의 가족 역사에 상처가 대물림되는 결과를 낳았습니다. 그 와중에 살아남은 C의 부친에게 '사랑', '애착'이나 '부모의 보살핌'이라는 단어는 본 적도, 만져 본 적도, 먹어 본 적도 없는 마카롱 같은 것일지도 모릅니다. '마카롱이 대체 뭐길래 나한테 안 내놨다고 저렇게 난리일까…….' C가 자기 부모에게 원망을 털어놓았을 때, C의 부친은 그런 의문 속에 빠진 것이지요.

C가 자신의 조부모에게 '전쟁통에 장남을 잃었더라도 남은 자식들을 봐서 정신 똑바로 붙들고 살았어야지!'라며 원망을 할 수는 있지만 정신을 차리지 못한 게 조부모의 잘못은 아닙니다. 그렇다면, 조부모를 그렇게 키운 그 부모까지 올라가 봐야 할까요?

부모를 용서할 게 아니면 '이해'라도 해야 하는지 저는 잘 모르겠습니다. 우리가 발굴하고 파헤쳐 그들의 삶이 어느 정도 드러나더라도 많은 부분은 아직 이해를 안 하려는 게 아니라 이해할 수가 없는 미지의 구역에 잠겨 있으니까요.

오히려 우리가 이해해야 할 것은 나 자신입니다. 우리가 알아낼 수 있는 것은 나 자신뿐입니다. 내가 왜 이렇게 살아왔는지, 왜 이토록 애를 썼음에도 이것밖에 안 되는지 밝혀내야 합니다. 나 아닌 누구라도, 내 자리에 놓였다면 이렇게 살았을 것이라는 걸 깨달아야 합니다.

그리고 용서도 해야 합니다. 부모가 아니라 자기 자신을 용서해야 합니다. 나의 부모라는 그 운명과 그 상황과, 그 마음속에 살았던 자기 자신을 말입니다. 나의 무의식은 내 안에 있지만, 엄연히는 내 것이 아니었음을, 나와 상관없이 내 안에 들어왔음을 알고, 알았다면 거리두기를 해야 합니다.

우리와 거리가 생긴 무의식, 즉 우리의 과거는 우리 삶을 자기 손아귀에서 해방시켜 주는데 그것이 바로 책이나 방송이나 칼럼에서 말하는 '과거에서 벗어나는 것'입니다.

그렇다면 이 해방이 어떤 원리로 현실에서 어떻게 실현되는가를 알아야겠지요?

의식이 무의식의 고삐를 잡도록:
장화홍련을 보고도 기절하지 않은 사또

계모와 의붓남동생에 의해 억울하게 죽은 장화홍련은 고을 사또에게 호소할 것이 있었지만, 장화홍련이 나타나기만 해도 두려움에 압도된 사또들은 줄줄이 죽고 말았지요. 오직 용기 있는 사또만이 자신의 두려움과 싸워 장화홍련의 말을 들어주어 억울함을 풀어 주었습니다. 이 사또도 쌍으로 나타난 처녀귀신이 두렵지 않은 것은 아니었습니다. 다만 사또는 장화홍련이 나타났을 때, '귀신은 사람을 해할 수 없다, 죽은 사람은 저승에 가야지 여기에 있어서는 안 된다.'는 논리를 기억하며 놀란 가슴을 부여잡았던 것입니다. 말하자면 사또의 대뇌피질이 힘을 발휘해, 두려움으로 사또를 뒤흔들려 드는 편도체를 이겨 버린 것입니다.

코졸리노(2018b)는 편도체를 생존을 위해 투쟁하도록 훈련된 분대로, 피질을 전체적인 전략을 세우고 장기적인 목표와 안목으로 지휘하는 장군으로 비유하였습니다.

우리가 과거에서 벗어난다는 것은 편도체가 활개 치며 피질의 기능, 즉 이성적 사고를 방해하는 삶에서 벗어나, 피질의 지휘와 통제 아래 편도체를 두는 것을 의미합니다. 앞에서 설명했듯, 생애 초기의 프로그램은 뇌의 가장 깊은 곳에 다운로드됩니다. 이 프로그램은 비언어적이고, 자동적이며, 우리가 알아채기 전에 이미 작동됩니다. 그런데 이런 처리를 이렇게 무의식에서 알아서 하도록 내버려두지 않고 우리가 알아채도록, 우리의 피질이 작동해 의식의 수준으로 가져오는 것. 이것이 바로 치료입니다.

사또가 공포에 압도되어 문을 부수며 도망가거나 기절하는 대신, 처녀귀신의 말을 들음으로써 상황을 해결하는 것. 비서실장이 본부장님의 손목을 잡아, 본부장이 사고 치지 못하게 하는 것. C의 대뇌피질이 사랑받지 못하는 두려움을 이기려 '빨리 저 일을 받아 와!'라고 소리치는 편도체의 어깨를 잡고 '이미 내 업무량은 적정 수준을 넘었고, 일을 많이 하는 것과 사랑받는 것은 아무 관련이 없어.'라고 단속하는 것. 이것이 뇌의 가장 바깥쪽, 위쪽에 있는 피질이 아래를 향해 자신의 통제력을 발휘하는 패턴입니다.

편도체의 적절한 각성은 피질의 학습 효율성을 높이고, 해마로 하여금 정보를 기억으로 전환하는 것도 돕습니다(Cozolino, 2018b). 그런데 편도체가 너무 놀라면 피질의 작용이 방해받고, 해마도 기억을 잘 만들어 내지 못합니다. 트라우마적인 상황에서 생존을 위협받았을 때, 그때의 상황을 설명하려 해도 일부밖에 기억이 안 나고 멍해지는 것이 이 한 예입니다. 또 트라우마적인 사건에 대한 기억이 말로 설명할 수 있는 이야기로 저장되지 않고 해마랑 상관없이 편도체의 체계 안에 저장되어 버리는 상황도 벌어집니다. 이것이 플래시백을 일으킵니다.

또는 자신이 너무 준비를 하지 않았다는 두려움에 압도되면 외웠던 것도 생각이 안 나고, 손이나 입이 떼어지질 않는데 이것이 바로 편도체가 적절한 각성을 넘어갔을 때 일어나는 예입니다. 편도체가 피질을 이긴 것입니다. 이성적인 생각이 마비된 사이에 편도체의 주도하에 충동적인 행동을 해 버리면 그 뒤의 결과는 '피의 쉴드'를 치며 감당할 수밖에 없지요. 이 모든 상황은 상향식 즉, 편도체가 피질을 제어하는 상황으로, 우리 마음의 문제들은 거의 다 여기서 발생합니다.

피질에서 편도체로 내려가는 하향식 조절을 강화하는 것, 그 신경의 통로를 넓히고, 튼튼하게 하는 것이 치료의 목표입니다(Cozolino, 2018a). 이게 왜 가능하냐고 물으신다면 피질의 중요한 기능이 '억제'이기 때문입니다. 신생아는 '쥐기반사'를 가지는데, 이렇게 손에 닿는 것을 다 쥐어 버리는 반사는 우리가 숟가락을 적절하게 놀리거나 연필이나 젓가락을 쓸 수 있게 되며 억제를 당합니다. 대신에 손과 눈의 협응을 담당하는 연결부위가 확대됩니다. 피질은 자동적 반사 - 즉흥적 행동 - 부적절한 행동과 감정을 억제하는 방향으로 발달합니다(Cozolino, 2018b). 우리는 자동적으로 반사하고, 즉흥적으로 행동하며 부적절한 행동과 감정을 참거나 진정하지 못하는 사람과 사는 게 힘듭니다. 택시기사가 자기가 말한 길과 다른 경로로 간다고 그것을 자기에 대한 무시로 받아들여 택시기사에게 핸드폰을 던지는 승객이 있다면 우리는 그 사람과 어울리는 대신 그를 경찰서로 끌고 갑니다.

여기서 잠깐! 중요한 부분이 있습니다.

이렇게 이야기하면 지식과 공부로 우리의 모든 문제를 해결할 수 있다고 오해하게 됩니다. 이런 오해로 인해 우리는 책이나 TV 속 전문가들이 하는 말에 귀를 기울입니다. 그렇게 피질을 강화함으로써, 다시 말해 보다 똑똑하고 현명해짐으로써 우리의 문제 행동과 감정을 억제하거나 변화시키려 합니다. 많은 사람들이 자기계발서를 탐독하며 새로운 사람으로 태어나길 희망합니다.

그런데 중요한 것은 피질의 '강화'가 아니라 피질과 무의식 즉, 피질과 원시적인 뇌(편도체)의 '연결'입니다. 피질과 편도체가 소통하는 통로가 만들어져야 한다는 것입니다. 그 통로를 통해 의식의 힘이 무의식에 닿아야 합니다.

그런데 편도체가 '너 자신을 희생할 때만 너는 인정받을 거야!'라고 외치는데 피질이 엉뚱하게 '명상이 도움이 될 거야.'를 내려 보내 편도체를 진정시키려 하면 안 되겠지요. 편도체의 신호를 정확하게 파악해야 피질이 적절한 응답을 보내 편도체의 신호를 잠재울 수 있습니다.

그렇기에 우리가 똑똑해진다고 문제가 해결되는 것은 아닙니다. '희생과 양보가 아니면 넌 버림받아 죽는다고!'라고 외치는 편도체에게는 '희생과 양보가 완전히 틀렸다는 게 아냐. 하지만 때로는 내가 나를 보호하는 게 나를 살리는 길이야. 그리고 생각해 보면 내가 희생과 양보를 했다고 항상 사랑받지도 못했어.'라고 편도체가 가져온 이슈에 대해, 그에 한정된 논박을 하는 피질이 필요합니다. 무의식이라는 우리에게 내재된 불공정계약의 목소리를 정확하게 들어야, 피질도 정확하게 그 부분을 지목해 협상할 수 있습니다.

대뜸 '거절 잘하는 법'을 검색해 읽거나 '워라밸의 모든 것', '직장에서 이기는 법'과 같은 책에 나온 지식을 아는 것은 피질에서 편도로 내려가는 신경망을 강화하는 것과 아무 상관이 없습니다. 즉 아무 소용이 없을 가능성이 높다는 뜻입니다. 피질의 지식은 지식으로 남을 뿐, 0.5초 빠른 무의식이 먼저 달려 나가고 마니까요. 그사이 당신은 일을 떠맡기도 하고, 멋진 데이트 상대를 퇴짜 놓기도 하며, 더 좋은 직장의 스카웃 제의에 '못 갈 것 같다. 죄송하다.'는 메시지를 보내 버리기도 합니다. '나를 사랑하는 법'을 백번 읽어도 나를 사랑하지 않는 무의식에게 지고 맙니다. 무의식과 의식이 따로 노는데 힘과 스피드, 꾸준함이라는 측면에서 의식은 무의식에게 상대가 안 되니까요. 그러니 의식이 무의식에 올라타 고삐를 쥐고, 그 에너지를 자기 것으로 만들어야 합니다.

이것은 무의식이 보내는 메시지를 제거해 버리거나 잊어버리는 것이 아닙니다. 없어진다면 참 좋겠지만, 그런 일은 가능하지 않습니다. 대신, 그 메시지가 내는 소리의 볼륨을 줄이는 것입니다. 그 목소리가 들려도 이제 그 목소리가 내 삶에 의미 있거나 유용하지 않음을 시시때때로 인지해야 합니다. 이런 방식으로 사용하지 않는 신경망은 약화되고, 나를 응원하고 긍정하며 합리적으로 이끌어 주는 목소리에 관심을 주면 이에 해당하는 신경망은 굵어지고 확장되게 되어 있습니다. 내가 무엇을 해야 하는지, 내가 누구이며 무엇을 원하는지를 새로이 배우는 학습이 일어나는 것입니다(Cozolino, 2018b). 앞에서 말했듯, 뇌는 우리의 생존을 위해 환경에 따라 변화하는 방식으로 작동합니다. 내가 나에 대해 부정, 무시, 홀대하는 상황보다 나에 대해 객관적으로 평가하며, 합리적인 선에서 응원하는 상황을 더 많이 만들어 낼 때, 뇌는 그 방향으로 전환하여 작동하기 시작합니다. 신경망은 강화시키는 것도, 약화시키는 것도 가능하기 때문인데, 만약 우리 뇌가 굳세게 연결하는 것만 가능하고, 약화가 안 된다면 신경망이 포화가 일어나 버리고 말기 때문이죠(Eagleman, 2022). 이것이 심리상담과 같은 정신치료가 효과를 발휘하는 방식입니다.

C씨와의 상담은 부모에 대한 이야기에서 C 자신의 삶에 대한 계획, 느낌, 갈등으로 넘어갔습니다. C의 부모가 변해서 C의 마음이 풀어진 것이 아닙니다. C는 자신이 하는 말을 자신의 귀로 들으며,

자신의 부모에게 받은 것이 아무리 적을지라도 그것이 자신이 부모에게 받을 수 있는 최대치였음을 인정하게 된 것입니다.

그 과거가 비로소 하나의 이야기로 완결되고 결론이 내려졌기 때문에 이제 뇌는 그 이야기에 흥미를 잃었습니다. 희망고문 같은, 척박한 애정 투쟁에서 벗어나, C가 인정받기 위해서가 아니라 자신의 꿈이기 때문에 대학원 진학을 준비하게 되었는데 그 스터디 모임에서 애인이 생겼습니다. 그리고 조금씩 직장에 불만을 표현하게 되면서 C의 뇌는 비로소 과거에 하던 대로에서 벗어나 현재의 욕구에 몰두하게 되었습니다. 우리는 누구를 용서하느니 마느니 하는 이야기를 더 나누지 않았습니다. 자기 편이 되어 주는 애인과 친구들의 메시지가 비로소 C에게 의미 있는 것들로 받아들여지면서, 관계도 변화했습니다. 우리가 TV에서 그렇게나 많이 들어 본 '불안정 애착'이 점차 설 자리를 잃고, 신뢰와 여유를 바탕으로 한 '안정 애착'이 C의 삶의 전면에 등장한 것입니다.

완전히 전원을 끌 수는 없더라도 틈만 나면 흘러나오는 그 소리를 잘 감지하여 의식이 내 행동을 조율하도록 해야 합니다. 피질에서 편도로 내려오는 신경망의 굵은 줄기가 장화홍련의 억울함뿐 아니라, 우리 삶의 원한도 풀어 주고, 막아 줄 수 있음을 기억합시다.

가장 깊고 넓은 기억의 도랑:
트라우마가 모여 흐르는 곳

아무리 과거로부터 벗어나라고 해도 우리는 모두 과거로부터 만들어진 존재들이긴 합니다. 성공을 했거나 실패를 했고, 부자였거나 가난했으며, 사랑이 넘치는 따뜻한 가정에서 자랐거나 사랑이 뭔지 알기 어려운 척박한 가정에서 자란 기억들이 우리에게 남아 있습니다. 우리는 그 기억을 더듬어 보며 내가 누구인가를 알아챕니다. 가장 의미 있는 기억들을 엮으면 자서전이 되는 것입니다(Genova, 2022). 과거는 겨우 1초 전이라고 해도 만질 수도 재현할 수도 없는데 오직 기억에만 남아 있기 때문에 어쩌면 사람은 기억이라는 여러 개의 퍼즐조각으로 만들어진 존재인지도 모릅니다. 우리가 과거를 슬퍼한다는 것은 슬픈 기억을 떠올렸다는 것과 다름없고, 우리가 과거를 행복하게 회상한다는 것은 행복한 기억을 떠올린다는 것과 다름없지요. 과거는 기억의 형태로 우리 안에 남는 것입니다.

그런데 우리 뇌는 모든 경험을 기억으로 가지고 있지는 않습니다. 나에게 의미가 있다고 생각할 때만 해마는 입수된 정보를 오래 가지고 있을 장기 기억으로 전환합니다. 그와 관련된 정보들을 뇌의 여기저기에 저장시키고 전깃줄이 뻗어 나가듯 연결해 놓습니다. 이 기억이 필요할 때 한 번에 불러내기 위해서입니다. 이 의미 있는 기억은 자주 활성화되기 때문에 이 기억의 신경망은 크고 두꺼워집니다(Genova, 2022). 어떤 경험이 의미 있다는 것은 감정적으로 강렬함을 의미합니다. 강렬하게 기쁘거나, 강렬하게 슬프고 두려운 경험이 잘 저장된다는 것을 의미하지요. 게다가 한 번의 경험은 의미가 있다 하더라도 피질에 단단히 새겨지지 않습니다. 해마가 반복해서 같은 패턴을 반복해 줘야 합니다. 그것이 잊히지 않는 기억이 됩니다(Eagleman, 2022). 말하자면 한 번 일어난 사건은 우리에게 에피소드로 남지만, 여러 번 그 사건이 반복된다면 그것은 우리의 운명이 된다는 의미입니다.

강렬한 그 경험이 기쁘고 긍정적인 것이었다면 아마도 이 책에 관심을 두지 않으셨을 것 같습니다. 강렬한 상처가 저장된 기억의 네트워크 위에 반복적인 상처가 쌓이며 이것은 쉽게 제거되지 않는 기억, 깊고 넓은 도랑이 되어 우리의 뇌에 패턴을 새겨 넣습니다. 트라우마가 어려운 이유는 이 때문입니다. 세상은 살 만한 곳이 아니라고 외치는 강력한 낙서 위에 이후의 경험들이 모여들어 페인트를 덧칠하며, 도시를 대표하는 벽화가 된 것이지요. 외상을 입은 이후의 경험들은 자석에 끌리듯 외상에 이끌려 그 도랑을 더욱 깊이 파며 함께 흐릅니다.

왜냐하면 기억들은 우리 뇌의 아무 곳에나 자기가 있고 싶은 데로 가서 저장되지 않고, 이미 있는 기억 중 가장 닮은 기억을 활성화시키며 들어와 그 기억과 합류하게 되니까요(Eagleman, 2022). 그렇기에 자신을 미워하고, 쓸모없는 존재로 여기고자 하며, 무엇을 해내든 평가절하하는 경향성은 날이 갈수록 권세를 얻고, 반대의 목소리는 입지가 약하거나 아예 그냥 존재감 없이 뇌를 스쳐 지나가 버립니다.

게다가 앞에서 설명했듯, 우리 기억 중 일부는 해마와 피질이 발달하기 전에 저장되기 때문에 뇌의 깊은 곳, 통제와 억제가 닿지 않고, 말로도 표현할 수 없는 모호한 감정으로 남아 강력한 힘을 발휘합니다. 또 충격적인 사건이나 우리에게 큰 상처를 입히는 상황들은 사이렌을 울리는 편도체로 인해 피질의 기능이 잠들어 버렸을 때 일어나므로, 설명 가능하고 이해할 수 있는 방식으로 저장되지 않고, 그냥 날것 그대로 편도체에 저장되어 시시때때로 활성화되어 우리에게 영향을 미칩니다(Cozolino, 2018b).

그렇습니다. 우리가 과거를 이야기하는 것은 트라우마를 이야기하는 것이나 다름없습니다. 상처가 우리가 보는 세상을 채색하고 우리를 채색해 톤을 결정합니다. 당신이 원망한 것은 사실 당신의 과거가 아닌 과거에 있었던 당신의 트라우마이므로, 우리는 이제 트라우마 이야기를 해야만 합니다.

트라우마

빠져나갈 수 없는 촘촘한 그물

어디까지가 트라우마일까

요즘 10대, 20대 젊은이들은 "트라우마 돋네." 또는 "PTSD 오네."라는 표현을 종종 쓴다고 합니다. 어떤 상황에서 과거의 비슷한 경험이 떠올라 불편하고 괴로운 자극이 느껴질 때 내뱉는 말인데 이런 표현, 어딘가 씁쓸합니다. 트라우마라는 말을 이렇게 가볍게 써도 되는 것일까요? 이런 표현은 정말 트라우마를 경험한 사람들에게 모욕이자 실례가 되는 것은 아닌가 싶습니다. 그런데 이런 반성을 하다 보면 또 다른 질문이 떠오릅니다. 우리가 진짜 트라우마를 겪었다고 말하기 위해서는 누가 봐도 '아, 저 사람은 정말 트라우마를 입었군.' 하고 인정할 만한 어떤 자격 같은 것이라도 갖추어야 하는 걸까요. 트라우마란 무엇이고, 우리는 어디까지를 트라우마라고 불러야 하는 걸까요?

가장 널리 쓰이는 정신장애의 진단 및 통계편람인 *DSM*은 1980년에 출간된 세 번째 개정판에서 트라우마를 "일반적인 인간 경험의 범주를 넘어서는 것"이라고 정의했습니다(Herman, 2022). 그런데 이 정의는 곧 쓸모가 없어지죠. 앞서 기술하였듯이, 여러 종류의 폭력을 당하며 일어난 손상과 피해는 우리 일상에도 있었으니까요.

뉴스에 곧잘 군인권센터가 나오면서 우리는 이제까지는 쉬쉬했던 군대 내에서의 부조리와 가혹행위를 군인권센터의 발표를 통해 알게 되었습니다. 이전에는 없었던 것이 아니라 숨겨졌던 것들입니다. 한국여성의전화가 실시한 언론보도 분석에 따르면 2022년에 남편이나 애인 등 친밀한 남성에게 살해당한 여성의 수가 최소 86명이라니 가정과 데이트 장소도 안전하지 않습니다. 뉴스만 틀면 보게 되는 사건 사고와 범죄들, 직장과 학교, 대중교통 등 우리 삶의 터전에서 일어나는 성폭력, 살인, 따돌림과 괴롭힘, 그리고 현재 30대 이상의 세대가 보통 12년은 다녔던 학교에서 경험했던 체벌. 너도나도 맞았지만 특히 친구가 무지막지하게 맞는 모습을 지켜보며 바들바들 떨었던 정도의 에피소드는 기억의 주머니를 주섬주섬 뒤지기만 해도 여기서 한 줌, 저기서 한 줌 나올 정도로 우리 일상 속에 공존하는 폭력이었습니다. 치료 현장에서 봐도 여성 내담자들과 개인사를 파악하다 보면 성추행과 성희롱과 같은 성폭력 피해가 살면서 한 번도 없었던 사람을 찾기란 쉬운 일이 아닙니다.

트라우마 경험은 평생 고생이라곤 안 해 봤을 것 같은 귀부인 느낌의 아름답고 우아한 얼굴 속에, 누구나 부러워하는 전문직 속에,

존경스러운 삶을 살아온 유머 넘치는 중년의 아저씨, 아이가 문제가 있다는 말에 걱정되어 자신이 상담을 받으러 온 명랑 쾌활한 어머니, 진로를 바꾸고 싶다는 청년, 작가가 되고 싶은 고등학생의 삶에 함께하고 있었습니다.

그러니 트라우마란 딱 여기까지라는 엄중한 잣대를 들이대면 실제 피해를 입었으나 인정받지 못하고 피해자 코스프레 취급을 당하는 사람들이 늘어날 수밖에 없습니다. 반대로 트라우마에 대해 한없이 범위를 넓힌다면, 정말 심각한 침해를 당하고 강력한 후유증에 시달리는 사람들의 고통을 '누구는 안 그러니? 다들 그래!'라며 평가절하하는 상황이 벌어질 수도 있습니다. 당연히 트라우마의 강도에 경중은 존재합니다. 그렇지만 우리는 진정한 피해자인가를 심사하려 드는 마음을 내려놓고 자신과 타인이 가진 트라우마를 인정하고 그 상처의 재발을 막으며 회복을 위해 힘쓰는 것만이 할 수 있는 전부인 것 같습니다.

트라우마에 대한 새로운 정의:
당신을 죽일 수는 없지만 당신을 약하게 하는 것

주디스 허먼을 비롯한 정신건강 전문가들의 연구에 힘입어 트라우마에 대한 최근의 정의는 다음과 같이 바뀌었습니다.

"개인에게 신체적, 정서적으로 해롭거나 위협이 되는 단일 사건, 여러 사건, 혹은 일련의 상황으로, 신체적, 사회적, 정서적, 영적 안녕에 부정적 영향이 지속되는 것".

이것은 미국의 '물질 남용 및 정신건강 서비스청(SAMSHA)'의 트라우마에 대한 정의입니다. 자격을 따지기보다 개인의 삶에 끼친 해로운 영향에 초점을 맞추고 있는 것이지요.

제가 만난 내담자 중의 한 명은 자신이 겪은 트라우마적인 상황과 그것을 인식한 이후의 자기 삶에 대해 이런 표현을 한 적이 있습니다. "저는 가끔 제가 죽임을 당하진 않았지만 장애를 입었다는 생각이 들어요. 살아남았지만 다리를 절뚝거리는 거죠. 물론 다리를 절기는 해도, 이것 때문에 어디를 못 가진 않아요. 대신 남들보다 힘들고 통증이 계속 있으니까 지치는 거예요. 나는 왜 이렇게 애를 써야 되나 생각하면 가끔은 다 그만두고 싶기도 해요. 그리고 제가 정말 무언가를 그만둘 때는 항상 이 다리 때문일 때가 많아요. 기운이 넘치고 희망이 보일 때는 이 다리로 힘차게 나아가려고 해요. 그렇지만 뭔가 지치고 힘이 들 때 자신을 마주하면 이렇게 시간이 많이 흘렀는데도 다시 정상은 될 수 없는 이 다리가 보여요. 남들에게 설명하기 어려운 슬픔이죠."

루이스 코졸리노(2018a)는 "당신을 죽이지 못하는 시련과 고통은 당신을 더 강하게 만든다."라는 격언이 트라우마에는 적용되지 않음을 단호하게 이야기합니다. 우리를 죽이지 못하는 시련과 고통은 말 그대로 우리를 죽이지 못했을 뿐 삶을 망가뜨린 건 확실하니까요.

우리 중에 억수로 운이 좋은, 신에게 선택받은 누군가는 트라우마란 감당하기 어려운 엄청난 것이므로 보통 사람들과는 무관한 것이라고 주장할 수도 있습니다. 그런데 사실은 선택받은 그의 삶이 그랬던 것이지(그런데 정말 그런 삶이 가능한 것인지에 대해 저는 회의적입니다), 보통 사람들의 삶은 상처를 입은 이후 그 상처의 영향하에서 살아남기 위한 크고 작은 분투일지도 모르겠습니다.

프로이트, 명성을 건지려다 트라우마를 낚다

보통의 삶 속에 자리한 트라우마의 발견은 어쩌면 내담자들의 삶에 깊이 들어가는 치료자들에게 필연적인 것 같습니다. 우리 모두가 알고 있는 프로이트마저도 의도치 않게 자기 환자들이 겪은 트라우마를 목격해 버렸으니까요.

주디스 허먼(2022)은 이렇게 설명합니다.

당시 유럽에서 계몽주의의 영향을 받은 부르주아 남성들은 '히스테리아'라는 일관성도 없고, 예측도 안 되며 여성들만 걸리는 요상한 병을 고침으로써 여성이라는 약자들을 구원하고, 종교보다 과학적 지성이 더 우월하다는 걸 증명하고 싶었습니다. 샤르코라는 의사에게서 시작된 이 움직임은 그에게 감명받은 프로이트에 의해 오스트리아 빈에서 꽃피우게 되는데요. 유태인이 아무리 공부를 잘한들

빈의 주류 의학계는 자신을 받아들여 줄 생각이 없다는 현실에 상처받은 프로이트는 샤르코의 새로운 실험을 보고 꿈에 부풀었습니다. '그래 저거야! 저 정도 임팩트를 보여 주면 나도 명성을 얻을 수 있겠지!' 프로이트는 파리에서 행해진 샤르코의 치료를 빈에서 성공시키겠다는 야망을 품고 자신의 클리닉을 엽니다(Gogerly, 2005). 그리고 수많은 여성 환자들과 대화를 통한 히스테리아의 치료를 시작합니다.

그런데 이 치료는 프로이트가 생각하지 않았던 방향으로 흘러갑니다. 치료 사례가 쌓일수록 히스테리아가 자궁에서 생겨난 것이 아니라, 여성들이 겪은 트라우마 경험에서 생겨났다는 것을 반복적으로 확인하게 된 것이지요. 그는 '여성들이 보이는 모든 히스테리아의 밑바탕에 이른 나이에 경험한 하나 또는 그 이상의 지나치게 이른 성적 경험'이 있다는 결론을 내리고 자신만만한 논문을 발표합니다.

이렇게 엄청난 발견을 해냈으니, 엄청난 명성을 얻겠지요? 그런데 프로이트는 명성을 얻기는커녕, 엄청나게 욕을 먹고 왕따가 됩니다. 샤르코의 환자들이 대부분 정신병원에 강제 수용된 하층민이었던데 반해 프로이트의 환자들은 대부분이 빈의 중산층 이상의 계급이었기 때문입니다. 이런 상류층의 삶 속에 이렇게나 많은 성폭력이 존재한다는 것을 사람들은 받아들일 준비가 안 되어 있었고, 그러고 싶지도 않았으니까요. 프로이트도 입장을 바꿔 버립니다. 프로이트에게도 자신이 발견한 사실들이 충격적이기도 했고 든든한 빽도 인맥도 없는 유태인 의사 프로이트가 자신의 일을 계속하기 위해서는 자기 연구를 엎어 버리는 것 외에 다른 선택지가 없었습니다. 샤르코와 프로이트, 자네와 브로이어 같은 선지자들의 연구는 욕을 먹고 매도를 당하며 '다 연극이라더라!' 하는 사기꾼 취급 속에 사라져 갔고, 트라우마의 존재를 사회가 받아들이기까지 또다시 긴 세월이 흘러야 했습니다. 우리가 트라우마라는 단어를 다시 입에 올리기 위해서는 두 번의 세계대전 속 수많은 병사들의 희생이라는 값진 대가가 필요했던 것입니다.

트라우마 앞에 놓인 오직 두 가지의 선택지:
사자 우리 속의 유일한 사람 vs 사람들 속 유일한 사자

지금까지 우리는 트라우마는 필연적으로 우리 삶의 한 부분일 수밖에 없다는 것에 대해 이야기했습니다. 지금부터는 트라우마가 우리에게 미치는 영향에 대해서 이야기해 보겠습니다.

  뒤에서 자세히 다루겠지만, 파충류의 뇌라고 불리는 뇌의 중심부와 그 윗부분인 편도체까지만 완성시키고 나머지 부분은 빈 스케치북으로 가지고 태어난 우리는 삶의 초기 36개월의 시기에 폭발적으로 비어 있는 부분들을 채우며 성장합니다. 우리가 누구인지를 알기도 전에 우리는 우리가 세상에 대해 겪는 것들을 기반으로 '아, 세상은 이런 곳이로군' 하는 신념을 형성하는 것이지요. 그 신념에는 '크게 우니까 누군가 나를 돌봐 주러 오네?', '우유를 배불리 먹으니까 기분이 좋네?', '어른들은 내가 웃으면 따라 웃네?' 등이 있습니다. 이렇게 우리의 뇌는 나라는 생명체가 사는 세상이 어떤 곳인지를 이해하며 그 방향으로 뇌를 연결시켜 갑니다. '세상이 내 편이구나.' 하는 경험이 주도적인 뇌는 이후의 경험들을 보통 우호적인 것으로 판단합니다. '세상은 좋은 곳임을 증명하는 예시'들의 시냅스가 두껍고 드넓게 마치 땅속 감자의 뿌리처럼 연결과 연결을 거듭하며 세를 확장하는 것이지요.

그런데 트라우마란 그 신념에 대한 정면 도전입니다.

'아니야, 세상은 살 만하지 않아. 예측 불가능한 위험이 도사리고 있고, 나는 언제든지 공격받고 죽을 수 있어. 세상은 내 편이 아니야. 누구도 믿을 수 없어. 하느님도 내 편이 아니야.' 이것이 트라우마를 겪은 뇌가 새로이 받아들인 정보입니다.

우리가 가지고 있는 신념 가운데에는 사람들이 나를 대우해 주는 방식에서 얻게 된 경험적 신념들도 있지만, 어려서부터 귀가 따갑게 들어 결국 우리 안에 착색된 것들도 있습니다.

'착하게 살면 복을 받는다.', '남을 착하게 대하면 남도 너를 착하게 대할 것이다.', '어른 말씀에는 언제나 예 하고 대답해라.', '어디서든 열심히 하면 사람들이 다 너를 좋아하고 인정해 줄 것이다.', '부모님은 자식을 사랑한다.', '기도하면 다 들어 주신다.'와 같은 것들입니다.

우리는 무거운 짐을 든 어르신을 보면 도와 드리라고 배웠는데,

어린이에게 도와 달라고 유인하여 범죄를 저지르는 사례가 축적되며 이제는 '어른은 어린아이에게 도움을 청하지 않으니 그런 사람이 오면 도망가라.'고 새로 배우는 지경이 되었죠.

트라우마라는 것이 이렇습니다. 믿었던 어른에게, 믿었던 부모에게, 선은 선으로, 악은 악으로 돌아온다는 믿음에게 배반당하는 것이지요. 매일같이 오가는 집 앞 골목길이, 능력과 자아실현의 장인 줄 알았던 회사의 사무실이, 나의 좋은 친구인 줄 알았던 아이들이 한순간에 얼굴을 바꾸고 뻔뻔하게 나를 쳐다봅니다.

'몰랐어? 세상은 원래 이런 곳이야. 몰랐다니 너 바보구나?'

다시 말해, 트라우마는 타인을 신뢰하는 능력을 파괴시키는 것입니다. 앞서 제가 애착의 챕터에서 말했듯, 애착이란 타인을 믿는 마음입니다. 그런데 트라우마는 애착의 토대, 우리가 타인에게 가지는 믿음의 뿌리를 뽑고, 자르고 훼손시켜 버리는 것이지요(Porges, 2020). 이를 반대로 이해하자면, 단단한 신뢰, 자신과 타인에 대한 뿌리 깊은 믿음, 즉 건강한 애착을 가진 사람은 쉽게 트라우마 반응을 보이지 않습니다. 그에게 불운한 사건이란 그저 하나의 에피소드가 됩니다. 에피소드란 사전적 의미로는 어떤 이야기나 사건의 줄거리 사이에 끼어든 토막 이야기, 드라마 용어로는 일반적으로 주된 줄거리에 부수적인 작은 줄거리, 또는 주된 줄거리와 크게 관계없이 삽입되어 있는 이야기를 의미합니다.

그러나 대부분의 사람들은 뜻하지 않게 마주친 불운에 많이 당황하고 흔들립니다. 당황한 뇌는 부지런히 움직입니다. 게슈탈트 심리학자들에 의하면 우리의 뇌는 '밥은 밥이요, 물은 물이요.' 식으로 정보를 인식하지 않습니다(Myers, 2009). 우리의 뇌는 정보에 의미를 부여해서 이해하는 방식을 선호합니다. '밥을 먹으면 기분이 좋아지네. 밥은 좋은 것이군.' 하는 식이지요. 하다못해 야구 경기에 이기고 지는 것 안에서도 논리를 찾기 위해 '소머리국밥을 먹은 날은 무조건 경기에 이겼다.'라는 식의 징크스라도 만들어 냅니다.

그래서 우리는 왜 내가 이런 일을 당해야 했는지 그 이유를 묻게 됩니다. 내가 위인이 되거나 나중에 성공하기 위해 이런 시련과 불운을 겪어야만 했던 건지, 대체 나에게 왜 이런 비극이 일어나야 했는지 의미를 묻습니다. 그것이 우리의 뇌가 돌아가는 방식이니까요. 그런데 다들 입을 다물어 버립니다. 탐색을 할수록 나에게 일어난 이런 비극과, 남들도 겪는 이런 상처들에는 어떤 이유도 의미도 없다는 것을 알게 됩니다. 무의미하다니. 내가 겪은 이 고통이 사실 이유도 의미도 없는 것이라니.

'본래 세상이란 위험하고, 사람들은 본디 나쁘니 도와준다는 사람도 믿을 수 없고, 나에게 언제든지 이런 일이 또 벌어질 수 있다는 결론을 지금 나보고 받아들이라고?? 그냥 이렇게 살 수밖에 없다고?'

이런 상황이 벌어지면 우리 안에서는 비상대책회의가 소집됩니다. 비유로 설명하자면 트라우마를 겪은 사람은 사자들이 득시글거리는 우리에서 살아가는 기분을 느낍니다. 지금 사자가 배부르고 기분이 좋아 나와 장난을 치고 놀더라도 언제 맘을 바꿔 '어흥' 하고 나를 물지도 모른다는 불안이 뇌의 중심부에 자리 잡게 되는 것이지요.

'사자들 속에서 계속 살라고? 말도 안돼!'

그래서 이 비상대책 회의는 몇 시간이고 머리를 맞댄 결과 다른 결론을 도출해 냅니다.

'그냥 내가 사자인 걸로 하자. 그게 견디기가 낫겠어! 나만 다른 사람을 안 물도록 조심하면 아무 일 없이 살 수 있잖아?'

이렇게 외상의 원인을 나에게 돌림으로써 우리의 뇌는 세상은 그래도 살아갈 만하다는 명분을 찾고, 계속 살아가기로 선택하며, 무의미 속에서 의미를 발굴하려 하는 것이지요.

'내가 그때 그 사람을 안 따라갔더라면, 내가 그때 다른 회사에 들어갔더라면, 내가 그때 제대로 저항했더라면, 내가 더 똑부러졌다면, 내가 나대지 않고 그냥 집에 있었다면, 나는 괜찮았을 것이다.'

이해할 수 없는 사건 앞에서 나 때문에 그렇게 된 것도 있다고 생각하는 것이 나를 제외한 모든 사람이 나쁘다고 생각하는 것보다는 견딜 만하기 때문입니다. 이것이 피해자들이 마지막에는 자기 탓을 하게 되는 경로입니다. 자책은 나약한 인간이 트라우마라는 거대한 무의미와 맞서 싸우기 위해 쥐고 있는 작은 새총입니다.

자책을 대신할 지식:
왜 당신 잘못이 아닌지를 알려면 파충류의 뇌를 기억하라!

골리앗이라는 거인 장수에 맞선 작은 소년 다윗의 손에는 작은 새총 하나밖에 없었습니다. 그러니 다윗에게서 새총을 빼앗으려면 다른 무기를 대신 줘야겠지요.

'나의 순진함, 나의 나쁜 팔자, 나의 사람 보는 눈 없음, 사실 내 잘못도 있는 것 같음'과 같은 자책을 대신할 수 있는 것은 오직 과학에 입각한 지식뿐이라고 생각합니다.

앞에서 간단히 언급했지만, 우리는 파충류의 뇌라고 불리는 뇌의 중심부와 그 윗부분인 편도체까지만 완성시키고 나머지 부분은 빈 스케치북으로 가지고 태어납니다. 중간뇌, 다리뇌, 연수를 포함한 이 부분은 먹고 배변하는 것, 체온을 조절하는 것, 호르몬 분비를 조절해 몸이 항상 잘 굴러가게끔 하는 것 등을 관장합니다. 생존에 가장 필수적인 것들을 담당하는 부분이지요. 그 바로 윗부분이 변연계라고 불리는 영역인데, 편도체와 해마, 시상 등이 여기에 해당합니다.

변연계가 중요한 것은 인간을 비롯해 함께 모여 살고 서로를 돌보는 포유동물들이 모두 변연계를 가지고 있기 때문입니다. 말하자면 변연계는 누구를 사랑하고 미워할지, 저 사람과 자식을 낳을지 말지, 여기서 잠이 들어도 되는지 안 되는지, 저 동호회에 계속 나가도 될지 말지, 누구와 어울려서 어디서 어떻게 해야 가장 확실하게 내가 만수무강할 수 있을지를 검토하고, 판단하는 부분입니다(van der Kolk, 2016).

길에서 강도를 만났다고 합시다. 그의 불쾌한 눈빛, 수상한 몸짓이라는 정보를 수집한 변연계는 '쟤한테서 멀어지자, 사람들 있는 데로 가서 어서 도움을 청하자.'라고 판단합니다. 그런데 소리를 고래고래 질러 봐도, 다른 사람이 나타나지 않습니다. 그러면 편도체가 온몸에 명령을 내립니다. '야! 싸우자! 그리고 안 되면 도망치자! 혈압 올리고, 눈 크게 떠! 근육에 힘 모아! 공격성 뿜뿜이야!!' 온몸에 아드레날린이 넘치고, 숨이 거칠어집니다. 그런데 주먹을 휘둘러 봐도 강도는 눈 하나 꿈쩍하지 않습니다. 상대가 안 되니 도망을 치려 하는데 강도가 나보다 달리기가 빨라 나는 금세 붙잡히고 맙니다. 뿌리치려 하지만 강도의 힘이 너무 강해서 도망은 도저히 불가능합니다. 또다시 나의 뇌에서 비상대책회의가 열립니다.

'저항하다가 더 맞으면 진짜 죽을 수도 있어. 우리의 목표는 (물리적) 생존이야. 그냥 가만히 맞고 돈과 가방과 옷을 다 빼앗기자. 죽는 것보단 낫잖아.'

그런데 강도가 그냥 때리는 것이 아니고 이런 나를 비웃으며 모욕을 주고 폭언을 하며 괴롭힙니다. 뇌에서는 투쟁과 도피가 모두 불가능한 상황에서 강도가 나에게 저지르는 이 행위들과 자극들을 내가 다 느끼고 받아들이면 내가 이 스트레스를 감당하지 못할 거라는 걸 감지합니다. 그러면 나의 뇌는 뇌의 전원버튼을 눌러 버리고 절전모드로 숨만 쉬고 있기로 결심합니다. 나머지 부분은 모두 멈추고 파충류의 뇌만 일을 하는 것이지요. 뱀이 겨울잠을 자듯, 나는 살아 있으나 멍한 상태로, 온몸에 힘이 빠진 종이인형처럼 변합니다. 나중에 경찰이 그 사람이 당신에게 어떻게 했느냐고 물어보면, 기억이 잘 나지 않을 겁니다. 저항하지 않았다는 비난, 순순히 응한 것 아니냐는 비난을 당신이 받게 되는 경우도 많습니다(Porges, 2020). 그리고 나중에 정신이 들었을 때 당신도 생각합니다. 아, 그때 더 힘을 낼 수 있지 않았을까? 왜 그때 그렇게 바보처럼 멍하게 당했을까? 왜 더 공격적으로 굴지 못했을까? 왜 선명하게 기억을 못할까?

네. 당신은 그럴 수 없었습니다. 왜냐하면 그 무기력의 상태는 당신의 뇌가 당신의 물리적 생존을 위해 선택한 최선이었으니까요. 여기서 제가 '물리적'이라는 표현을 덧붙인 것은 정말로 그 순간 우리 뇌의 목표는 당신이 정신적으로나 신체적으로 만신창이가 될지라도 '살아만 있어 주는 것'이기 때문입니다.

강도의 예를 들었습니다만, 이런 상황은 꼭 그런 물리적 폭력에만 해당하는 것은 아닙니다. 당신은 당신에게 폭언이나 인신공격을 하는 상사에게 제대로 달려들지 못하고 어떨 때는 비굴하게 미소까지 지어 보인 당신을 자책합니다. 친구들에게 둘러싸여 욕을 먹을 때 쿨하고 당당하게 그 자리를 박차고 나오지 못하고, 그냥 멍하게 그 욕을 듣고만 있었던 당신을 자책합니다. 버스에서 만난 성추행범을 당당하게 경찰서로 끌고 가지 못하고 슬그머니 엉뚱한 정류장에서 내리며 그 자리를 피했던 당신이 못나 보입니다. 아니라고 하지 못한 당신에게도 잘못이 있는 것 같습니다. 얼마나 예의를 중시한 사회인지 나를 공격하는 사람에게조차 "안 돼요, 싫어요, 도와주세요!"라는 존댓말을 하도록 교육받을 정도였으니 사실 공격성 레벨이 '0'이 되도록 길러진 것은 당연한 결과인데도 말입니다. 괴팍한 성질을 건드린 건 당신이니까 당신도 잘못이 있는 것 같습니다.

그러나 이것은 모두 나중의 생각입니다. 대뇌피질이 해낸 논리적이고 분석적인 해석은 위협이 지나고 난 뒤에 뒤늦게 일어납니다. 위협 앞에서 우리 뇌는 첫 번째로는 도움을 구하고, 그게 안 되면 온 힘을 다해 싸워 보려 합니다. 그런데 싸워서 이기지도, 도망가지도 못한 채 붙들려 상대에게 당해야 하는 상황에서 우리의 뇌는 엄중한 결정을 내린 것입니다.

'살자. 일단 살자. 자존심이나 인간의 존엄성 같은 것을 지키지 못하더라도 일단 목숨을 부지하고 보자.'

살아남은 다음에 다른 생각들이 들기 시작합니다. 물에 빠진 사람 건져 놓자 보따리 내놓으라는 격이지요. 주섬주섬 나의 자존심, 존엄성, 당당함, 기세를 되찾으려는 시도가 일어납니다. 돌아볼수록 온통 지키지 못하고 잃어버린 것투성입니다. 실망과 분노가 타인을 향하다 결국엔 스스로를 향합니다.

'내 탓이 아니라고? 너희들이 뭘 알아?!! 그 자식이 죽일 놈이지. 근데 나도 병신이야.'

스트레스에 대한 우리의 편견:
드라마 주인공들은 사이다만 잘도 주는데?!

드라마나 영화를 보면 남녀를 막론하고 쭉쭉 뻗은 다리로 발차기를 어찌나 잘하는지요. 버스에서 성추행범을 만나도 바로 쓰러뜨려 공개적으로 망신을 주고, 자신을 괴롭히는 사람들에게도 초반에나 좀 당하지, 후반에 가서는 말로든, 돈으로든, 아니면 폭력으로든 당한 것이 섭섭지 않게 시원하게 갚아 줍니다. 스트레스를 주는 대상에게 우물쭈물하거나 맹숭맹숭하게 대하는 주인공이 있으면 인터넷 댓글창이 난리가 납니다. 고구마 좀 그만 먹이라고요. 사이다는 언제 줄 거냐, 고구마를 좋아하냐, 너는 사이다만 먹고 사냐, 댓글끼리도 싸움이 납니다.

사실 우리가 뜻하지 않은 시련과 마주했을 때, 우리는 일단 콧김을 뿜어 가며 당당하고 씩씩하게 그 시련을 극복하는 우리의 모습을 상상합니다. 그러나 앞에서 설명했듯이 스트레스를 대하는 우리 신경계는 맞서 싸우거나 재빨리 도망치는 시원하고 통쾌한 대응법 외에 생존을 위한 마지막 치트 키를 버리지 않고 간직해 왔습니다. 파충류의 뇌에서 시작된 '부동화' 즉, '얼어붙기' 또는 '죽은 척하기'의 기능이 우리의 신경계에 남아 있는 것입니다(Porges, 2020).

우리는 싸워 보면 압니다. 친구와 팔씨름을 하기 위해 손을 마주 잡아 보기만 해도, 친구를 이길 수 있을지 없을지 각이 나옵니다. 투쟁했을 때의 이익, 도망갔을 때의 이익, 그리고 투쟁도, 도망도 불가능한 상황에서 죽은 척했을 때의 이익을 따져 보고, 가장 효율적이며 생존 가능성이 높은 방식을 우리는 반사적으로 실행하게 됩니다.

그런데 우리는 아이들을 가르칠 때 '친구가 때리면 너도 때려!(투쟁)'와 '친구가 때리면 얽히지 말고 자리를 피해!(도피)'는 가르치지만 '친구가 때리면 멍하게 맞고 있어!(부동화)'를 가르치지는 않습니다. 또 이 마지막 반응이 스트레스를 대하는 생명체의 하나의 전술이라는 것 자체도 알지 못합니다. 이 마지막 방법을 매체에서나 책에서 잘 다루지 않기에 우리는 멍하게 숨만 쉬는 방법을 통해 살아남고도, 이것이 생존을 위한 우리의 전략임을 이해하지 못하고, 타인의 질책과 자신의 자책을 함께 받는 것이지요. 이것은 우리의 선택이 아님에도 선택이 아닌 생물학적, 반사적 반응임을 배운 적이 없기에 우리는 스스로를 야무지지 못한 인간, 덜떨어진 인간, 자기보호 능력도 없는 바보로 생각하고, 그런 외부의 비판을 그대로 받아들여 버립니다. 포지스(2020)의 책에서도, 한 중년의 부인은 자신의 딸이 성인이 되고 나자, 사실 자신이 19살에 한 괴한에게 목이 졸리고 성폭행을 당한 적이 있었음을 이야기해 주는데, 그 딸은 엄마에게 왜 제대로 저항하지 않았느냐고 비난합니다. 이 중년의 부인은 환갑이 넘어서 포지스 박사의 책을 읽고서야 자신이 저항하지 않음으로써 생존했다는 것을 깨닫고, 긴 세월의 자기 비난에서 벗어났을 뿐 아니라, 스스로를 인정해 줄 수 있게 되었다는 편지를 포지스 박사에게 보내 왔다고 합니다.

이처럼 우리는 우리 삶 속에서 사이다가 난무하길 기대합니다. 남자라면 맞서 싸워야 한다고, 울거나 기죽지 말라고 하고, 여자라고 해서 지지 말라고, 순응하지 말고 끝까지 싸워 이기라고 가르칩니다. 적에게는 받은 만큼 복수하기를, 웅크리지 말고 어깨를 펴고 맞서기를 기대합니다. 그러나 진 경험, 패배한 경험, 얼어붙음으로써 위험의 순간을 벗어난 적이 있는 우리는 매체가 보여 주는, 사랑받는 캐릭터들이 보여 주는 사이다 앞에서 더욱 작아지고 초라해집니다. 나를 핍박하는 적을 무찌름으로써 패자에서 승자로 변모하는 주인공을 보며 대리만족을 느끼기도 하지만 마음 한구석이 그늘지며 무거워지는 것을 피할 수가 없습니다. 우리의 뇌와 우리의 신경계가 우리를 살렸음에도 불구하고, 돌아와 보니 징계위원회가 우리를 기다리는 것입니다. 절차상의 문제가 있었다는 이유에서입니다. 우리는 살아 돌아왔다는 것만으로도, 더 상하거나 다치지 않고 이만한 정도로 돌아왔다는 것만으로도 칭찬받아야 하지만 사회의 편견은, 영웅을 좋아하는 우리의 기대는 우리를 비겁한 자로 몰아가는 것이지요. 상을 받고 환영을 받아야 하는 때에 '너는 비겁자', '너도 좋아서 한 일'이라는 비난이 쏟아집니다. 상담을 받으러 가거나 정신의학과에 가서도 뾰족하고 명쾌한 피드백을 받지 못합니다. 내가 잘했는가, 그것이 나의 최선이었는가, 내가 더 죽을 힘을 다해 끝까지 물고 늘어졌어야 했는가, 그럴 수 있었는데 안 했던 것은 아닌가를 묻는 질문에 누구도 명확한 답을 들려준 적이 없습니다.

자꾸 발작하듯 화를 심하게 내고 집에만 틀어박혀 있어 부인이 제발 상담 좀 받으라고 상담소에 보낸 남자분 E씨가 있었습니다. 아내는 남편 E에 대해 직장을 그만두고서부터 집에서 화만 내고 있다고 말했습니다.

E를 만나 상담을 시작했는데 지금 회사를 그만둔 상태로 직장을 구하긴 해야겠는데 잘 모르겠다고 하며 답답한 듯 한숨을 크게 내쉬었습니다. 대학원까지 마쳤고, 일을 안 해 본 것도 아닌데 갑자기 구직조차 어려워진 이유가 있느냐 묻자, 구직 생각만으로도 숨이 차고 잠이라도 자려 하면 주마등처럼 스쳐 지나가는 생각들로 땀을 흘리게 되어, 편히 쉬는 것도 아니면서 구직을 할 수도 없는 상황에 처했음을 이야기해 주었습니다. 언제부터 그랬냐는 물음에 E는 마지막으로 다니던 회사를 퇴직한 이후부터라고 답했습니다.

새로운 팀장이 E의 팀으로 부임하고부터 E의 괴로움이 시작되었습니다. 약속처럼 E의 직급의 선에서 처리하는 일이 있었고, 별 생각 없이 하던 대로 일을 처리했는데 새로운 팀장은 E가 자신을 무시한다고 생각한 것 같습니다. 거기다가 E가 잠시 옆 팀의 프로젝트에 인력으로 차출되어 도와주었는데 그 일이 끝나고 E는 회식 자리에서 옆팀 팀장님이 매우 좋으신 분이었다는 이야기를 지나가듯 말했습니다. 아마도 그날을 기점으로 새 팀장의 괴롭힘이 시작된 것 같습니다.

처음에 E는 다른 사람들로부터 팀장이 "E, 저 자식 이 바닥 뜨게 만들어 주겠다."라고 말한 것을 전해 듣게 되었습니다. E는 그 이야기를 듣고 팀장과 오해를 풀고 자신이 잘하는 모습을 보여 주면 될 거라 생각했는데 그렇지 않았습니다. 긴장한 E가 어떤 실수라도 하면 팀장은 E를 불러 몇 시간이고 회의실에서 기다리게 만든 다음 "너는 이 일에 맞지 않는다. 다른 직장을 찾아라. 내가 너 때문에 밤새 잠을 못 잔다!"라고 퍼부었습니다. 나중에는 E가 석사 때 쓴 논문을 가져와서 펼치며 "내가 읽어 보니 너는 논문도 다 표절을 했더라."라며 트집을 잡거나 어디서 조사를 했는지 E가 대학생 때 자해를 한 적이 있다는 말을 회의 자리에서 꺼내 저런 불안정한 직원은 해고해야 한다는 말을 하기도 했습니다.

그럴 때 어떻게 했는지 묻자, E와 저 사이에 침묵이 흘렀습니다. 서둘러서 저 사람 곁을 떠나야겠다고 생각하거나 맞붙어 싸운 적이 있냐고 묻자 E는 한참의 침묵 끝에 어렵게 입을 열었습니다.

E의 엄마는 이미 큰아들과 딸 둘이 있으니 추가로 아들이 있어 봐야 큰아들에게 득이 될 것 같지 않아서 지우려 했는데 의사가 중절 수술을 해주지 않아 E가 태어났다는 말을 농담처럼 E 앞에서 하는 사람이었습니다. 아빠는 술을 좋아하고 도박을 좋아해서 엄마와 불화가 있었는데 엄마는 남편이 도박장에 가서 들어오지 않으면 귀한 큰아들은 빼고 누나들을 시켜 아빠를 데려오게 시켰습니다. 딸들이 와서 찾으면 아빠는 어쩔 수 없다는 듯 일어나 딸들과 집에 들어오곤 했습니다.

그날, 누나들이 집에 없었는지 엄마가 갑자기 E에게 아빠를 데려

오라고 시켰습니다. 도박장으로 가면서 E는 기분이 나쁘거나 겁이 나기보다는 뭔가 기대되는 마음이었다고 합니다. 엄마가 자신에게 뭔가 임무를 주었고 자신이 아빠를 부르면 아빠가 자기를 따라 집에 간다는 상상만으로도 뭔가 자신이 부모님의 중요한 자식인 것 같아 뿌듯했지요.

그런데 E를 본 아빠는 대뜸 E의 얼굴을 세게 타격하고, 옆의 다른 아저씨들이 말려서 끝났지만 흥분하여 E에게 발길질까지 했습니다. 아마도 그날 도박이 잘 안 풀렸는지도 모르겠고, 지금까지도 그 이유는 알지 못하죠. E는 도박장 문 앞에 한참 서 있다가 집으로 혼자 돌아왔는데 엄마에게 아빠에게 맞았다고 말했지만 엄마는 의외의 대답을 했습니다.

"너희 아빠는 자식 때리는 사람은 아니다."

E는 평생 아빠에게 맞은 엄마 입에서 나올 소리는 아니었던 것 같다며 씁쓸하게 웃었습니다. 그때의 기분을 묻자 E는 "기부운……?" 하며 정지했습니다. 마치 기분이 뭔지 모르는 사람처럼요.

E의 이야기는 대학 시절로 넘어갔습니다. E는 형과 누나들이 모두 다 잘나고 똑똑해서 잘산다고 했는데 사실 E도 형과 같은 대학을 나왔다는 이야기는 한참 후에 듣게 되었습니다. 청소년기부터 우울증으로 고통받던 E는 팀장의 뒷조사대로 자해를 하기도 하고 휴학을 하기도 하며 어렵게 대학을 졸업했습니다. 계속해서 하던 일을 그만두고 아르바이트를 전전하던 그를 지도교수님이 불러서 석사

를 시작했고, 그가 그만두려고 할 때마다 그 교수님은 따뜻하게 그를 붙잡아 주었습니다.

처음으로 '아, 산다는 것이, 나를 사랑하는 사람들과 산다는 것이 이런 기분이구나. 나는 잉여인간이 아니구나.' 하는 생각을 하게 된 시기였습니다.

그렇게 학위를 받고 들어가게 된 직장이었습니다. 겨우 세상이 자신에게 호의적이라는 것을 느끼게 된 F는 소개로 아내를 만나 결혼도 했습니다. 그런데 새 팀장이 왔고 모든 것이 무너진 것이지요.

"직장은. 제가 이룬 유일한 거고, 전부였어요. 근데 그 인간한테 대들면 다 잃게 되었겠죠. 안 그래도 저를 이 바닥 떠나게 해주겠다고 노래를 부르는 사람인데. 월급도 세상이 저에게 주는 유일한 생명줄인데 어떻게 쉽게 포기하겠어요."

"어떤 날에는 며칠을 망설이다 제 논문을 펼쳐 확인도 했어요. 정말 내가 표절을 했나, 싶어서요. 내가 정말 잘못을 했으면 어쩌지, 불안하고…."

E는 스스로 이야기를 하면서 팀장과 맞서지 않은 자신의 비겁함이 사실은 상처를 최소화하기 위한 최선의 합리적인 선택이었음을 이해하게 되었습니다. 도와주는 누군가가 있었느냐는 물음에 처음엔 동료들에게 하소연해 봤지만, 그 팀장이 그들에겐 나쁘게 하지 않았기 때문인지 자신의 말을 진심으로 믿진 않았다고 답했습니다. 아마도 속으론 E가 뭔가 빌미를 줬을 거라 생각하는 것 같았고, 그런 이야기를 듣기도 했다고 말했습니다.

완전히 혼자가 된 E는 그래도 2년의 경력은 있어야 이직도 하고 굶어 죽지 않는다는 생각에, 모든 걸 내려놓고 무기력하게 지냈습니다. 마치 넋이 나간 사람처럼 멍하게 반년을 더 버티고 퇴사했습니다. 아내에게도 잘 설명할 수 없었습니다. 말로 표현하기에 너무 버거운 날들이었기에 E는 그 날들을 어떻게 버텼는지 이미 아득해서 잘 기억이 나지 않는다고 답했습니다.

"근데, 생각해 보면…, 그때 아빠에게 맞고 문 앞에 서 있을 때 기분이 어땠느냐고 했잖아요. 지금도 생각하면 차인 허벅지가 욱신거리고 아팠던 거, 볼이 땡땡해지고 귀에서 계속 소리가 난 게 생생해요. 기분은… 이 세상에 내가 없는 기분이었어요. 사람들이 내가 여기 있다는 걸 잊었다는 생각? 세상이 날 버렸다…."

사는 게 참 좋다, 세상은 좋은 곳이고 믿어도 되고 안전하다고 생각해 본 적 있는지 물었습니다. E는 대학원에 다닌 2년간 잠시 가졌던 그 안도감, 자신에 대한 사랑을 팀장으로 인해 다시 잃게 되었다고 답했지요. 그리고 나지막하게 그 팀장만큼이나 그때의 동료들도 밉다고 덧붙였습니다.

"그런데 더 괴로운 건, 나를 제외한 다른 사람들에게는 그러지 않았다는 거예요. 그 팀장은 그 많은 사람 중 유독 나만 괴롭혔고, 아빠는 큰형도 누나들도 때리지 않고 자식들 중에 오직 나만 때렸잖아요."

제가 흠잡을 데 없이 야무졌어야 해요:
자책과 자기혐오의 불합리성

자신이 불운한 사람이라는 생각이 E에게 분노를 불러 일으켰습니다. 그리고 엄마처럼 동료들이 자신을 거짓말쟁이로 만들었다는 것도요. 그와 동시에 E는 계속 어쩌면 내가 흠잡을 데가 없는 직원이었다면 이런 일을 겪지 않았을 수 있으니, 내 탓이 아니라는 말은 위로가 안 된다고 말했습니다. E는 집에 누워서 한없이 '아 그때 옆 팀 팀장을 칭찬하지 않았으면 괜찮았을까, 팀장의 비위를 잘 맞추고 그렇게 눈치 없이 내 맘대로 일을 진행하지 않았으면 어땠을까?' 하는 생각을 무한 반복하고 있었습니다.

"제가 흠잡을 데 없이 야무졌어야 해요."

저는 E에게 흠잡을 데 없이 야무진 게 뭐냐고 물었는데 E는 또 대답하지 못했습니다. 살면서 야무지게 자신을 방어하거나 주장하도록 가르쳐 준 사람이 있었는가, 또는 가족 중에 그런 모범이 있는가에 대해서는 '없다.'라고 대답했습니다.

E는 능력을 발휘해 인정도 받고 돈도 벌기 위해 직장을 갔을 뿐, 그런 상황이 벌어진 것은 E와 아무 상관이 없다는 사실을 우리는 함께 이야기했습니다. E가 흠결 없이 정의로워야 했던 것이 아니고 그 팀장의 행위가 매우 정의롭지 못한 것이 문제라는데 합의를 봤습니다(Herman, 2022). 착한 만큼 허술하기도 하고, 옆 팀 팀장에게 좋은

인상을 받았고, 가끔 혼자 생각으로 서두를 때도 있지만 일을 척척 해낼 정도로 성실하다는 것이 왜 피해로 이어져야 하는 것인지, 우리는 자책과 자기혐오의 불합리성에 드디어 다다른 것이지요. 정의로움이 부족한 것은 피해자가 아니라 가해자(최현정, 2010)라는 단순한 사실에 이르기 위해 우리는 긴 시간 이야기를 나눠야 했습니다.

잠을 자지 못하는 E에게 정신의학과 방문을 권하고, 의자에 앉은 자세를 관찰해 그의 몸이 얼마나 경직되어 있는지를 찾아내며, 우리는 E의 트라우마가 이번이 처음이 아니며 아주 오래된 기원을 가지고 있다는 것을 알아낸 것이죠. 그리고 비극적이게도 이전의 트라우마는 이후의 트라우마에 대한 대응을 약화시킨다는 사실에 대해서도 함께 이야기했습니다.

그가 왜 자신을 지키지 못했는가를 굳이 묻는다면, 그에겐 지킬 '자신(self)'이라는 것이 없었던 것이지요. 도박장에서 아빠에게 맞고 엄마를 찾았던 그는 엄마에게서도 그 경험과 존재를 부정당했습니다. E는 '자기 자신'이라는 것이 뭔지 잘 실감이 나지 않는다고 말했습니다. 책에서나 본 것 같은 아스라한 개념 정도였을 겁니다.

아주 나중에 상담의 종결 이야기가 나올 때, E는 뒤늦게 자신과 부인 사이에 성적인 어려움이 있다는 걸 털어놓았습니다. 자신이 접촉에 너무 예민하기도 하고, 항상 날이 서 있거나 피곤해서 관계에 몰입하기 어렵다는 것이었지요. E는 부인과의 관계를 될 수 있는 한 피했습니다. 이 문제를 본격적으로 다뤄 볼 생각이 있는지 물었지만 그는 나중을 기약했습니다. 부부 사이의 성문제가 사실은 자신의 트라우마에서 기인했다는 것을 그는 상담을 하면서야 인식할 수 있었습니다.

허비치(Hurvich, 1989)라는 심리학자는 트라우마를 겪은 사람들은 자기가 살아남을 수 없을 것 같다는 극도의 불안, 결국 망하고 버림받고 망신당하고 죽을 것이라는 파국적인 생각이나 공포에 사로잡혀 있다고 설명합니다. 이런 사람들은 자신에게 스스로를 살아남게 할 만한 능력 따위는 없다는 무능력감, 자기비하에 시달리게 됩니다.

키라(Kira, 2012)라는 심리학자는 트라우마를 입은 사람은 과거와 현재, 미래에 대한 희망을 가지기 어렵고 세상이 위험하게만 느껴지고 자신이 언제라도 피해자가 될 수 있다고 예상하며, 이 사회는 불공평하기 때문에 자신에게 어떤 관심이나 손길도 내밀지 않을 것이라는 믿음을 가진다고 설명합니다. 그래서 아주 제한된, 소극적인 삶을 살게 되는데(van der Kolk, 2016) 이렇게 해야 겨우 다시 그런 일을 당할 위험에서 벗어날 수 있다고 우리의 뇌 즉, 편도체가 경고를 주기 때문이지요. (편도체가 우리 삶을 제한하는 것에 대해서는 뒤에서 자세히 설명하겠습니다.)

상상을 해 볼까요? 만약 E에게 E를 아껴 주는 가족들이 있었고, 그래서 E도 자신이 아까운 존재라는 생각을 가질 수 있었다면 '엄마, 우리 팀장이 미친놈 같아.'라고 말하고, 어머니는, '그러니? 당장 그만두고 더 좋은 곳으로 옮기자.'라며 도움을 줄 수도 있었겠죠. 그러나 오랜 시간 받아 온 상처에 기능이 저하된 E의 뇌는 새 팀장이 희망이 없는 인간이라는 것을 알아채기까지도 시간이 걸렸고, 자신을 어떻게 보호해야 하는가에 대해서는 아는 바가 없었지요. 그래서 집에 있기로 한 것이지요. 집 밖에 나가면 다시 그런 일을 당하게 될 테니, 살기 위해서는 칩거하는 수밖에 없었습니다. E가 대학원을 가기 전, 이 일 저 일을 계속 그만뒀던 것도 같은 맥락으로 이해할 수 있습니다. 이미 바다에 빠져 고개만 겨우 내밀고 숨 쉬는 그가, 자꾸 코까지 넘실넘실 넘어오는 사회의 스트레스라는 파도를 감당하는 것은 불가능에 가까웠으니까요. 이것이 트라우마가 사람들을 자신의 꿈에서, 애인과의 행복한 삶에서, 흥미로운 모험과 여행에서, 다양한 친구를 사귈 기회에서 멀리 떨어뜨려 움츠린 채 살게 하는 원리입니다.

우리의 변연계는 상처를 피하겠다며 시도 때도 없이 맹목적인 보초를 서고 이런 변연계의 활동에 생각보다 많은 에너지가 쓰여 버리기 때문에 우리는 전기효율이 아주 안 좋은 냉장고처럼 변해 버립니다. 가만히 놔둬도 기본 전력을 엄청 많이 먹으면서, 성능은 안 좋고, 자꾸 병치레를 하고, 수명도 빨리 닳아 버리는 것이지요. 항상 뜨겁게 달아올라 위잉위잉 돌아가는 급박한 상황에서 자존감 같은 고귀한 것을 가질 수 있을까요? 자존감이 낮은 것이 아니라, '없다'고 저는 생각합니다.

그런데 또 생각해 보면 애잔합니다. 트라우마를 겪은 우리가 비록 이렇게 망가져 있을지라도, 사실 우리의 뇌는, 우리 자신은, 운명과 세상이 우리를 지켜주지 못했을 때조차, 우리를 지키기 위해 이토록 밤낮 없이 애썼다는 사실이 말입니다. 한 번도 충분하게 안전한 적이 없는 사회(Porges, 2020), 우리의 안녕에 관심이 없는 취약함 속에서 오직 나만이 밤잠을 설쳐 가며, 그 모든 비난을 안으로 삭혀 가며, 나를 살리기 위해 애쓰고, 그로 인해 지금 내가 죽지 않고 이 자리에 있다는 사실을 말입니다.

상담실 안에서 이뤄지는 긴 대화의 끝에 우리는 우리 자신과 만나게 됩니다. 세상과 운명이 나를 버린 순간에, 나를 지키고 있었던 유일한 나 자신을 말입니다.

트라우마를 부인하는 사회:
있었는데 없습니다

스토롤로(Stolorow, 1999)라는 심리학자는 어느 날 아침 잠이 깨자 한 침대에 누워 자고 있는 아내를 바라봅니다. 그리고 아내가 이미 죽어 있는 것을 발견하지요. 4주 전, 아내가 암을 진단받기는 했지만 갑작스러운 죽음이자 이별이었습니다.

그 후, 그는 한 컨퍼런스에 참석했는데 저녁 식사가 마련된 방에 들어선 순간 그는 거기 있는 패널들 대부분이 자기의 오랜 친구였음에도 불구하고, 모두가 낯설어 보이는 기이한 경험을 합니다. 더 정확히는 자신이 친구들에게 이방인이 된 것 같은 감각이 몰려옵니다. 친구들이 그와 유사한 경험을 공유하지 않는 한, 스토롤로의 슬프고 고통스러운 경험을 결코 헤아리지 못할 것이기에 그와 나머지 사람들 사이에는 건널 수 없는 깊은 갭이 생겨 버렸고 각자는 이제부터 완전히 다른 세상에 산다는 생각이 든 것이지요. 이처럼 트라우마를 겪은 사람들은 표현하기 어려운 자기 자신만의 고통 안에서 세상에서 완전히 고립되고 소외되었다는 생각을 갖게 됩니다.

그러면 어떻게 해야 할까요? 세상을 샅샅이 뒤져 자고 일어나 보니 한 침대에서 자고 있던 배우자가 죽어 있는 경험을 한 사람들을 찾아내 그들과만 서로 보듬어 주고 이해하고 위안을 받으며 살아야 할까요?

트라우마를 입은 후 발생하는 큰 어려움은 우리가 어떤 일을 겪었든 비슷한 일을 겪은 사람들과만 함께 어울려 살 수는 없다는 데 있는 것 같습니다. 사람들의 무지와 무관심, 오해와 편견 속에 상처 입은 상태로 산다는 것은 보통 힘겨운 일이 아닙니다.

클라인(Klein, 1975)이라는 치료자에 따르면, 사람들은 상처 입은 적 없어 보이는, 괴로움이라곤 없어 보이는 사람들에 대해 시기심을 품는다고 합니다. 상처 입은 사람들은 상처 없는 상태에 대한 환상을 가지고, 자신이 다시는 그렇게 될 수 없다는 슬픔과 분노를 느끼며 살아갑니다. 그런데 안 그래도 힘든 마음 위에 또 하나의 무게가 얹어집니다. 사회가 행하는 2차 가해가 바로 그것입니다.

2차 가해에는 여러분도 알다시피 '그런 일은 없었다.', '피해의식에 불과하다.', '노리는 게 있어 문제 삼는 거다.', '지겨우니 그만해라.', '지나간 일은 다 잊고(또는 용서하고) 앞을 향해 나아가자.' 등이 있습니다.

왜 이러는 걸까요? 우리 사회는 왜 있었던 일을 있는 그대로 인정하고 회복을 돕는 데 힘을 모으지 않고 진실을 외면하거나 축소하며 빨리 덮기를 원할까요?

이글먼(2022)에 따르면 우리의 뇌는 에너지 낭비를 최대한 피하려 합니다. 그러기 위해서 우리 뇌는 익숙하고 반복되는 정보를 그때마다 새로이 받아들이지 않아도 되게 내적 모델을 미리 만들어 놓습니다.

예를 들자면 뇌는 핫도그 가게 사장님과 비슷합니다. 한 손님이 항상 통모짜핫도그만을 시킨다는 것을 기억한 사장님은 저 멀리 그 손님의 실루엣만 보여도 미리 통모짜핫도그를 튀기기 시작합니다. 그 손님을 맞이하고, 메뉴를 물어보고 주문을 받는 데 들어가는 에너지를 아끼는 것이지요. 그런데 어느 날 그 손님이 통감자핫도그를 시키면 사장님은 매우 당황하게 됩니다. 다 튀겨진 통모짜를 폐기하거나 자신이 먹어야 하고 다시 통감자를 튀겨야 하니, 핫도그 하나를 아깝게 낭비한 것이지요. 갑작스러운 상황에 허둥지둥하며 동선이 엉키고 머리에 쥐가 나는 경험을 할 수도 있습니다. 이렇듯 예측 불가능한 상황을 받아들이는 것은 뇌에게도, 우리에게도 힘이 드는 일입니다. 예측에서 빗나간 정보의 출현은 우리의 뇌에 강렬한 스파

크를 일으킵니다.

최현정(2010)에 따르면 사람들은 '사회가 정의롭다.' 또는 '이 사회는 안전하다.'는 신념을 형성해 살아갑니다. 앞에서 말했듯 언제든지 내 뒤통수를 칠 수 있는 게 바로 이 사회라는 신념을 가지고 살아가기엔 인간은 나약하기 때문이지요. 그런데 이 정의로운 사회 안에서 피해자가 발생했다는 것은 특히나 융통성이 떨어지는 사람들에게는 받아들이기 힘든 사실입니다. 선과 악이 분명해야 하고, 죄인이 벌 받고 선인이 복을 받으며, 강자는 약자를 보호하며, 부모는 자식을 한없이 사랑한다는 견고한 퍼즐 사이에, 평범한 이웃이 겪은 잔인한 비극은 끼워 맞출 틈이 없습니다. 사회가 때로는 정의롭지 못하며, 강자가 자신의 이익을 위해 약자를 탄압한다는 놀라운 사실을 받아들이기에 그들의 뇌는 너무나 굳어져 있고 그만큼 충격에 약한 것이지요.

'불확실하고 예측 불가능한 것이 세상'이라는 사실을 받아들이며 사는 데는 생각보다 많은 에너지와 강인함이 요구됩니다. 사실 내가 피해를 보았으며 고통받았고, 상대보다 약했다는 것을 받아들이는 것에도 우리는 실패합니다. 약하다는 것이 곧 악하다는 것이 아님에도 '죄인이 벌 받는데, 그럼 내가 죄인이야?'로 생각이 흘러가는 사람들은 '지난 일은 다 잊고 미래를 향해 나아가자!'는 문구에 마음이 솔깃합니다. 잊을 수 있고, 용서할 수 있는 '강한' 자신 안에서만 안전감을 느끼기에 끊임없이 피해를 증언하는 사람들이 눈엣가시 같습니다. 그만 좀 해라, 지겹다, 돈 때문에 저런다, 죽음으로 장사하는 거다 등의 표독스러운 반응은 사실 그들의 불안과 나약함을 드러냅니다. 오죽하면 일본에는 "말하지 않으면 없는 것이 된다."라는 속담까지 있을까요.

있는 그대로의 진실은 불편합니다. 그렇기 때문에 앞서 프로이트가 그랬듯, 인간과 만나며 그 인간 안에 있는 불편한 진실을 발견하고 입 밖으로 꺼내는 상담자들과 같은 치료자들, 심리학자들의 작업은 사회에 저항적일 수밖에 없습니다(Thompson, 2002; McWilliams, 2007에서 재인용). 그 불편함을 얼마만큼 받아들일 수 있느냐는 중요한 정신건강의 지표가 됩니다. 이런 관점에서 볼 때, 우리 사회는 아직 갈 길이 멉니다. 그러나 멀다고 해서 가는 것을 포기하면 안 되겠지요. 있는 것을 있다고 말하고, 없는 것을 없다고 말하며 그 불편함을 똑바로 바라보며 우리는 계속 나아가야 합니다.

약함, 좌절, 피해, 충격의 경험을 우리가 트라우마라고 부른다면, 트라우마의 이야기는 이제 자존감의 이야기로 넘어갈 수밖에 없습니다. 트라우마는 우리의 자존감을 훼손하기 때문이지요.

자존감

무수한 혐의를 뒤집어쓴 실체 없는 유명세

자존감이라는 '치트 키': 자존감이 높아지면 모든 게 해결된다?

"낮은 자존감"

제가 일하는 상담소의 인적사항 기록지에는 상담에서 다루고 싶은 것을 상담신청자가 직접 쓰는 칸이 있는데 거기에 거의 빠지지 않고 가지런한 글씨체로 등장하는 문구가 바로 이것입니다. 또 직접 만나서 상담을 시작하며 무엇 때문에 상담을 오셨냐고 물을 때도 '자존감이 낮아서 사는 게 힘든 것 같아요.'라는 표현이 자주 등장합니다. 사랑에서 실패하거나 누군가의 말에 쉽게 상처를 받거나, 일이 잘되지 않거나 기분이 안 좋은 채로 오랜 시간을 살고 있을 때 우리는 그 원인을 '자존감이 낮아서'로 귀인하는 경우가 많습니다. 더 자세한 표현으로는 '책에서 보니까 우리 엄마, 아빠가 어려서 나를 사랑하지 않아서 제가 자존감이 낮은 거더라구요. 그래서인지 사는 게 내내 힘들어요.'도 있습니다. 상담실을 벗어나 친구들과 일상 이야기를 나눌 때에도 '나는 자존감이 낮거든.', '나는 내가 자존감이 높다고 생각하거든?' 하는 말들은 예사로 튀어나옵니다.

  자존감. 이게 대체 뭐길래 이렇게 유명세를 가지고 우리 삶에 들어와 우리 삶을 성공으로도 실패로도 데려가고, 행복하게도 불행하게도 만드는 것일까요?

  자존감의 가장 기본적인 의미는 '자신을 어떻게 평가하는가' 입니다. '자신'이라는 뜻의 'self'와 '존경'이라는 뜻의 'esteem'이 합쳐져 자기존중감 즉, 자존감을 구성합니다. 또 한 인간이 삶을 영위하는 방식과 그가 인생에 대해 느끼는 만족도를 근본적으로 좌우하는 인간의 내적인 확신을 뜻하기도 합니다(Stahl, 2016). 이런 자존감은 자신이 얼마나 쓸모 있는 사람이라고 느끼는지를 의미하는 '자기 효능감', 자기 인생을 자기가 원하는 대로 이끌고 있다 느끼는 '자기 조절감', 자신이 안전한 세상에서 살고 있다고 느끼는 '자기 안전감'이라는 세 가지의 축으로 이루어집니다(윤홍균, 2016). 보통 자존감과 자기 효능감을 혼동해서 쓰는 경우가 많지만 사실 자존감에는 내 삶이 나의 것이라는 주체성과 이 세계 안에서 나는 안전하고 안정되어 있다는 것까지 포함되어야 하는 것이지요. 이것에 대해서는 다시 이야기하도록 하겠습니다.

  우리가 우리를 심리학적으로 설명하는 여러 개념과 카테고리를 갖게 되면서 자존감도 그 개념 중의 하나가 되었습니다. 그리고 어쩌면 가장 포괄적이고도 강력한 개념이 된 것 같습니다. '나는 자존감이 낮아!!!'라는 말 한마디가 우리가 가진 다양하고도 광범위한 문제들을 다 자기 아래로 집합시킬 수 있게 되었기 때문입니다. 그런데 여기서 이 챕터의 핵심적인 주제가 생겨납니다. 자존감이 자기 밑으로 거의 모든 문제들을 집합시킬 수 있다는 것은 바꿔 말하면 자존감이 해결된다면 다른 문제들이 모두 해결된다는 뜻이기도 합니다. 아마 상담을 받으러 오신 분들이 자신이 상담받고 싶은 주제로 '낮은 자존감'을 써 냈을 때도 이런 기대가 있었을 것입니다. 자존감을 해결한다면, 그러니까 자존감을 높여 놓으면 다른 어려움들은 한 큐에 해결될 것이다…. 자존감은 심리적 건강이라는 우리의 목표를 달성할 수 있는 치트 키가 되어 버린 것입니다. 과연 이런 믿음은 신뢰할 만한 것일까요?

처음 대학교 상담소에서 수련을 받으며 상담을 시작했을 때 '자존감 집단'이라는 이름이 붙은 집단상담을 동기와 둘이서 진행한 적이 있습니다. 보통 집단상담은 16시간 정도를 4일 정도에 걸쳐 진행하기 때문에 방학 때 진행하는 경우가 많습니다. 그런데 동기와 제가 맡게 된 자존감 집단은 기말시험이 마무리된 학기말에 네 시간 정도만 가지고 기존의 팸플릿과 활동지를 가지고 진행하는 일종의 워크숍과 비슷한 것이었습니다. 어쨌거나 상담에 자신이 없진 않았기에 으쌰으쌰 서로 격려하며 상담실에 들어갔던 동기와 저는 얼마 지나지 않아 등이 온통 땀으로 젖게 되었습니다. 아마 10명 정도의 학생이 모였었던 것 같은데, 10명 모두가 트라우마부터 강박행동, 중증도의 우울증, 공황장애, 불안장애, 학교생활 부적응으로 인한 제적위기, 함묵증 등을 안고 그 자리에 앉아 '나의 장점/나의 단점'과 같은 활동지를 적고 '자존감을 높이기 위한 십계명'과 같은 것을 함께 읽고 있었던 것이지요. 말하자면 몇 년씩 극심한 만성통증에 시달려 온 환자들을 모아 놓고 '통증에 좋은 식단: 밥은 이렇게 먹어요.', '당신은 하루에 몇 분 운동하는지 체크해 봅시다.'를 하고 있었던 것입니다. (물론 이것도 매우 중요하지만 강력한 통증은 진단을 내려 통증 조절부터 해야 다른 개입도 들어갈 여지가 생깁니다.) 그래서 동기와 저는 재빨리 집단의 목표를 수정했습니다. 인지적인 활동으로 채워진 활동지를 함께 하되, 이 집단이 가진 시간과 구조 자체에서 오는 한계를, 한마디로 이 세팅은 당신의 문제를 효과적으로 다룰 수 없다는 것을 자세하게, 반복적으로 설명했습니다. 그리고 개인 상담을 안내하여 그 친구들이 상담 개입과 심리검사, 병원 연계를 받을 수 있음을 설명하고 그 자리에서 상담을 신청하도록 독려하고 연결했습니다. 말하자면 '자존감 높이기 십계명'이나 4시간의 활동지 채우기로 개선될 수 없는 정도의 심각하고 다양한 어려움에 처한 학생들이 '자존감 집단'이라는 안내 문구를 보고 그 자리에 왔던 것입니다.

대학생을 대상으로 하는 집단상담은 '발표 불안', '진로 탐색', '대인관계 향상' 등의 주제를 가지고 운영되는데 발표 불안 집단에 PTSD를 가진 사람이 참여하기도 하고 진로탐색 집단에 자살충동을 가진 사람이 참여하기도 합니다. 이처럼 우리가 가진 문제는 서로 중복되는 경우가 많습니다. 그런데 그중에서도 자존감 집단은 집단원들이 가진 문제의 지속성과 다양성이라는 측면에서 주목할 만한 특성이 있었던 것 같습니다. 이후로 저는 16시간으로 진행되는 자존감 집단을 여러 번 진행했는데 학생들의 만족도 평가에서 항상 타의 추종을 불허할 정도로 높은 평가를 기록했습니다. 제 자랑 같지만 그렇게 할 수 있었던 것은 한 번도 '자존감'에 초점을 맞추지 않았기 때문입니다. 학생들로 하여금 낮은 자존감을 갖게 만든 각자의 과거 경험을 자각하고 재경험하게 만드는 것을 자존감 집단이 4일 동안 꼬박 수행하는 과업으로 정했고, 그 과업에만 초점을 맞췄을 때 집단원들은 있는 그대로의 자기 자신을 잘 알게 되었다는 만족감을 갖게 되었던 것입니다.

자존감은 애정결핍의 결과이자 불행한 삶의 원인?

결론부터 말하자면 자존감은 원인이 아닌 결과입니다. 다시 한번 말하겠습니다. 자존감은 우리 인생에서 벌어지는 일들의 원인이 아닌 우리 인생에서 벌어지는 일들의 결과물입니다. 자존감은 철저히 현실을 반영하며 인생에서 일어나는 성공이나 실패의 부산물일 뿐입니다(Myers, 2009).

그러나 엄밀히 말하면 자존감이 결과인 것은 '지금 이 순간'까지입니다. 이 순간을 넘어서서 일어나는 것들은 자존감이 그 원인이 되긴 합니다. 낮은 자존감은 성공이나 만족, 자기 확신과 편안함보다는 실패와 불만족 자기에 대한 불신과 불안함을 가져오기 때문입니다. 또다시 마주한 실패와 불안함은 다시금 자존감에 상처를 주고, 낮은 자존감은 반복해서 높아질 기회를 잃습니다.

그러니 사실은 우리가 손댈 것은 '자존감 자체'가 아닙니다. 자존감은 어디까지나 과거의 열매로서 열린 것이기 때문에 우리는 그 재료가 된 과거와 승부를 봐야 합니다. 자존감을 건드린, 상처를 주고 손상 입힌 과거의 경험을 찾아내, 그 과거의 경험이 현재의 내 삶까지 이렇게 좌우할 권한이 정말로 있는가에 대해, 과거가 현재와 미래에 계속 덧씌워지는 것이 옳은가에 대해 결론을 내려야 하는 것이지요.

K씨는 글쓰기 강좌를 등록한 시점에 저와 상담을 시작했습니다. 원래 K의 꿈은 작가였고, 대학에 다닐 때도 직접 쓴 극본을 공연에 올리는 등 꾸준히 글을 써 왔다고 했습니다. 그가 쓴 작품들은 대학 교수님께도 공연 관계자들에게도 인정을 받았다고 하니 K가 생각하기에도 자기가 아주 소질이 없었던 것은 아니라고 했습니다. K는 외모도 호감형이었고, 좋은 학교 출신이었으며 만나면 유쾌하고 재미있는 스타일이었습니다. 아마도 여기까지를 보면 K가 자존감이 높은 사람이어야 하지 않나 싶으실 겁니다.

그런데 K가 상담을 받으러 온 이유가 좀 특이했습니다.

"글쓰기를 제 손으로 그만두는 것을 이제 그만하고 싶어서 상담을 왔어요."

이게 대체 무슨 뜻일까요? 대학을 졸업한 K는 현실의 벽 앞에 작가의 꿈을 접고 언론사 취업 준비를 했습니다. 그러나 이 역시 뜻대로 되지 않았고 될 듯 말 듯 몇 번의 고배를 마신 후 당시 사귀던 남자친구와 결혼을 했습니다. 다시 간간이 글을 썼지만 별다른 성과는 없었고, 결국 뒤늦게 대학원에 진학해 새로운 전공으로 일자리를 얻었습니다. K는 늘 시간제로만 일을 구했는데 마음 한구석에 글을 써야 한다는 생각이 계속 자리하고 있어서, 일반 직장인들처럼 종일 직장에 구속되는 일은 하고 싶지 않았다고 합니다.

그러나 일과 공부와 육아를 동시에 하면서 꾸준한 습작은 거의 불가능했습니다. 결국 K는 더 나이 먹기 전에 이제 정말 작가를 내려놓자는 생각이 들었고, 대학에 정규 직원으로 들어가 일을 시작했습니다. 그런데 어느 날 숨도 못 쉬고 일을 하던 K의 머릿속에 한 문장이 스쳐 지나갔습니다.

'아, 내가 이렇게 글을 썼으면 진작 등단했겠다.'

K는 그 생각이 든 순간, 허무했다고 합니다. 10년도 더 전에 대학을 졸업하며 포기했던 작가라는 꿈에서 여전히 한 발짝도 떨어지지 못한 자신을 발견한 것이지요. K는 교직원을 그만두고 작가에 도전하자는 마음으로 글쓰기 강좌를 새로 등록하고, 동시에 저와 만난 것이었습니다.

"항상 스스로 글쓰기를 그만뒀지, 누가 저를 그만두게 하지 않았거든요. 그만둘 때는 그렇게 홀가분하고 후련할 수가 없어요. 정말 잘했다고 느끼고요. 항상 제 손으로 관두는 거예요. 이번에는 제가 또 어떤 이유를 들먹이며 확 그만둬 버리기 전에 제가 또 그만두려고 하는 걸 눈치채고, 그만두지 않고 버티고 싶어요."

K 역시도 저에게 "자존감이 낮아서인지 항상 제가 그만둬 버려요."라고 표현했습니다. 이번에는 물러서지 않겠다는 결심으로 글쓰기 강좌도 등록했는데 금방 상태가 안 좋아졌다고 합니다. 혼자 있을 때 좀 쉬려고 하면 불안감과 함께 숨이 막히고, 이제까지 허비한 인생을 다시 되돌릴 수 없다는 생각이 들며 앉지도, 눕지도 못하고 안절부절못하는 상태가 되곤 했습니다. 개인적으로도 실패한 인생이라는 생각이 들고, 좋은 아내, 좋은 엄마가 아니라는 것도 괴로웠습니다.

K는 자매가 많은 집의 막내딸이었는데 공무원인 부친은 안 그래도 부족한 월급을 친구들과 술을 마시고 어울리는 데 탕진해서 늘 가정 형편이 어려웠다고 합니다. K는 저에게 "선생님, 검은 양말을 계속 빨아서 색이 빠지면 무슨 색이 되는지 아세요? 회색이나 흰색 같죠? 아니에요. 주황색이에요."라고 웃으며 말한 적이 있습니다. 온 가족이 물려 신어 우스꽝스럽게 탈색된 양말은 물론, 너무 낡아 구멍이 여기저기 뚫린 러닝셔츠 때문에 체육복을 갈아입을 때마다 총 맞았냐는 놀림을 당하며 K는 학창시절을 보냈습니다. 그래도 K는 학교가 좋았다고 합니다. K가 묻는 말에 대답도 잘 안 하는 모친

이나 술에 취할 때마다 공포 분위기를 조성하는 부친보다 학교 선생님들과 친구들이 자신을 더 좋아하고 아껴 주었기 때문입니다.

K는 자신은 참 낙관적인 사람이라고 했습니다. 그런 환경에서도 즐겁게 학교에 다녔고, 하고 싶은 것이 많았다고 합니다. 그러나 남편의 행패와 경제적 어려움에 시달린 K의 모친은 K가 무엇이 하고 싶다고 하면, '언니들이 지금 중요한 시기니까 너는 좀 참아라.' 혹은 '제발 너라도 좀 가만히 있어라.'라는 반응을 보였습니다. '너는 착하니까 원하는 게 있으면 안 된다.'가 K의 모친이 어린 K에게 남긴 메시지였습니다.

무언가를 원하고 가지는 것이 K에게는 착하지 않은 것, 좋지 않은 것이었기에 K는 또래들과 여럿이 있을 때, 누군가가 과자를 나눠 주거나 선물을 집어 가라고 하면 항상 맨 마지막에 과자를 집었다고 합니다. 신나게 소리 지르며 천진난만하게 과자를 가지려고 서로 몰려들고 밀치는 게 매우 부끄러운 짓이라는 생각이 들었기 때문이었죠. 그러다 보니 하필 K 바로 앞에서 과자나 선물이 똑 떨어져 K만 빈손인 경우도 더러 있었다고 합니다.

K가 대학에 합격했을 때, K는 언니들이 대학에 합격했을 때처럼 선물을 사 달라고 모친을 백화점으로 끌고 가 모처럼 새 옷을 한 벌 샀는데 당시 장면을 떠올리며 K는 이렇게 말했습니다.

"그 재킷을 사는 엄마 표정이 어땠는지 아세요? 백화점에 창문이 있었다면 아마 엄마는 뛰어내렸을 거예요."

이처럼 K는 무엇을 원한다는 것, 요구하는 것은 잘못된 일이라는 가르침을 받았습니다. 그렇다고 뭔가를 잘했을 때 격려받거나 축하받은 일도 없었습니다. 조숙하고 시니컬했던 K의 언니들은 K가 인형놀이를 하며 놀거나 좀 자라서는 글을 쓰며 시간을 보내는 것을 보며 비웃거나 비난하기도 했습니다. K는 자신이 좋아하는 것들, 말하자면 글을 쓰거나 영화를 보는 활동, 작가가 되고 싶다는 마음, 글을 잘 쓴다는 격려를 받은 경험 같은 것들을 어떻게 느껴야 하는지 혼란스러웠습니다. 그 세 가지 중 어느 것 하나도 K에게는 자연스러운 것이 없었습니다. 안 그래도 죄책감을 불러일으키는 욕구들이었는데, 엄마가 된 후로는 그 경향이 더욱 강해졌습니다. 가정의 수입을 가족들에게 쓰지 않고 자신이 글쓰기 수업을 듣는 데 쓰는 것, 집안일을 해야 할 시간을 글쓰기에 들이는 것, 돈을 더 벌 수 있는데도 글을 쓰겠다고 수입을 포기하고 있는 것, 글쓰기라는 즐거움을 계속해서 추구하는 것. 이 모든 것이 K에게는 풀리지 않는 뫼비우스의 띠처럼 꼬리에 꼬리를 물고 뭔가 잘못하고 있다는 불안감을 불러일으켰습니다.

쉽게 포기한다 = 자존감이 낮다

K는 대학을 졸업한 직후 언론사 취업 준비를 했는데 자신이 붙으리라는 자신감은 애초에 없었던 것 같다는 이야기를 했습니다. 오죽하

면 같이 시험을 준비하던 친구가 '너는 어떻게 붙을 거라는 자신감이 하나도 없으면서 언론고시에 뛰어들 생각을 했느냐?'고 물었고 그제야 정신이 조금 들었다고 합니다. 합격을 위해 준비하지만 불합격을 기다리는 것. 그것이 K가 자신의 삶을 대하는 방식이었습니다. K는 석사학위까지 받으며 뒤늦게 가진 직업도 여러 번 그만두려 했습니다. 그때마다 주변 사람들과 은사님이 말렸기 망정이지 그만두기 전문가인 K씨 혼자였다면 그만두고도 남았을 것입니다.

저와 상담을 계속하던 와중에 K는 함께 글쓰기 수업을 들었던 동료의 소개로 영화 제작사와 연이 닿아 시나리오 작업을 하고 계약 단계에까지 이르렀습니다. 그런데 아이러니하게도, K는 계약금까지 받고서야 자신이 왜 작가가 될 수 없었는지, 자신의 삶에서 아직도 작가로 데뷔하지 못한 게 얼마나 당연한 이치인지 깨달았습니다.

글을 쓰는 세계는 불확실성 그 자체였습니다. 엄연한 노동과 작업은 존재하지만 그것이 임금으로 돌아올지를 아무도 장담해 주지 않는 환경, 마지막 장면을 쓰기 전까지 대본이 어떻게 나올지 자기 자신조차 알 수 없고, 남들이 이 글을 보고 어떻게 생각할지도 알 수 없는 모호함, 삶을 다 바쳐 괜찮은 글을 썼다고 해도 그만큼의 보상은 돌아오지 않는다는 위험.

자신에 대한 믿음이나 신뢰가 눈곱만큼도 없는 K가 경제적 압박감, 불확실성, 모호함, 위험성, 이 모든 것을 감수하며 작가의 길로 온전히 들어서기란 애초에 불가능한 일이었던 것입니다. 글을 쓰려 할 때마다 K에게 들리는 목소리는 '무언가를 원하는 너는 나쁘다,

네가 원하는 걸 가지려 가족을 희생시키고 있다, 결국 성공도 못할 거면서.'였습니다.

가위바위보로 계단 오르내리기 게임을 한다고 합시다. 17계단 정도 위로 올라간 사람은 가위바위보에서 몇 번 져도 괜찮습니다. 내리 4판을 져서 내려와 봐야 13층 정도니까요. 그러나 한 칸밖에 올라가지 못한 사람이 있다고 칩시다. 그는 지는 순간, 바닥으로 내려와야 합니다. 그런데 또 진다면 어떻게 될까요. 땅을 파고 내려가거나 그럴 수 없다면 게임에 진 대가를 치러야겠지요. 게임에 무엇을 걸었느냐에 따라 지갑을 털어 친구에게 음료수를 사 주거나 친구가 하고 싶다는 대로 해줘야 합니다. 자신에 대해 호의까지는 아니더라도, 보통의 감정을 가지고 있는 사람은 실수하거나 무언가를 성공하지 못하거나 남에게 기분 나쁜 소리를 듣더라도 무너지지 않습니다. 17번째 계단에서 13번째 계단으로 내려온 정도일 뿐입니다. 자기에 대한 애정은 쿠션의 역할을 해주기 때문에(Stahl, 2016) 넘어지더라도 털고 일어날 수 있습니다. 애초에 크게 다치지도 않을뿐더러 금방 낫게 되는 것입니다.

그러나 이미 바닥에 서 있었던, 자존감이 낮은 사람들은 한 칸만 내려가도 땅속이기 때문에 불안한 상태로 게임을 시작하고, 잘 이기지도 못합니다. '왜 그렇게 용기가 없어? 게임이잖아? 즐겁게 해!'라고 하는 것이 아무 의미가 없습니다. 모험을 즐기고 위험을 무릅썼다가는 입고 있는 옷까지 벗어줘야 하는 나락으로 떨어진다 생각하므로 사실 삶에서 할 만한 일, 갈 만한 곳이 별로 없습니다. 선택지는 좁고, 무엇을 선택한다고 해도 별로 즐겁지도 않습니다. 그런데 자신의 심정을 주변에 말해 봐야, 이해해 주는 사람도 없습니다. 남들이 보는 우리의 실제 모습과 우리가 우리에게 가지는 자존감은 별 상관이 없으니까요. '얘 또 징징댄다, 그렇게 답답한 소리 할 거면 그만해라.'라는 반응 앞에서 정말 큰일이 난 것 같아 괴로운 우리의 심정은 오그라들고 마는 것이죠.

앞에서 이미 얘기하였듯이, 우리가 우리 자신이 누구인가를 아는 것은 중요한 양육자의 반응을 통해서입니다. 거울 뉴런을 통해 양육자의 내면을 그대로 다운로드하기 때문에 양육자가 나를 보는 시선이 곧 생애 초기에 내가 나를 보는 시선이 되는 것입니다(Lacan, 1949). 그렇기에 사는 것에 지쳐 있거나, 자신도 불행한 어린이였거나(Stahl, 2016), 건강하지 못한 자기애가 있는 양육자(Cozolino, 2018a)들은 자녀를 보잘것없고, 한심하며, 원하는 게 많고, 사람 귀찮게 하고, 세상에 나오지 않았으면 좋았을 존재들로 보고, 결국 그들의 자녀도 스스로를 그렇게 인식하도록 만듭니다. 그러나 천만다행으로 우리의 뇌는 환경에 최적화하도록 만들어졌기 때문에 우리가 스스로를 인식하는 관점은 생활환경, 만나는 사람들, 겪게 되는 경험들이 다양해지고 많아지며 계속 변화합니다. 내가 좋은 사람임을 새로이 발견하고, 내가 생각보다 강하다는 것도 알게 되며, 그것이 우리의 자존감의 수준을 바꿉니다.

그런데 내담자들을 만나 자존감에 대한 이야기를 듣다 보면 그것은 거의 '자기 효능감'에 대한 이야기인 경우가 많습니다(윤홍균, 2016). 우리나라의 문화가 워낙 능력을 중시하다 보니 내가 사회적으로 얼마나 쓸모가 있다고 생각하느냐가 자존감의 다른 의미가 된 것이지요. 상담을 하다 보면 또 드는 생각이 우리는 생각보다 '최선을 다해 똑똑하다'는 것입니다. 생각보다 많은 사람들이 자신의 '원시적 뇌=암묵기억=무의식=부모의 시선'만을 신봉하지 않고, 다양한 사람들에게 검증받은 내용으로 새로운 자아상을 만들어 냅니다. 내가 생각보다 일을 잘하고, 이해를 잘하고, 잘 협동하는, 다른 사람들이 필요로 하고 좋아하는 사랑스러운 사람이라는 자아상입니다. 그런데 우리가 상담에서 이 부분에만 포커스를 맞춰서 자존감을 다뤄 보자 하면 한 시간에 10만 원 가까이 되는 돈을 내고 수다를 떨고 온 듯한 기분이 듭니다. 자존감의 세 축 중에서 자기 효능감만 다루고, 자기 안전감과 자기 조절감을 빼먹었기 때문입니다.

가정불화 속에서 자라난 K에게 세상은 예측 가능하거나 원하는 방향으로는 가기 힘든 곳이었습니다. 말하자면 K는 사는 것이 안전하다고 느껴 본 적이 없었습니다. 기본적으로 자기 안전감이 결여되어 있었던 것이지요.

작가로서의 경력을 시작한 K와의 상담은 의외의 곳으로 흘러가고 마무리되었습니다. 일이 바빠지면서 상담에 오랫동안 오지 않았던 K가 거의 2년 뒤에 다시 상담에 와서, 정말 많은 일을 겪은 끝에 결국은 작가를 그만두기로 결심했다고 말한 것입니다. 저는 놀랐지만 K는 오히려 편안해 보였습니다.

K는 2년간 글 작업을 하며 수많은 실패와 좌절을 피하지 않고 겪음으로써 자신에 대한 새로운 발견을 했습니다. K는 온 힘을 다해 쓴 작품이 혹평을 받아도 식음을 전폐하고 절망하는 사람이 아니었습니다. 물론 기분이 상하거나 화가 나기도 했지만 그런 감정들이 오르내리는 것을 경험하면서 오히려 글쓰기가 자신을 희생시킬 정도로 고귀한 것이 아니라는 것도 몸소 깨닫게 되었습니다. 이것이 바로 자기 조절감입니다. 자신의 결정이나 감정의 주인으로서 스스로 통제할 수 있다는 느낌입니다.

"완전한 실패를 경험하면서 깨달은 게 있어요. 모든 것을 걸고 뛰어든 모험이 결국 실패로 끝나도, 인생이 무너지지 않더라고요."

이처럼, 자신과 자신이 사는 세상이 쉽게 무너지지 않는다고 느끼는 것을 자기 안전감이라고 하지요. K의 자존감은 실패를 피하는 데 성공해서가 아니라 실패와 정면으로 만나면서, 자기 효능감, 자기 안전감, 자기 조절감을 다 경험하면서 완성에 가까워졌던 것입니다.

전쟁통에 자존감 찾기:
자존감에서 우리가 주목하지 않은 것

인간은 안전과 평화를 느낄 때만 놀이에 뛰어듭니다. 잘 놀다가 갑자기 '네가 나에게 가위바위보를 졌으니 만 원만 달라.'거나, '땅따먹기에서 졌으니 너희 집 집문서를 가져와라.'는 친구와는 마음 놓고 놀 수 없는 것이지요. 또 창의적인 활동에서도 마찬가지입니다. 전쟁의 선봉에서 뿔피리를 부는 군사가 목전에 적을 두고 악상이 떠올라 새로운 운율로 피리를 불진 않을 것입니다. 또한 우리는 안전할 때만 실패나 상처에서 회복합니다. 앞서서 이야기했듯, 시험에서 많이 틀려도 화내지 않고 차근차근 알려 주는 어른이 있다면 아이는 자신을 미워하거나 덮어놓고 주변 사람들을 원망하기보다, 새로운 지식으로 자신을 무장하고 또 자기가 왜 틀렸는지를 돌아볼 수 있습니다. 인지적, 감정적으로만이 아니라 실제 신체적인 차원에서도 안전하고 지지적인 환경에서 환자들은 더 빠르게 상처에서 회복합니다(Porges, 2020). 무시당하고, 더렵혀졌다가도 회복할 수 있어야 자신이 괜찮은 인간이라는 감(感)을 가질 수 있는 것입니다.

죽을지 말지 모르는 상황 속에서 내가 괜찮은 사람인지, 나는 나를 좋아하는지, 내 편인지 따위는 전혀 중요한 문제가 아닙니다. 안전감이 결여된 삶은 자동적으로 조절감이 결여된 삶으로 이어집니다. 인민군이 마을로 밀고 들어와서 얼른 도망가야 하는데 '저는 이 꿀꿀이죽을 바가지에 받아먹는 대신 저 풀죽을 이 그릇에 담아서 먹을게요. 단, 지금 말고 배가 고플 때 먹고 싶군요.'라고 할 순 없는 일입니다. 그랬다가는 꿀꿀이죽을 푸던 국자로 얻어맞거나 뒤에서 기다리던 사람들에게 줄 밖으로 끌려 나오겠지요. 위험을 피하고 살아

남는 일이 급급하니 다른 것들은 희생시켜야 합니다. 트라우마 챕터에서 이야기했듯이, 삶을 제한시키고, 아무것도 하지 않음으로써 위험을 예방하려 하는 소극적이고 수동적인 삶이 시작됩니다.

삶이 안전하다고 느껴야 어려운 시험에도 도전할 수 있습니다. 우리 대부분은 몇 년씩 애써도 결과가 보장되지 않는 일은 애초에 시도조차 하지 않습니다. 이는, 자존감이 낮아서가 아니라, 자기가 시험에 떨어지더라도 이 세상에서 살아남을 수 있다는 '안전감'과, 결과가 보장되지 않더라도 내가 진심으로 원한다면 도전해도 된다, 도전하는 것이 나쁘거나 틀린 일이 아니라는 '자기 조절감'이 없기 때문입니다. 그런 사람에게 자꾸 자신감을 불어넣어 준다거나, 내가 성공했으니 너도 할 수 있다고 독려하는 것은 별 의미가 없습니다. 그도 자신이 어느 정도 잘한다는 것은 압니다. 다만, 전쟁통에 피난을 다니는 마음으로 이 세상을 살고 있는 그에게 그가 뭘 잘한다는 것이 그렇게 와닿는 의미가 아니고, 그가 뭘 원하는 것이 그리 중요하지 않을 뿐입니다. 그러므로, 여기서 또 트라우마가 자존감을 형성하는 중요한 요인으로 등장합니다.

치유되지 않은 트라우마가 당신 안에 자존감이 뿌리내릴 기회를 없애 버립니다. 편도체의 과도한 활성화는 대뇌의 기능저하를 가져온다(Cozolino, 2018a)고 앞서서 말씀드렸습니다. '너 진짜 큰일났어! 어쩔 거야?'를 외치는 편도체는 대뇌가 여러 가능성과 현실적인 시각을 가지고 세우는 계획과 조망을 방해합니다. 동시에 자신이 누군가를 탐구하고 몸 안에서 일어나는 일들을 감지하는 내부수용감각

(Emerson, 2018)도 잠재워 버립니다. 자신이 누구고, 무얼 원하는가, 이게 현실적으로 그리고 가능성의 측면에서 어떠한가에 관심을 기울일 수 없는 상태가 된 우리는 3년 후에 내가 살아 있을지를 장담하지 못하므로 3년이 걸리는 시험에 도전할 수 없습니다. 더 나은 미래가 있다고 상상하지 못하는 방식으로 과거를 활성화시키고 그것을 현재라고 느끼며 살게 되기 때문에 당장의 낮은 임금과 처우를 견딜 수 없어 직장을 관둡니다. 경력이 쌓이면 임금이 점점 높아질 거라는 생각은 트라우마를 가진 사람의 조망 안에 들어올 수 없기 때문입니다. 장기적 시간관념이 해체된 상태에서 현재의 초라함을 견뎌 미래의 초석으로 삼는다는 것은 불가능한 일이 됩니다.

세계에 대한 믿음이 파괴되었기에 나중에 세상이 나에게 뭔가를 준다는 것이 의심스럽습니다. 내가 원하는 대로 적극적으로 행동해도 세상이 나를 벌주지 않을 것이라는 확신이 없습니다. 상처를 준 과거와, 보이지 않는 미래 사이에서, 나라는 사람에게 무엇을 해주기도, 안 해주기도 애매한 불안하고 혼란스러운 현재만이 지속됩니다. 믿을 수 없는 세상에 사는, 미래가 없는 자신에게 가진 것을 다 투자할 수 있을까요? 건달 친구들과 어울려 다니면서 자기에게 돈 좀 보태 주면 몇 배로 불려서 주겠다며 맨날 돈 꾸러 오는 백수 친척이 집집마다 한 명씩은 있었던 것 같은데요. 나 자신이 사실 그 백수 친척과 다를 바가 없기 때문에 몰빵하기에는 너무 위험한 투자처인 것입니다.

당신이 뭔가를 꾸준히 노력할 수 있다는 것은 당신에게 괜찮은 정도의 자존감이 있다는 증거가 됩니다. 앞서 K가 자꾸 무언가를 그만 뒀듯이 자존감의 문제가 있는 사람들은 조금만 문제가 생겨도 멈춰 버립니다. 잘할 때나 못할 때나 흔들림이 없어야 지속적인 노력을 기울일 수 있는데, 뭔가를 조금만 못해도 지하세계로 떨어지는 심정이기에 그저 그만둬 버림으로써 불안과 좌절감을 달래려 하는 것입니다. '못함'을 견딜 수 있어야 '보람'이나 '잘함'을 향해 갈 수 있습니다. 그리고 그 '못함'을 규율과 체계로 다듬는 것은 자존감이 하는 일입니다(Stahl, 2016). 내가 뭘 못해도 세상이 크게 흔들리거나 내게 벌을 주지 않는다는 자기 안전감, 내가 스스로를 통제할 수 있고, 나의 좌절감이나 실망, 불안을 다스릴 수 있다는 자기 조절감, 내가 못하긴 해도, 지구에서 제일 못하는 건 아니고, 좀 지나면 봐 줄 만해지거나, 또는 잘하고 못하는 것이 아무 상관이 없고 그냥 하다 보면 뭐든 될 것이라는 자기 효능감이 우리로 하여금 꾸준함과 흔들리지 않는 태도를 가지도록 해줍니다.

내담자와 이야기를 나누다 보면 이런 생각이 들 때가 있습니다.
'이 사람은 자기가 자존감이 낮다고 했는데, 사실 자존감이 낮은 게 아니라 자존감이 없는데?!'
그리고 솔직하게 제 생각을 공유합니다.
"자존감이 낮다고 하셨는데 이야기를 쭈욱 들어보니 자존감이란 걸 가진 적이 없으신 것 같아요."
제가 이런 이야기를 하면 상대가 발끈할 것 같지만 실제로는 그러지 않습니다. 자기 삶의 경험들을 돌아볼수록, 자신의 삶이 자기를 존중하는 마음을 갖기에는 너무나 척박했다는 것을 체감하게 되기 때문입니다. 사실 내담자가 자신이 얼마나 쫓기듯 살아왔는가를 아는 것은 앞으로의 전환을 위해 매우 중요한 부분입니다. 이런 상황에서 그래도 여기까지, 그래도 이만큼이나 스스로의 삶을 지켜 온 자신을 인정하게 되면 여기서부터는 타인들, 그리고 세상과의 소통 수준이 달려져야 하기 때문입니다. 타인과 세상, 그리고 자기 자신을 지금보다는 더 믿으며 그 속으로 뛰어들어야 하기 때문입니다.

인간은 경계 태세에 있을 때, 사람의 목소리를 잘 듣지 못합니다. 사람의 목소리보다 더 중요한, 뒤에서 다가오는 적의 발걸음이나 동물의 바스락 소리 등을 들어야 하기 때문이지요. 우리는 매우 인간적인 상황에 놓여 있을 때만 주변 사람의 표정과 목소리에 충분한 주의를 기울이고, 그와 소통하려 합니다. 아무리 잘생긴 선남선녀가 옆에서 재잘거리고 있어도 두려움은 그 재잘거림을 차단해 버려 잠깐 귓등에서 엥엥거리는 모기 소리처럼 들리기도 합니다. 두려움을 느끼는 인간은 타인을 느끼는 능력이 현저하게 낮아져 버립니다. 그러니까 당신에게 오는 호의적인 메시지도, 칭찬도, 진심 어린 조언도 당신이 이제껏 무시해 버렸을 가능성이 있고, 그런 무시가 당신이 살 수도 있었던 더 따뜻하고 재미난 세상을 막아 버렸을 가능성이 있다는 것입니다. 따뜻한 접촉도 쳐내 버리거나, 아예 눈치조차 채지 못하고 받아들여야 할 사람을 받아들이지 않고 외롭고 척박한 곳에 계속 있어 왔는지도 모를 일입니다(Porges, 2020). 잊어서는 안 되는 것은 자존감은 절대 혼자 만들어 내거나, 혼자 높이거나 낮출 수 있는 게 아니라는 사실입니다. 우리는 우리에게 웃어주는 사람의 미소를 통해, 나의 일에 손을 붙잡고 기뻐해 주는 사람과의 접촉을 통해 자존감이라는 것을 형성할 수 있습니다.

오늘날의 한국 사람들은 좋은 스마트폰도 있고 태블릿도 있고, 고등교육을 받았으며 문맹도 없고, 선거 때가 되면 투표도 곧잘 하며, 카페에서 남이 두고 간 노트북이나 핸드폰을 집어 가지도 않습니다. 그러나 자기 안전감과 자기 조절감에 뿌리를 두고 발달하는 자기 효능감 즉, 자기 존중감은 발달시킬 기회를 갖지 못한 사람들이 대다수 같습니다. 무학이었지만 놀라울 만큼의 근면함으로 자산을 일군 분들도 계시지만 보통 자기 효능감에 중독되어 있는 경우가 많기도 합니다. 그렇기에 쉴 때가 되어서도 쉬지 못하고 일중독처럼 일을 할 때 느끼는 자기 효능감에 기대어 살아갑니다. 그래서 그다음 세대인 우리 역시도 자기 효능감을 곧 우리의 전부인 것처럼 학습한 면도 있는 것 같습니다. 이제 우리 세대가 다시 자존감의 담론을 만들어야 할 것 같습니다. 자존감은 '우리 OO가 ~~했구나!', '우리 OO가 최고야~!'라는 말로 만들어지는 것이 아니라, 인간이 생존에 위협을 받지 않을 때, 자기 욕구를 드러냈다고 공격받지 않을 때, 이용 가치가 있는가 없는가로 판단당하지 않을 때 생겨나는 것임을 명심해야 합니다.

Part 3

마음을 머리로 이해하기

8. 뇌 가소성: 되돌아갈 순 없지만 경로 변경은 가능하다
9. 편도체: 생존 말고는 아무것도 모르는 바보
10. 변연계와 대뇌피질: 과거에 저당 잡힌 현재와 미래
11. 피질 아래의 자아: 감춰진 진짜 문제
12. 36개월의 신화: 경단녀와 불안정 애착 사이에서

뇌 가소성

되돌아갈 순 없지만 경로 변경은 가능하다

뇌는 죽을 때까지 매 순간 새로 연결된다

애착과 과거, 트라우마, 자존감이 무엇인지를 이야기하면서, 우리는 내 자신이 과거와 무관하거나 과거를 이길 수 있는 존재가 아니라는 사실을 알게 되었습니다. 현재의 우리는 과거의 산물로서 존재합니다. 상담에 대해 거부감을 느끼는 이유 중 하나가 '자꾸 과거만 묻더라, 이미 지난 과거가 무슨 소용이라고.'인데 사실 과거가 우리를 만들었기 때문에 과거를 묻지 않을 수 없는 것이지요. 우리 자신이 누구인가를 알기 위해 자료를 조사해야 한다고 하면, 과거와 현재 중에 자료가 더 풍부하고 방대한 것은 어느 쪽일까요? 자료의 규모에 있어 과거가 현재를 가볍게 압도하기 때문에 우리는 과거를 앎으로써 지금 우리가 누구인가를 이해하는 방법을 선택한 것입니다.

우리가 과거의 산물이라는 사실이 혹시 여러분에게 절망감을 주거나 무력함을 주나요? 오히려 그 반대로 생각해 볼 수 있습니다. 이 사실은 우리에게 자유를 줍니다. 과거의 경험이 우리라는 인간을 빚어 창조했다는 것은 우리가 앞으로도 계속 빚어질 수 있다는 것, 지금과 다르게 창조될 수 있다는 것을 의미하기 때문입니다. 누군가 우리에게 '넌 할 수 있어!'라고 말한다고 해서 우리가 무엇이건 할 수 있진 않지만, 이 말을 격려로 받아들이는 사람과 빈말로 받아들이는 사람은 다른 선택과 경험을 하며 살아가게 됩니다.

또 하나, 과거가 우리를 자신의 삶에 대한 무한 책임에서 벗어나게 해줍니다. ('무한' 책임이 아니라고 하였지, 보통의 개인이, 한 사람이 져야 하는 보통의 책임마저 벗어던질 수 있다는 것은 아닙니다. 교도소에서 읽으며 과연! 하며 무릎을 탁 치는 분이 있을까 걱정되어 드리는 말씀입니다.) 우리가 과도한 마음의 고통, 과도한 고생과 애쓰기에서 벗어나 살려면 자신의 한계가 어디까지인지를 아는 것이 매우 중요합니다. 앞에서 설명했듯, 점수가 낮은 시험지를 들고 가면 찢어 버리는 부모님과 살았던 내가, 차분한 마음으로 오답노트를 작성해 성적을 올리고 공장을 다니면서도 밤을 새워 검정고시를 보고 좋은 대학에 가서 고시에 붙었어야 하지 않나 생각하는 것은 자신이 책임질 수 있는 범위가 어디까지인지를 모르는 것입니다. 최종적인 선택은, 비록 어딘가로 내몰린 내가 내린 선택일지라도, 그 선택의 과정에서 책임을 나눠 지어야 하는 많은 사람들, 상황들, 운명들이 존재합니다. 그것들을 제대로 분석해 내면 과거가 100퍼센트 나의 책임이 아니므로 나는 과도한 비난과 자책에서 벗어나게 됩니다. 내가 한 짓과 남이 한 짓을 구분해서 누구를 원망할지, 누구를 용서할지, 무엇을 받아들이고 살지, 무엇은 이미 괜찮아졌는가를 알게 됩니다. 내가 이보다 더 잘 살 수 없었다는 것을 알면 나와 화해를 할 수 있게 됩니다.

앞에서 이미 인간의 뇌는 어떠한 환경에서도 살아남을 수 있기 위해서 계속 역동적으로 변화하는 시스템을 가졌다고 말씀드렸습니다. 뇌과학에서는 이를 '신경가소성'이라고 부릅니다(Cozolino, 2018a). 가소성을 영어로 하면 'plasticity'라는 단어로 표현되는데 사실 이 단어는 일단 만들어지면 그 형태를 유지한다는 의미가 있습니다. 바깥 세상에 태어난 후 끊임없이 역동적으로 움직이며 들어오는 정보에 따라 계속해서 최적으로 적응하는 뇌의 특성을 부르기 위해 '생후배선(liveware)'이라는 용어를 사용하기도 합니다(Eagleman, 2022). 그게 가소성이든, 생후배선이든 상관없이 우리가 기억해야 하는 것은 인간이 변화가 가능한 존재라는 사실입니다.

그러나 앞서 설명했듯이 그것은 정보습득이나 힐링을 통해서는 어렵습니다. 특히나 언어중추가 발달하기 전, 어린 시절에 만들어진 기억들은 말로 잘 표현되지 않는 암묵기억의 형태로 유아 시기에 이미 형성되어 있는 변연계에 자리 잡는다고 말씀드렸습니다. 변연계는 사람에게 사회적인 기능을 가능하게 합니다. 내가 이 사람과 마주해야 할지 피해야 할지를 판단해 우리의 생존 가능성을 높이기 위한 기관이 변연계입니다. 그런데 이 기관에 새겨지는 중요한 코드들은 특히나 우리가 어린 시절에 어떤 경험을 하고, 그 경험을 어떤 정보로 받아들이느냐에 좌우되어 새겨지는 것입니다. 이 변연계는 생존을 좌우하기 때문에 매우 강력한 힘과 빠른 스피드를 가지고 있고, 우리의 이성적인 사고는 힘과 스피드의 면에서 이 변연계에게 항상 패배할 수밖에 없습니다.

그래서 우리는 이성적인 힘이 아닌, 변연계를 통제할 수 있는 힘, 변연계의 코드를 수정하는 힘을 기르는 것이 필요합니다. 변연계에 새겨진 코드를 우리는 유행하는 문제의 단어로 바꿔 부를 수 있습니다. 바로 '애착'입니다. 앞서 애착 챕터에서 말씀드렸듯이 애착은 심리학자들끼리 자기들끼리 좋아서 떠드는 용어가 아닙니다. 매시간, 매초 우리 안에서 활성화되어, 삶 속에서 누구와 가까워질지, 누구를 떠날지, 어떤 환경에 뛰어들고 어떤 환경에서 발을 뺄지를 결정하는 생물학적인 본능이자, 생존의 기능이라고 이야기를 드렸습니다. 또 우리가 누군가의 곁에 있는 상황에서도 그에게 신뢰를 가지고 마음을 놓고 본연의 모습으로 있을 수 있는지, 아니면 긴장하고, 그가 나를 진심으로 사랑하고 도와주리라는 기대도 갖지 않은 채, 함께 있어도 혼자 있는 것과 다름없는지를 결정하는 부분입니다. 그러니 이 코드가 가장 안정적이고 적절한 수준으로 새겨져 있어서, 피해야 할 때 피할 줄 알고, 좋은 것을 잘 알아보고 이용하는 사람이 이 세상에서 살기에 유리할 것임을 우리는 쉽게 이해할 수 있습니다.

여기서 우리에게 매우 희망적인 소식이 들려옵니다. 바로 애착이 변화가 가능하다는 사실입니다(Cozolino, 2018b). 우리가 부정적이며 남을 잘 믿지 못하고, 사랑하는 능력에 결함이 있어 끝없이 주변과 멀어지고 버림받으며 심적인 고통을 느낀다고 해서 죽을 때까지 그렇게 살아야 하는 팔자는 아니라는 것이지요.

실제로 모든 연애가 파국으로 끝난 파국 전문가 친구가 결혼을 해서는 잘 사는 모습을 우리는 목격합니다. 또, 부모 자격이 없는 부모에게 태어나 자란 사람이라도 자기 자식은 소중하게 여기며, 완벽한 부모는 아닐지라도 자식을 사랑하는 부모로서 살아가는 모습도 우리는 보게 됩니다. 어떻게 이런 일이 가능할까요? 그런데 그 변화는 심리 에세이를 읽거나 대인관계나 성공에 대한 자기계발서를 읽는 것보다는 건강한 사회적 관계를 경험하는 것 안에서 일어납니다(Pilowsky et al., 2008; Cozolino, 2018b에서 재인용).

좋은 관계 안에서만 학습이 이루어진다:
방어 중인 뇌는 배우지 못한다

어떻게 관계를 경험하는 것이 독서나 공부보다 더 강력하게 우리를 변화시킬 수 있다는 것일까요? 앞서 언급했지만 다시 강조하자면, 포지스 박사는 인간의 원초적인 생물학적 지상 과제란 바로 '다른 사람과의 연결'이라고 말했습니다(Porges, 2020). 포유류의 생존은 다른 사람의 존재를 필요로 하기 때문이지요. 그런데 장첸이나 조커와 같은 사람이 필요한 것은 아닙니다. 호혜적인, 서로에게 좋은 것을 줌으로써 안전감과 편안함을 느끼는 관계를 필요로 합니다. 다시 말해 좋은 애착, 안정된 애착이란 호혜적으로 상호작용할 수 있는 능력을 이야기하는 것이고 이런 능력이 잘 발달하고 유지되는 것은 갓난아기 때부터 죽음을 앞둔 노년에 이르기까지 우리의 몸과 뇌를 연결짓는 신경계의 목표이기도 합니다. 좋은 상호작용이 우리의 생존 가능성을 높이기 때문이죠.

바로 여기서 매우 중요한 이야기가 나오는데요. 우리가 사회적으로 사람들과 잘 지냄으로써 사랑받고, 인정받고, 지지받는 동시에 우리가 누군가를 위해 그런 존재가 되어 줄 수 있게 기능하는 신경계와 우리 자신을 건강하게, 성장하게, 상처로부터 회복되게 기능하는 신경계는 같은 신경계입니다. 다시 말해, 사회적인 상호작용을 할 때 사용되는 신경 경로들과 우리가 건강하게 살고, 성장하고, 회복될 때 사용하는 신경 경로들이 동일하다는 것입니다(Porges, 2020). 그러니까 우리가 안전한 환경에서 안전한 사람과 애정과 지지를 주고 받으면서 살 때, 우리는 배울 수도 있고, 아픈 병에서 나아질 수도 있고, 고난이나 역경을 극복할 수도 있다는 것입니다.

트라우마 챕터에서 회사를 그만두고 무기력에 빠진 E씨의 예를 들었습니다. 좋은 관계를 경험하는 것이 우리를 변화시킨다는 것을 E의 사례를 통해 설명해 보겠습니다. 일단 성인이 된 E가 좋은 배우자를 만났다고 합시다. 배우자는 E와 대화하며, E가 도박장에 아버지를 데리러 갔다가 맞은 일에 대해서 E의 어머니와 다른 반응을 보입니다. "자기가 얼마나 슬프고 무서웠겠어. 왜 어머님이 해야 될 일을 자기에게 시켜서. 자기가 겪지 않아도 될 일을 겪었네." E는 배우자의 반응을 통해 인식이 변화합니다. '아, 어린 내가 겪었던 일은 슬프고 무서울 수 있는 일이었구나. 남들이 볼 때도 그렇구나. 그리고 사실 엄마가 나에게 책임을 미뤘던 거구나. 내가 겪어야 했던 일이 아니구나. 어린애가 해내기에 어려운 일이었구나.'

이는 E에게는 새로운 학습입니다. E는 자신에 대해 새로운 관점과 지식을 가지게 되는 것이지요. 억울하고 무력한 어린이만 남아 있었던 정보망 안에, 애초에 해내기 어려운 책임을 강요당했기에 잘못이 없는 안쓰러운 자신이라는 정보가 편입되어, 나에 대한 새로운 이해가 구성됩니다. 아버지를 달래서 모셔 오는 데 실패한, 사랑받지도 못하고 모자란 자식이라는 오래된 지식이 어른의 잘못에 내몰린 안쓰러운 어린이, 폭력의 피해자라는 새로운 지식에 의해 대체되는 것이지요.

생각하면 숨이 차고, 혈압이 오르는 기억들도 배우자가 등을 쓰다듬어 주고 손을 꼬옥 잡아 주는 순간에는 담담한 어투로 말할 수 있게 됩니다. 나의 이야기를 듣고 경악하거나 비난하거나 당황해서 피하려고 하지 않고, 관심을 가지고 들어 주는 배우자의 모습에서 나의 경험과 기억들이 충분히 사람들에게 받아들여질 수 있는 것이었다는 자신감과 안도감을 얻게 됩니다. 내 과오가 있었다고 한들, 그 앞에서 팔팔 뛰며 소리를 지르는 사람이 아니라, 진심으로 나를 지적하고 교정하려는 사람과 마주할 때, 내 과오를 인정하게 되고, 가르침을 수용하게 됩니다. 내 경험에 대한 관점이 변화하므로, 내가 어떤 사람인가에 대한 인식이 변화합니다. 그러므로 좋은 관계는 지금 현재의 경험뿐만 아니라, 나의 과거 경험마저도 변화시켜 줍니다. 그러니 우리는 우리를 사랑하는 상대방의 뇌를 통해, 그 반응을 배우고, 받아들이고 반영함으로써 나를 따뜻하게 보는 그의 관점을 나의 관점으로 사용하게 되는 것입니다. 나를 어떻게 바라봐야 할지를, 나를 바라보는 그의 눈을 통해 알게 되는 것입니다.

좋은 친구, 좋은 가족은 좋은 상담자, 치료자, 교사와 같은 역할을 해냅니다. 교실 바닥에서 발을 구르며 울고 있는 학생 앞에서 '이 바보 멍청아, 성질 죽이고 좀 들어 봐!'라고 소리 지르면서 오답 풀이를 해주면, 학생은 아무것도 배우지 못합니다. 학생이 편안하고 차분한 상태여야 '맞게 푼 부분도 있는데 어디서부터 틀렸나 같이 찾아 보자.'라고 하며 오답을 다시 풀어 주는 교사에게서 자신의 과오와, 새로운 지식을 받아들일 수 있습니다. 우리는 만나면 마음의 고통이 극심해지는 사람 앞에서 자신에 대해 좋은 관점을 가지거나, 인간과 삶, 내 인생에 대해 새로운 지식을 가지기가 어렵습니다. 나를 나답게 해주는 사람 앞에서 나의 과거와 나의 현재를 찬찬히 돌아보고, 뼈아픈 사실도 인정할 용기를 가지게 됩니다. 우리는 무식하면 용감하다는 말을 쓰지만, 사실 배움이 우리를 용감하게 해주는 것입니다. 우리가 새로운 세상을 발견할 때, 내가 누구인지를 분명하게 알 때, 우리는 용감해지고 담대해질 수 있습니다.

앞에서 이야기했듯이 초기의 대인관계 환경은 어린아이의 신경망을 형성하고, 기억, 감정, 안전함 및 생존과 연관되어 있는 뇌의 회로에 기준점을 형성하고, 이런 구조가 우리의 삶에서 우리의 사회적 기술, 지적 기술, 정동 조절 및 자기감(sense of self)을 위한 기본적인 구조의 역할을 하게 됩니다. 대뇌피질은 30년에 걸쳐 천천히 발달하기 때문에 대뇌피질이 충분히 발달하기 전에 우리가 세상에 대해서 이룩한 방대한 학습은 우리가 하는 자동적인 행동, 반사적인 반응과 감정으로 형성되고 조절될 수 밖에 없습니다. 또 그 학습된 내용 즉, 기억마저도, 뇌가 가진 미성숙함에 의해 왜곡되어 있기도 합니다. 대뇌피질이 가진 문제 해결력과, 외현적 기억이 미처 출현하지 않은 상태에서 먼저 학습부터 시작할 수 밖에 없는 우리 인간의 비극이라고 할 수 있지요(Cozolino, 2018b).

때문에 심리적 치료란, 이러한 왜곡, 언어로 표현하거나 의식하지 못하고 있는 정보들을 의식의 수준으로 끌어올리는 것을 의미합니다. 더 쉽게 말해 내가 누구를 미워한다면 내가 그를 미워하고 있다는 것을 알고, 왜 이런 마음을 먹게 되었는지도 아는 것을 의미합니다. 며느리를 미워하는 시어머니가, 자기 아내에게 그러지 말아 달라고 하는 아들에게 '내가 언제 걔를 미워했냐?', '걔가 시부모에게 잘 못하니까 내가 안 예뻐하지.', '나는 원래 이런 사람이다, 못 바꾼다.'라고 하는 것은 이러한 왜곡과 무의식의 감정이 그대로 무의식에 남아 있기 때문입니다. '아, 쟤가 맛있는 식사를 대접해도 밉고, 맛있는 식사를 대접 안 해도 밉구나.'라고 자기 마음을 알고 '아, 저 아이가 문제가 아니라, 어려서는 부모에게 구박당하고 어른이 되어서는 시집살이를 심하게 한 내 앙금이 아직 안 풀려서 저 애를 내가 당한 것처럼 자꾸 대하는구나. 저 아이는 나를 기쁘게 해주려고 밥을 사준 것인데. 내가 쟤한테 퉁명하게 대하고 화를 내는 것을 멈출 수 없다면 감정이 가라앉을 때까지 잠시라도 거리를 두는 게 맞겠구나.' 하는 것이 자기의 마음을 의식하는 것이고, 내 행동과 언행, 느낌, 감정의 신경망을 의식이 접근하여 조절하는 것입니다.

신경계는 경험에 반응하여 변화하는 능력(plasticity)을 가지고 있으며 신경세포의 성장과 연결성은 모든 학습과 적응의 가장 기본적인 기전이니까요. 기존에 있던 신경세포 사이가 연결되며 기존 신경세포가 확장되고 새로운 신경세포가 성장합니다. 신경세포가 서로 연결되면서 신경망이 형성되고, 그 신경망은 더 복잡한 작업을 수행하기 위해 다른 신경망과 또 통합됩니다. 예를 들어 언어, 감정 및 기억과 관련된 신경망들은 우리가 적절한 단어를 사용하고, 정확한 세부 사항을 묘사하며, 적절한 감정을 가지고 감정적으로 의미 있는 이야기를 기억해 내서 말하기 위해 통합되어야만 하는 것이죠(Cozolino, 2018b). 코졸리노는 이에 대해 자신이 상담한 내담자의 예를 사례로 제시합니다. 불안 때문에 치료를 받기 시작한 내담자는 자기 불안을 맹목적으로 줄이려고 하거나 피하려고 하는 대신, 그 불안이 알려 주는 단서들을 코졸리노와 함께 생각해 보며, 점차로 불안을 자기 삶에 도움이 되는 나침반처럼 활용하게 됩니다. 이처럼 대뇌 아래서 생성된 반사적인 불안 반응이 대뇌피질을 활용한 언어적 처리과정과 통합되면서, 비적응적이고 반사적인 반응이 억제되고, 불안이 조절되며 불안이 가리키고 있는 자기 삶의 다른 부분까지도 탐색하고 이해하게 되는 것입니다.

두꺼운 신경의 경로 옆에 얕고 새로운 길을 내 보기

제가 만난 내담자 중에 회계사 공부를 시작한 P라는 대학생이 있었습니다. 휴학을 하고 본격적으로 학원을 다니며 학교 도서관에서 공부를 시작한 P는 방학을 맞이해 진도를 쭉쭉 빼려는 계획을 세웠지만 마음이 불안해 공부에 집중할 수 없어 결국 방학을 통으로 날렸습니다. 시험에 합격을 못할까 걱정이 된 것이라고, P도 생각했고, 주변 사람들도 그렇게 생각했지만 사실 P의 불안은 의외의 곳에 있었습니다. 오히려 붙을까 불안했던 것이었습니다. 이게 무슨 소리일까요. P는 자기를 천재라고 생각하는 왕자병, 공주병인 걸까요?

살면서 계속 엄마의 뜻에 맞춰 살았던 P는 회계사 시험도 엄마의 뜻으로 시작하게 되었습니다. P는 자신이 시험에 붙으면 이제까지 그랬듯 엄마에게서 정말 자유로워질 수 없을 것이란 생각을 마음속에 갖고 있었던 거지요. 자기가 무엇을 잘하면 그것이 다 엄마의 덕인 양 생색을 내고, 모든 것을 꼬치꼬치 캐묻는 엄마였기 때문에 시험에 붙어 회계사가 되어 버리면(?) 영원히 엄마의 볼모가 될 것이라는 예상, 힘들어도 일을 쉬거나 다른 것을 도전해 볼 수 없이 엄마의 간섭과 감시 속에 살 것이라는 예상이 P를 불안하게 했습니다. 엄마에게서 벗어난 다른 형제처럼 P도 조종당하고 싶지 않다면 엄마와의 엄청난 갈등을 불사하고 엄마를 거의 안 보고 살아야 했습니다. 막내였던 P는 자신이 이제 선택을 해야만 하는 길목의 막다른 데까지 왔음을 무의식적으로 알고 있었던 것이지요.

그렇다면 P는 자신의 불안이, 자유롭고 주도적으로 살길 원하는 자신의 본성에서 왔음을 일단 머리로 이해해야 합니다. 약이나 명상으로 조절하는 것이 첫째가 아닌 것이지요. 스스로 자유롭고자 할 때 P는 불안을 경험하며 살아왔던 것입니다. P가 자유롭길 원하지 않는 엄마의 공격 때문이었죠. 불안할 때면 P는 불안을 잠재우는 데 집중할 게 아니라 자유를 원하는 자신의 생각과 선택을 의식적으로 이해해야 합니다. 그리고 자유를 불가능하게 만드는, 불가능하다고 여기게 만드는 것들에 대해서 구체적으로 탐색하고 이해하여 자신의 경험을 타당화해야 합니다. 통제가 인생의 목표인 엄마의 자식으로서의 삶이 아닌, 넓은 시야에서 이해하고 무엇이 좋았고 무엇이 싫었는가를 자각하며 자신이 무엇을 원하는가를 질문하여 답을 찾아내야 합니다. 느낌과 생각이 연결되고, 과거와 현재가 이어지는 성숙한 대화가 그의 머릿속에서 일어나고, 삶에서 자신과의 사이에서 그리고 다른 사람들과의 사이에서 일어나야 하는 것이지요.

불안하면 회계원리 책을 펴고, 손톱을 이로 뜯으며 자신을 비난하는 것은 기저귀가 축축해서 불쾌해진 아기가 울며 팔다리를 휘두르는 것과 다를 바가 없습니다. 불안을 느끼면 불안을 관찰하며 조절하는 회로를 강화시키는 것이 치료입니다. 이 조절의 신경회로는 불안의 원인과 의미를 이해하는 생각과 감정의 회로와 연결이 되어야겠지요. 이것을 연결하는 것도 치료입니다. 그리고 자신의 불안한 상태를 누군가에게 전달할 수 있고, 자신의 생각과 감정을 말로 정리해 자신과 상대방 모두에게 표현하고 이해시켜 기억 속에 저장하게끔 하는 것, 그런 언어적 능력을 키우는 것도 치료입니다. 남을 이해시키기 위해서는 먼저 자신이 이해해야 하는데, 그렇게 자신의 삶을 과거와 현재, 미래를 살펴보며 이해하고, 누군가에게 들려줄 수 있는 이야기로 머릿속에 간직하는 것, 이것이 치료입니다.

먼 길을 돌아왔습니다만, P에게는 엄마의 지시와 엄마의 요구를 즉각적으로 따르는, 그래야 화근을 피할 수 있다는 반사적이고 자동적인 신경망이 고속도로처럼 크고, 두껍고, 길게 형성되어 있습니다. 그러나 좋은 스승, 좋은 친구, 좋은 상담자와의 대면, 대화 안에서 P는 요구에의 순종이라는 고속도로가 아닌, 불안이 방향을 잡아준 작고 가느다란 국도를 새로 건설하기 시작합니다. 작고 가느다란 국도라도 P가 자꾸 사용하면 활성화가 됩니다. 그리고 그 국도 옆으로 마을도 생기고, 편의점도 생겨, 자꾸만 국도를 더 사용하게 되면, 고속도로가 아무리 크고 삐까번쩍해도, 아주 응급상황이 아니면 더 이상 이용하지 않게 됩니다. P는 불안이라는 감정이 안내해 준 다른 대안, 다른 선택을 자꾸 함으로써 이제까지와 다른 경험들로 삶을 채울 수 있습니다.

물론 쉬운 일은 아닙니다. 굳건한 기초 구조를 가진 뇌를 새로운 연결과 강화로 이끈다는 것은 일상에서 하기에 쉽지 않습니다. 하루를 별일 없이 지내는 것만으로도 벅찬 것이 우리의 삶이니 하던 대로 해도 괜찮기를 바라는 것이 우리의 본심이니까요. 그러니 돈을 내고, 시간을 내어, 자신의 삶을 낱낱이, 샅샅이 꺼내어 보는 것이겠지요. 그리고 그 작업을 함께하는 치료자는 내담자를 안전하지만 노골적인 갈등 속으로 끌어들입니다. 지금껏 하던 대로 생각과 감정에 흔들리는 것이 아니라, 생각과 감정을 연결하고 통합해 이야기로 완성하고 그 이야기를 바탕으로 자신에 대한 진정한 주도권을 가질 수 있게 돕는 것입니다.

네. 상담자는 과거를 묻습니다. 물론 현재도 묻지만요. 현재를 다 묻고 나면 필연적으로 과거를 물을 수밖에 없습니다. 그것은 당신의 과거, 무의식, 본성과 반사적인 반응, 당신의 원시적인 마음, 두려움과 불안을 알기 위해서입니다. 무의식적인 두려움과 반사적인 반응, 신념의 형태로 남아 있는 지나간 경험들에 대해 안다는 것은 당신의 뇌에 새겨진 가장 깊고 두꺼운 신경의 경로를 안다는 것을 의미하지요. 우리는 이것을 알면 희망을 봅니다. 그 경로의 곁으로 얕지만 새로운 길을 내고, 이제는 그 길로 다니기로 합니다. 무슨 일이 닥치면, 누군가를 마주하면, 익숙하던 큰 길로 가려는 본성이 있지만, 잠시 0.5초를 생각하고 새로운 길로 차를 돌림으로써, 이제 우리가 새로 낸 그 길이 우리의 새로운 본성이 되게 할 수 있습니다.

그러니 깊고 두꺼운 큰 길이 항상 당신을 지배하게, 당신을 통제하고 쥐락펴락하게 둔 채, 힐링을 찾아다니지 말고, 변화를 일으켜야 합니다. 잠깐의 위안을 얻으며 과거대로 현재를 살아서는 안 됩니다. 뇌라는 지도 위에 현재를 위한 새로운 길을 그릴 수 있어야 합니다. 지도 위에 새롭게 그려진 길, 그것이 새로운 애착입니다. 애착은 세상과 나와의 관계에 대한 코드이므로, 우리는 상대를 이전에 대하던 방식과 다르게, 세상을 이전에 뛰어들던 방식과 다르게 뛰어들게 됩니다.

변할 수 있냐고요? 네. 변할 수 있습니다. 우리가 만들어지기를, 우리가 던져진 세상 속에서 어떻게든 방법을 찾아 살아남도록 유연한 존재로 만들어졌기 때문입니다. 미완성의 상태로 태어나 경험을 통해 다듬어지도록, 그것도 세상과의 상호작용을 통해 만들어지도록 인간을 만든 것은 유전자의 영리한 전략입니다(Eagleman, 2022).

뇌라는 마음의 설계적인 약점 때문에 오래된 코드를 지우지는 못하기에 그 코드가 때로 다시 힘을 발휘하더라도, 다음날, 다시 새로운 코드를 가동시키면 됩니다.

편도체

생존 말고는 아무것도 모르는 바보

도전하라! 전세 보증금을 걸고:
너와 가족, 부모님의 목숨까지 모두 걸고

앞의 트라우마 챕터에서 우리는 트라우마가 우리 삶의 범위를 좁히고 척박하게 만들 수 있다는 이야기를 했습니다. 기본적인 일상을 유지하는 것에도 이미 스트레스는 위험 수준에 달해 있고, 에너지가 많이 사용되기 때문에 삶은 새롭거나 낯선 것, 결과가 불확실한 것을 피하는 방향으로 돌아갈 수밖에 없습니다. 우리가 의식하고 있진 못하더라도 무의식적인 기저에서는 지금 이미 충분히 힘들게 버티고 있는 상황이므로, 도전이나 모험은 배부른 것으로 여겨집니다.

시간관념이 해체된 상태에서 현재의 초라함을 견뎌 미래의 초석으로 삼는다는 것은 불가능한 일이 됩니다. 트라우마를 경험한 사람에게는 처우가 좋지 않은 회사를 계속 다닌다는 것도 매우 도전적인 일로 다가옵니다. '지금의 좋지 않은 처우와 혹독한 업무의 강도를 버텨 경력으로 삼아 더 나은 처우의 좋은 직장으로 옮겨 가 보자!'는 이미 트라우마를 경험한 뇌에게는 이해하기 어려운 문장이 됩니다. 끝없이 재활성화되는 과거 안에서 트라우마를 경험한 사람에게는 과거와, 과거를 재경험하는 데 활용되는 현재만 있을 뿐, 미래라는 시점이 존재하지 않기 때문입니다. 과거의 고난이 끝난 경험이 없으므로, 현재의 고난이 끝날 수 있다는 희망도 존재하지 않습니다. 체계적인 계획과 넓은 시야로 자신을 바라보는 것은 대뇌피질이나 전두엽의 도움을 받아야 하는데, 끝없이 활성화되는 편도체의 활약은 뇌의 다른 경로들을 입도 뻥긋하지 못하게 하고 혼자 모노드라마를 이끌어 가게 됩니다. 자신과 세상에 대한 케케묵은 설명이 리플레이되고, 새로운 깨달음이 더 나은 결정으로 이어질 수 있는 가능성(Cozolino, 2018a)은 차단됩니다. 작게는 엘리베이터를 못 타게 막고 크게는 유학을 가거나 새로운 일에 도전하는 것을 막음으로써 우리 자신을 살던 대로, 가장 소극적인 방식으로 살려 놓는 데 혈안이 됩니다.

우리 사회는 상처받을 가능성으로 가득 차 있는 동시에 도전과 용기를 장려하고 독려하는 사회입니다. '대기업을 박차고 나와 OO을 이룬', '명문대를 박차고 나와 OO으로 대박을 터뜨린', '한국을 떠나 머나먼 OO에서 얻은 명성' 등의, 하여간 어딘가 좋은 데를 박차고 나오는 것이 일단 성공의 첫 단추인가 싶은 사례들을 우리는 매체를 통해 많이 접하게 됩니다. 그러다 보면 씁쓸해지기도 합니다. 본래가 야망이 없고 안분지족하는 성격이라면 몰라도, 이것저것 하고 싶고, 호기심이 드는 것들을 두고 돌아선 나의 과거가 생각나기 때문입니다. 그런데 이처럼 새로운 사건에 대해 호기심을 가지는 것은 포유류만이 가지는 고유한 특성이라고 포지스 박사는 설명합니다. 그런데 모든 포유류가 그러는 것이 아닙니다. 안전한 환경에 있는 포유류만이 새로운 것을 탐색합니다(Porges, 2020).

안전하다고 느끼는 자만 위험을 무릅쓴다

동물 관련 프로그램을 보면, 길을 떠돌고 있거나 보호소에서 케이지 생활을 하는 강아지 중 어떤 개체들은 바스락 소리만 나도, 보이지 않을 만큼 멀리 도망쳐 버립니다. 사람이 만지려고 하면 도망가거나 몸을 떱니다. 그러나 그들이 새로운 가족을 만나 입양되고 몇 달 후, 제작진이 그 강아지를 다시 찾아가 보면, 강아지는 신나게 달려와 제작진의 카메라를 핥아 보고, 신발의 냄새를 맡고 깨물어 보기도 합니다. 놀라면 돌아갈 주인, 자신을 안아 줄 가족, 숨을 수 있는 방이 있기 때문이지요. (덧붙여 생각해 보면 제작진을 반기는 도마뱀이나 이구아나는 보지 못했지요. 이처럼 포유류만이, 그것도 안전한 포유류만이 낯선 자의 방문을 즐깁니다.)

우리가 자주 보는 드라마의 주인공들도, 거의 맨주먹으로 일어납니다. 원래 잃을 것이 별로 없기 때문인지, 자신이 가진 모든 것을 거는데 드라마의 전개상 한 번에 성공하는 일은 없고, 항상 빌런에 의해 사업체를 빼앗기거나 발명품을 도둑맞는 위기를 겪습니다. 성공의 희망이 모두 꺾인 그런 날 꼭 비가 와서 우리의 주인공은 비에 쫄딱 젖은 채 단칸방에 돌아와 혼자 열감기를 앓습니다. 그리고 꿈에 돌아가신 어머니의 환영을 봅니다. 친구들과 놀다 넘어져 우는 어린 시절의 주인공을 단호하지만, 인자하게 일으켜 세워 주고 쓰다듬어 주는 (아무리 봐도 미혼으로 보이는) 미모의 젊은 엄마, 그리고 꼭 로봇을 사들고 와서 주인공을 등에 업고 달동네를 오르는 아버지의 넓은 등이 다음날 눈을 뜬 주인공을 다시 일으켜 세웁니다. 어제는 보이지 않았던 해결의 실마리가 주인공의 머릿속에 떠오르고 주인공은 "그래 다시 해보는 거야!"라고 외치며 집을 나서지요.

현실의 우리는 모험을 하자면 월세의 보증금을 빼야 합니다. 노후 준비가 안 된, 게다가 드라마 주인공의 부모님과는 달리 아직 살아계신 부모님의 보험을 담보로 대출을 받아야 합니다. 대기업이나 명문대를 박찬 사람들이 자신들의 실패로 부모님의 암 치료비까지 날릴 일이 거의 없는 것과 달리, 내 삶뿐 아니라 내 가족들까지 무너질 수 있다는 위험까지도 감당해야 합니다.

아니, 이런 현실적인 문제 전에도 우리는 이미 자각하고 있는 것들이 있습니다. 여기서 무너지면 아마도 다시는 일어설 수 없을 것이라는, 자기 자신을 용서할 구실이 남아 있지 않을 것이라는 척박하고 잔인한 심리적인 현실이 우리에게는 존재하는 것입니다. 우리의 척박한 심리적인 현실은 실패를 받아들이고 처리할 공간이 없습니다. 실패하느냐, 성공하느냐의 문제는 곧 죽느냐, 사느냐의 문제로 치환되므로, 자책으로 생겨날 엄청난 마음의 고통을 아마도 이겨낼 수 없을 것이라는 예감이 우리에게는 존재하는 것입니다. 이미 맛본 적이 있는 사람들의 비웃음과 모욕을 피할 수만 있다면 호기심이나 열정 따위 버려도 아쉽지가 않다고 생각됩니다.

이와 같은 상황들을 살펴볼 때 모험이나 도전은, 마음에 상처가 있거나 현실적인 자원의 부족 상태에 있는 사람에게는 말할 것도 없이, 평범한 심리적 건강과 현실적인 자원을 가진 사람에게도 쉽거나 당연한 대상이 아니라는 것을 알 수 있습니다. 포지스 박사는 그렇기 때문에 우리 사회 전반이 우리 사회의 구성원들이 얼마나 안전한가, 안전감을 느끼며 살아갈 수 있는가에 관심을 기울여야 한다고 이야기하는데요. 이러한 의미에서 포지스 박사는 도전하는 자는 가장 강력하고 든든한 돌아갈 곳, 돌아갈 방법을 가진 자라고 단언합니다(Porges, 2020). 돌아갈 곳이 없기에 지금 있는 곳을 떠나지 않아야 한다는 것. 세상은 안전하지 않기에 가장 보수적이고 소극적으로 살아야 다치거나 죽지 않는다는 것. 그것이 예전의 상처가 우리에게 남긴 교훈이자, 편도체가 매 순간 우리에게 하는 당부입니다.

생존을 위해 모든 걸 희생시키는 편도체

대체 편도체는 왜 우리가 새로운 삶, 흥분되고 즐거운 삶을 사는 것을 이렇게 방해하는 것일까요? 포유류이자 인간인 우리에게 편도체는 중요한 역할을 하는데 편도체는 가장 핵심적인 사회적인 뇌(Cozolino, 2018a)이자, 화재경보기(van der Kolk, 2016)이기도 하기 때문입니다.

비유적으로 표현하자면 편도체는 스피드 퀴즈를 풉니다. 완벽한 정답이 아닐지라도 일단 시상을 통해 들어온 정보가 편도체에 전달되면 편도체는 대충, 뭉뚱그려서, 조금이라도 닮은 게 있으면 일단 싸잡아서 빠르게 정답을 외칩니다.

그 정답은 항상 '얘는 내 적이다!'이고요.

어디선가 연기가 가느다랗게 피어오른 것을 보자마자 '불이다, 불!' 하고 도망치게 만드는 거죠. 시상은 편도에게 준 정보를 해마에게 다시 보내 기억 속에서 비슷한 것이 있었는지 찾아보게 하고 대뇌피질까지 올려 보내 논리적이고 분석적인 분류과정을 밟게 만듭니다. '불이 난 게 아니라 삼겹살을 굽는 연기였잖아.'를 알게 되는 건 이미 내 몸이 저 멀리 줄행랑치고 난 뒤입니다. 화재경보기인 편도가 삼겹살 비계에서 피어오른 연기를 화재로 판단해 너무 성급하게 울리는 바람에 삼겹살을 먹을 기회를 잃게 되는 겁니다.

그런데 이것이 편도체의 역할이자 사명이기 때문에 우리는 편도체를 탓하면 안 됩니다. 왜냐하면 편도체에게는 단 하나의, 성스러운 목표가 있고, 편도체는 그 목표를 이루기 위해서는 자신의 주인인 우리의 삶마저도 희생시킬 준비가 되어 있거든요.

편도체가 가진 단 하나의 목표는 바로 '우리의 (물리적) 생존'입니다. 편도체에게 삶의 질, 경험의 풍요로움 따위를 물어선 안 되는 것이지요. 그러니 우리가 편도체의 지배하에 남아 있는 한 우리는 가늘고 긴, 메마른 장수(長壽)의 삶으로 인도받게 됩니다.

트라우마는 관계를 파괴한다

세상이 온통 적으로 가득하다고 믿는 사람이 있다고 상상해 볼까요? 그 사람과 작은 갈등이 생겼을 때, 해결을 위해 대화를 청하면 물건이 날아옵니다. 그는 문제를 언급하는 것 자체를 자신에 대한 공격이나 거절로 받아들이니까요. 그 사람과 사랑하는 사이로 발전하고 아이를 낳아 키우고, 아이가 크는 것을 바라보는 즐거움을 함께 누린다는 것은 어렵습니다. 아이의 울음소리에도 고함을 지르고, 이사를 가자거나, 저축을 해보자거나, 벌이가 더 괜찮은 일로 직업을 바꿔 보라는 말도 자신에 대한 공격과 비난으로 여겨서 불같이 화를 냅니다. 그의 옆 사람은 삶이 황폐해지는데, 그의 삶은 말할 것도 없습니다. 그에게는 재미있는 활동도, 대화도, 상상도, 계획도 존재하지 않습니다(van der Kolk, 2016). 자녀와의 관계나 부부 사이도 멀어집니다. 만나서 당구를 치거나 클럽에 가서 같이 노는 친구들은 있지만 우정과 의리를 나누는 친구는 없습니다. 그는 주변 사람들이 자신에게 무엇을 원하는지, 그들이 누구인지, 무엇을 필요로 하는지도 관심이 없고, 자신이 누구인지, 어떤 상태인지도 자각하지 못합니다. 그는 그를 사랑하는 사람이 거의 없는 위태로운 사람이 됩니다.

프로이트는 정신 분석의 목표를 "사랑할 수 있고, 일할 수 있는 사람이 되는 것"이라고 말했습니다. 사랑할 수 있고, 일할 수 있는 것이 건강한 정신건강의 지표라고도 할 수 있는 것이지요. 반 데어 콜크(2016)는 이에 대해 이러한 건강하고 만족스러운 삶에는 서로 기대고 의지할 수 있는 누군가가 있는 사회적 지지가 필수적인 요소라고 말했습니다. 그런데 그것은 앞에서도 말했듯, 조커나 장첸과 같은 사람들을 포함해 그냥 머릿수를 채워 주는 인간들이 우글거리는 것을 말하는 것이 아닙니다. 주변 사람들이 나를, 나의 말을 제대로 보고 듣고 있으며 다른 사람의 생각과 마음속에 내가 존재한다는 느낌을 받을 수 있는 상태가 사회적 지지입니다. 말하자면, 나를 마음속에 간직하고, 나의 안녕에 관심을 가지며, 내가 부를 때 달려가겠다 장담하는 누군가가 있어야 우리는 성장하는 삶, 상처를 받아도 회복하는 삶을 산다는 것이지요.

그런데 문제는 여기서 생겨납니다. 트라우마가 내가 누군가와 그 정도로 서로 우정과 사랑을 나누는 관계가 되는 것을 방해하는 것입니다. 고립과 소외감, 누구도 나를 이해하지 못한다는, 나를 둘러싼 사람들이 낯설게 느껴지는 그 삶은 어떤 삶일까요? 그 삶에서 모험에 뛰어들거나, 새로운 꿈을 꾸거나, 위험을 무릅쓰고 인생의 승패를 걸어 볼 수 있을까요? 잠깐 생각이 들다가도, 이내 편도체의 꾸짖음에 멈춰 서게 됩니다. 편도체는 강력한 브레이크를 걸어 우리를 멈춰 세웁니다.

다시 우리를 돌아봅시다. 당신의 수없는 망설임, 무기력은 당신이 게으르거나, 습관적으로 미루는 지연행동이 있다거나, 자기주장을 못하거나, 진로 갈등을 끝내지 못한 수준의 문제가 아닐 수도 있습니다. 세상을 믿을 수 없고, 그런 세상이 나의 안전에 관심이 없을 수도 있다는 두려움에 떠는 자신을 무분별한 자기계발이나, 멘토링, 진로 찾기 워크숍, 긍정 훈련으로만 내모는 것은 일종의 자기 학대일지도 모릅니다.

트라우마 환자들을 대상으로 뇌 영상을 촬영한 실험에서, 트라우마 환자들이 아무것도 하지 않는 휴식 상태에 있을 때 뇌를 촬영해 보았습니다. 보통의 사람들은 휴식 상태에서 자기의 내적인 상태를 감지하는 뇌 부분이 활성화되었습니다. '아, 너무 바빠서 몰랐는데 배가 고프네?', '기분이 괜찮네.'와 같은 자신의 신체적인 상태, 감정의 상태를 감지하는 부분에 불이 들어온 것이죠. 말하자면 뇌를 일종의 디폴트 값, 즉 기본상태로 두자 뇌는 자신의 상태를 돌아보고 자신이 누구인지를 인식하기 시작합니다. 그런데 트라우마를 겪은 사람들은 그러지 못했습니다. 자신이 배가 고픈지, 화가 났는지를 느끼지 못하고 있는 것이 관찰되었습니다. 뇌가 기본적인 상태에서

조차 자신을 감지하는 능력을 중지시켜 버린 것이지요(van der Kolk, 2016).

왜 그랬을까요? 고통을 느끼지 않아야 그 사람이 살 수 있기 때문입니다. 고통과 괴로움이 끝없이 활성화되는데 그것을 계속 느끼는 데 너무 많은 에너지가 소모되는 것입니다. 그런데 뇌는 기쁜 것은 느끼고, 고통스러운 감정은 느끼지 못하는 식으로 선택적으로 자신이 느낄 것을 고르지 못합니다. 뭘 느낄지를 고르는 것이 불가능하기에 느껴지는 모든 것을 한꺼번에, 자신의 감정과 상태, 기분을 느끼는 신경망 전체의 전원을 내려 버린 것입니다. 자기가 배가 고픈지, 배가 아픈지, 화가 난 건지, 즐거운 건지도 감지하지 못하는 사람이 일관된 방식으로 자신에게 도움이 되는 일을 해내거나, 장기적인 시각으로 자신의 삶을 바라보며 계획을 세운다는 것이 가능할까요? 주변의 슬픈 사람, 배고픈 아이, 자신을 필요로 하는 친구를 돌보는 것이 가능할까요? 뭔가 분주하고 열심히 사는 것 같지만, 성취에는 이를 수 없이 혼돈된 상태로 몸만 분주할 수 있고, 무언가를 해보지만 그 노력은 주먹구구식에 그칠 가능성도 있습니다. 사람들과 관계가 나쁘지 않더라도 결정적인 순간을 넘지 못해, 즐겁게 모여 놀다가도 어느 순간 보면 주변부를 맴도는 사람으로만 남아 있을 수도 있습니다. 그러니 우리는 우리를 바라보며, 우리의 상처가 먼저 해소된 다음에야 용감하고, 지속적인 전진도 가능한 존재라는 것을 잊지 않아야겠습니다.

이왕에 세상에 나온 우리는 소심하고 나약하게 살고 싶지 않습니다. 그러나 외적인 현실도, 내적인 마음도 우리가 멋지고, 거침없이 사는 것을 허용하지 않는 것 같아서 원망스럽습니다. 그러나 앞에서 말했듯이, 편도체는 우리가 여기서 더 상처받는 것을 막으려는 나름의 합리성을 가지고 있습니다. 우리가 여기서 더 상처받아서 지금보다 더 방어적으로 산다면 우리가 인간 미어캣이 된다는 것을 알고 있기 때문입니다. 상처가 죽음까지 이어지는 것을 방지하기 위해서 막아섭니다. 애착이 트라우마의 강도에 영향을 준다고 말씀드렸습니다만, 활성화되는 애착이라는 코드도 마찬가지입니다. 다시 누군가에게 거절당하거나 버림받지 않을 수 있다면 인간은 무엇이라도 할 수 있는 존재고, 그래서 때로는 상처에서 도망치다 더 깊은 덫에 빠지기도 합니다.

용기 없는 자신을 비난하지 마십시오. 그 '용기 없음'이 이제까지의 우리를 이 세상에서 보호할 유일한 방법이었다는 것을 잊어서는 안 됩니다.

변연계와 대뇌피질

과거에 저당 잡힌 현재와 미래

40년 전의 어느 날을 반복하는 우리

살던 대로, 하던 대로의 삶은 원시적인 뇌를 구성하는 암묵적 기억, 초기 경험에 의해 형성된 신경망이 지휘하는 삶이라고 말씀드렸습니다. 상담을 오래 하신 원로 선생님들께서 가끔 과거와 독립을 이루지 못한 반면교사의 사례로 "여든이 가까운 할머니들도 '우리 엄마가 그때 나한테 이래 가지고~~!'를 외친다. 자기 이해와 성숙은 나이 먹는다고 저절로 이뤄지지 않는다."는 이야기를 종종 해주셨던 기억이 납니다. 인간은 나약한 몸을 가지고 생존하기 위해 환경에 적응하는 방식을 선택했고, 그것은 뇌의 형성력(plasticity)와 연관되어 있다고도 말씀을 드렸지요. 그러나 계속해서 원시적 뇌의 목소리와 판단에만 따르고 그의 힘만을 강화시키면 우리는 40년을 살아도, 40년 전의 어느 날을 반복하는 것이 되고, 90년을 살아도, 90년

전의 어느 날을 반복하며 사는 것이 됩니다. 변화하는 환경과 달라진 주변 사람들을 데리고 또 그 밥에 그 나물을 재현하는 것이죠. 언제나 서운하고, 화가 자주 나며, 사는 게 허무하다고 외치게 됩니다. 새로운 지도를 그리며 새로운 정보와 이해를 통해 나를 새롭게 할 생각에 설레고 있는 뇌(Eagleman, 2020) 입장에서는 뻘쭘한 상황이 아닐 수 없습니다.

어린아이들을 관찰하다 보면, 말이 느린 아이들이 떼가 더 심하고, 울거나 친구를 무는 것 같은 과격한 행동을 자주하는 것을 목격하게 됩니다. 자신의 불편함이나 어려움, 원하는 것을 전달할 수 없기에, 다른 사람들에게 도움을 받기 어렵고, 도움을 받지 못하기에 어려움과 불편함에 상대적으로 더 길게 노출됩니다. 그러니 울기라도 해서 부모나 교사를 움직이게 해 원하는 것을 받아내거나, 친구를 물어서라도 자신이 지금 힘들다는 것을 표현하려는 것이지요.

이처럼, 인간이 자신의 생각과 감정을 말로 표현한다는 것은 매우 중요한 일이 아닐 수 없습니다. 표현을 해야만 주위 사람들의 도움을 받아, 또는 자신의 메타인지의 도움을 받아 조절할 수 있고, 조절을 통해 평온함을 찾을 수 있기 때문입니다. 말로 표현되지 않는 생각과 감정은 조절되지 않기에 폭발하거나 부적절한 방식으로 방출될 가능성이 많고, 그러지 않더라도 불편한 상태로 내면에 남아 있게 됩니다. 내적인 평안도, 외적인 적응도 어려워지는 것입니다.

'명료화'와 '비엔나 햄':
누군가의 말을 이해한다는 것:

처음 상담을 배울 때, 초보 상담자로서 무엇을 해야 할지 모르겠다면 내담자가 하는 말을 잘 정리해서 줄줄이 비엔나 소시지를 묶듯이 작은 덩어리로 정리해 묶어 주라는 가르침을 받은 적이 있습니다. 그것을 상담학에서는 '명료화'라고 하는데, 내담자가 한 말을 정리해, 명확한 단어로 바꿔 주고, 내담자가 경험한 것의 의미를 함께 공유하는 것을 말합니다. 말하자면, 내담자가 말한 이야기를 상담자가 정리해서 다시 이야기하며, 상담자가 이해한 것이 맞는지, 내담자에게 확인받는 작업이지요. 그런데 이 명료화를 할 때, 좀 재미있는 상황이 발생합니다. 상담자로서 저는 사실 내담자가 하는 이야기가 어려울 때나, 방향이 잘 안 잡힐 때, 제 자신의 이해를 위해서 명료화 기법을 쓰는데요. 그럴 때는 거의 내담자의 말을 앵무새처럼, 조금은 정리와 축약을 하고 단어를 바꾸기도 하지만 거의 앵무새에 가깝게 따라 읊을 때가 있습니다. 그러면 내담자들은 어떤 반응을 보일까요? "네. 그렇다고요. 아니, 왜 제가 한 말을 똑같이 반복하고 그러세요? 시간 아깝게??"라고 할까요?

놀랍게도 내담자들의 대부분은 매우 만족하며 고마워합니다. "오, 네, 맞아요. 정말 제가 한 말을 잘 이해해 주시네요. 제가 중언부언 말했는데 어떻게 이렇게 잘 이해하세요?"라고 하는 경우가 대부분입니다. 사실 내담자가 한 말을 로봇처럼 따라 했을 뿐인데도요.

  왜 이런 반응이 돌아올까요? 첫째는 전에도 이야기했듯이, 우리는 포유류로서 나의 안정감을 상대방에서 찾기 때문입니다. 우리가 감정을 조절할 때 주변인의 반응을 사용한다고 말씀드렸듯이, 자신의 이야기에 놀라거나 거리를 두거나 그만 말하라고 하는 사람들과 달리, 자신의 이야기에 귀를 기울이고 관심을 가지고 질문하며 이해하기 위해 애쓰는 상담자의 반응, 그 경험을 무엇으로 부르면 좋을지 고민해 단어를 고르고 그 단어가 내담자가 생각하기에도 적합한지 묻는 상담자의 자세는 자신이 진정으로 이해받았다는 느낌, 받아들여지고 내쳐지지 않았다는 느낌을 갖게 합니다. 그리고 무엇보다도 중요한 것은 자신이 겪은 일이 자신이 예상한 것처럼 나쁘거나, 부정당할 일이 아니고, 차분히 귀 기울여 들을 만한 일로 누군가(상담자)에게 받아들여질 수 있다는 사실이 내담자를 차분하게 만들어 줍니다. 상대방이 나에게 보인 반응을 스스로 자신에게 보일 반응으로 내재화하게 됩니다.

  제가 어렸을 때, 언니와 둘이서만 집에 있다가 라면을 끓였는데, 뜨거운 냄비를 잡겠다고 수건으로 냄비를 감싸다가 수건에 불이 붙은 일이 있었습니다. 가스레인지 바로 옆 다용도실에 물이 가득 차 있는 수조가 있어서 바로 불은 껐지만, 언니와 아주 심각해졌던 기억이 납니다. 둘 다 초등학교 저학년이었는데 아마 근검절약하는 부모님의 평소 모습을 봐서인지, 수건을 불태운 것이 매우 큰 잘못으로 여겨졌던 것 같습니다. 그래서 둘이 가진 돈을 모아 새 수건을 사서 퇴근하고 오신 엄마에게 아주 조심스럽게 수건을 태웠다고 고백을 했지요. 그런데 정말 예상 외로 엄마가 웃으시며 수건을 태웠다고 새 수건까지 사 왔느냐고 너희가 안 다쳤으면 괜찮다고 하셨던 기억이 납니다.

먹으라는 밥은 안 먹고 라면을 먹은 것에 대해서든, 수건에 불을 붙였던 일에 대해서든 크게 혼이 날 것이라고 예상했던 언니와 저는 마음이 한없이 가벼워진 채 안방을 나올 수 있었습니다. 수건 한 장이 우리보다 그렇게 중요한 것이 아니고, 불이 더 커지지 않아서 우리가 다치지 않은 것이 더 중요하다는 것을 엄마의 반응으로 알게 되었기 때문일 겁니다. 그날의 일은 예상과 달랐던 엄마의 반응이 우리의 두려움을 정말 빠르게 가라앉혔기 때문에 저의 기억에 남아 있었던 것 같습니다. 엄마가 없는 시간에 아이들끼리 라면을 끓이다 보면, 수건에 불이 붙기도 하는데 큰 사고로 번지지 않았으면 괜찮다는 것을 배우게 된 것입니다.

이처럼 우리는 우리의 경험에 대해 사람들이 보이는 반응으로 그 경험을 어떻게 간직할 것인지를 결정하게 됩니다. 그래서 상담자가 자연스러운 태도로 내담자의 경험에 대해 보이는 반응이 자신의 경험에 대한 내담자의 인식과 생각도 바꾸게 됩니다. 자신의 생각과 감정, 경험을 자연스러운 태도로 이해하는 상담자를 통해 내담자는 자신의 생각과 감정, 경험이 자기에게는 특히나 괴롭고 남에게 이야기하기 부끄러워 숨긴 일이었을지 몰라도 남들이 보기에는, 남들이 받아들이기에는 자연스러운 일이었음을 이해하게 됩니다. 우리는 자연스러운 일에 대해서 화를 내거나 죄책감을 가지거나 없었던 일로 만들려고 애쓰지 않습니다. 과거가 변하지 않았지만 과거가 그대로 있음에도 현재의 나는 변화하는 것을 대화를 통해 획득하게 되는 것이지요.

뇌를 새로고침 하는 언어의 힘:
'대화'로 변화하게 만들어진 우리

이러한 대화가 내담자에게 도움이 되는 두 번째 이유는, 우리가 대화를 통해 우리의 경험을 새롭게 인식해서 저장하는 뇌를 가지고 있기 때문입니다. 사실 프로이트부터 로저스, 게슈탈트, 인지행동치료에 이르기까지 거의 모든 심리치료의 목적은 무의식의 의식화 즉, 언어를 통한 감정의 조절과 처리입니다. 화가 나면 아예 말이 안 나와서 늘 말싸움에 진다며 억울해하는 사람들이 있습니다. 앞의 트라우마 챕터에서도 보았듯이 원시적 뇌의 과도한 활성화가 일어날 때, 언어를 처리하는 뇌는 절전모드로 들어갑니다. 그래서 우리가 너무 화가 나거나 흥분하면, 또 위급하다고 느끼면 말이 잘 나오지 않고 누가 그 상황에 대해 물어봐도 제대로 대답하지 못합니다. 해마는 새로운 기억을 형성하는 데 도움을 주는데 편도체는 낮은 스트레스 수준에서는 해마를 도와주다가, 높은 스트레스가 오면 해마가 새로운 기억을 형성하는 것을 방해해 버립니다. 그 순간의 기억이 언어적으로 저장되지 않고, 감각적인 조각들로만 드문드문 기억나게 되는 것이지요. 또한 뇌는 즉각적이고 압도적인 스트레스 상황에서 살아남기 위해 원시적 뇌인 편도체를 과도하게 활성화시킬 때가 있는데, 이때는 대뇌피질이 활성화되지 않도록 진화해 왔습니다. 이 진화가 결국은 우리에게 많은 마음의 문제들을 안겨 주는 것이지요(Cozolino, 2018b). 우리는 자주 설명할 수 없는 화나 고통을 내면에서 경험하고, 그것을 소화하고 해소하지 못해 다른 사람과의 관계에서도 문제를 일으키곤 하니까요.

우리의 왼쪽 대뇌반구는 대뇌피질과 밀접하게 움직이는 반면, 우리의 오른쪽 대뇌반구는 대뇌피질의 아래, 원시적 뇌와 더 밀접하게 움직입니다. 왼쪽 대뇌반구는 언어를 담당하고, 오른쪽 대뇌반구는 감정을 담당하는데, 이 둘이 잘 통합되어 움직여야, 우리는 자신의 감정을 말로 설명할 수 있고, 의식을 기반으로 균형 잡힌 감정을 느끼며 살게 됩니다(Cozolino, 2018b). 앞에서 설명했듯 대뇌피질이 깊고 두꺼운 줄기를 뻗어 원시적 뇌를 통제할 수 있어야 합니다. 즉, 강렬하고 고통스러운, 그리고 대부분은 두려움이나 불안과 연결되는 부정적인 오른쪽 반의 감정들은 시야가 넓고 합리적인 왼쪽 반의 언어에 의해 진정되고 설명될 수 있어야 하는 것이지요. 그렇기 때문에 말을 하는 과정을 거쳐 우리는 우리 앞의 사람에게 우리 자신이 누구인지를 이해시키고, 그와 동시에 더 중요하게는 내가 누구인지를, 나 자신의 말을 나의 귀로 들으면서 이해하게 됩니다. 이러한 입장에서 볼 때 살면서 가장 대하기 힘든 사람들은 기본적으로 '말해 봤자 소용없다.', '아무도 내 맘 모르지. 나만 안다.'의 태도를 가진 사람들입니다. 그들은 진정시키기도 어렵고, 이해시키기도 어렵습니다. 자신이 누구인지를 스스로도 잘 모르기 때문에 남에게 이해받지 못합니다. 강렬한 감정에 압도되어 사고를 치고 그것이 계속 반복되어도 더 나은 행동을 배우지 못합니다. 감정과 말 사이의, 흥분과 억제 사이의 연결이 끊어진 것은 그의 뇌에서만 일어나는 일이 아니고, 그와 다른 사람들과의 사이에서도 일어나는 일인 것이지요.

제노바(2022)에 따르면, 우리의 경험은 말로 표현할수록 축소되며 퇴색되는 경향성을 가지고 있다고 합니다. 우리의 기억은 인출과 저장을 반복할 때마다, 새로고침을 누르듯이 계속해서 다른 이름으로 저장이 된다는 것이지요. 예를 들어, 나를 못살게 구는 상사에 대해 친구에게 이야기한다고 합시다. 내 입장에서는 심술궂은 상사의 땀냄새, 담배 때문에 풍기는 입냄새 때문에 더 불쾌하고, 내가 상사에게 당할 때 흘긋거리는 사람들의 시선, 신경질적으로 주변에서 울리는 키보드 소리까지 합세해 나를 놀리는 것 같아 화가 납니다. 그런데 이걸 친구에게 말하자면 "걔 땀 냄새 쩔잖아. 입에서는 담배 냄새 나고. 그 입으로 나한테 뭐라고 하는데 사람들은 흘긋대고 막 키보드 소리 다다다거리고 진짜 짜증 났어."라고 말하게 됩니다. 사실 흘긋거리는 것이 기분 나빴던 것은 내가 당하는 것을 즐기는 것 같은,

나를 싫어하는 것으로 보이는 김 대리의 미소 때문인데, 그 모호한 추측을 그저 "흘긋대는 사람들"로 표현하고 나니, 별것이 아니었나? 싶게 됩니다. 이처럼 경험에 덧씌워진 후각, 청각, 시각의 강렬함을 의도치 않게 지우게 되면, 다시 저장된 정보는 소설에서 설명문으로 변신합니다. 일부러 축소하라는 것은 아니지만 실제와 말이나 글로 재현(representation)하는 것 사이에는 항상 차이가 있을 수밖에 없기 때문에 말을 통해 기억은 편집되고, 재배열되어 새로운 버전으로 저장됩니다. 마치 컴퓨터로 문서를 작성할 때처럼 처음 불러온 문서는 사라지고, 내가 저장하기를 누른 새로운 문서가 저장되는 것이지요 (Genova, 2022).

앞의 트라우마 챕터에서 이야기했던, 중년 부인과 포지스 박사의 일화를 떠올려 봅시다. 그 여성이 청소년기에 당한 성폭행을 성인이 된 딸에게 어렵게 털어놓았을 때, 딸은 엄마에게 왜 죽도록 저항하지 않았느냐 비난을 했지요. 그러나 그 여인은 그로부터 더 세월이 흘러 포지스 박사의 책을 읽고 그에게 죽도록 저항하지 않았기에 자신이 생존할 수 있었음을 깨닫고, 성폭행을 당할 당시의 무력함을 자책하는 대신 칭찬할 수 있게 되었다고 했습니다. 무력함은 힘의 심각한 불균형 앞에서 그녀를 살리기 위해 그녀의 신경계가 내린 생존을 위한 결정이었으니까요. 중년 부인이 포지스 박사와 같은 친구, 포지스 박사와 같은 상담자와 만나 자신의 경험을 이야기한다면, 그가 피해를 당한 경험은 '무력하고 바보 같아서 피하지 못하고 당한 일'에서 '목을 조르고 잔인한 폭력을 휘두른 그에게서 살아 돌아온 일'로 변하고, 그 자신을 어떻게 바라볼 것인가의 문제는 '저항 못한 피해자'에서 '살아 돌아온 생존자'로 '새로고침'이 되는 것입니다. 우리의 뇌는 새로이 경험을 정의 내리고, 그 정의를 변경된 사항에 저장하여 이전 버전 위에 덮어씀으로써 같은 삶의 경험은 이제까지와 다른 기억으로 우리 안에 간직되게 됩니다. 자신에 대한 감정이 비난과 자책에서 감사와 수용으로 변하게 됩니다. 연구에 따르면 자신의 감정과 경험을 일기와 같은 글로 쓰는 것만으로도 전두엽이 활성화되며 편도체를 조절하게 됩니다(Cozolino, 2018b). 경험을 적절한 언어로 다시 부르는 일은 우리의 감정과 생각을 변화시킬 수 있습니다.

사족일 수 있지만, 이런 의미에서 우리가 사회에서 일어난 사고나 사건을 어떻게 부르는가도 우리의 정신건강에 영향을 미칠 수 있습니다. 성폭행 피해자가 자살할 경우 '수치심'으로 자살했다고 하거나, 성추행이나 성폭행 같은 성폭력에 대해 '몹쓸 짓'이라는 단어를 사용하는 기사가 아직도 자주 보인다는 것은 아직 우리 사회의 인식이 폭력을 폭력으로 정확한 이름을 붙여 부르는 부분에서, 피해자의 경험을 이해하는 부분에서 뒤떨어져 있음을 의미합니다. 성폭력을 '인격살인'이라고 말하는 것도 비슷합니다. 성폭력은 '반인륜적'일 수는 있습니다만, 인격살인이라고 생각하신다면 피해자는 '인격이 살해당한 사람'으로 사회 안에서 낙인 찍히게 된다는 것을 생각해 보아야 합니다. 성폭행 피해자가 '수치심'으로 자살한다는 무지하고 무지성적인 기사는 피해자가 자신의 내적인 경험을 제대로 이해할 기회를 앗아갑니다. 수치심은 가해자가 가져야 하는 것이지 피해자의 것이 아니니까요. 피해자를 '인격이 살해당한 사람'으로 보고 분노하며 동정하는 세태에 대해서도 의문을 가져야 합니다. 인격이 살해당한 것은 가해자지, 피해자가 아니니까요. 물론 그 해악의 중대성에 대해서 우리는 사회적으로 공감해야 합니다만, 더 사려 깊은 고민이 필요해 보입니다. 경험을 적절하고 적확한 언어로 불러야 우리의 생각과 감정도 적절하고 적확해질 수 있으니까요.

그러니 우리는 최선을 다해 우리 자신이 누구인지, 내가 겪은 일이 무엇인지를 말하고 글로 쓰며, 다른 이들의 이야기에 귀를 기울이며 살아야 합니다. 그래야 우리가 더 균형 있고, 행복한 삶을 살아가게 될 가능성이 열리기 때문입니다. 그런데 여기에는 커다란 장애물이 있습니다. 그 장애물이 뭐냐고요? 바로 당신의 친구입니다.

오른쪽 뇌의 농간:
우리가 서로의 마음을 이해하기 힘든 이유

상담을 하다 보면 어떤 분들은 양껏 자기 이야기를 막 꺼내다가 "그런데, 원래 사람들 다 이 정도는 이렇잖아요? 안 그래요?"라고 묻는 분들이 있습니다. 그러면 저는 되묻습니다. "사람들 누구요?" 자신의 문제를 정확히 인식하고 분석하여 수용하려는 목적을 가지고 상담소에 왔지만, 동시에 이게 다 무슨 소용인지, 사람들 다 이 정도는 힘든데 내가 유난을 떨고 있음을 확인받고 싶은 마음도 같이 드는 것이지요.

사실 이 목소리는 우리가 일상에서 만나는 친구들의 목소리이기도 합니다. 이 목소리의 목적은 무엇일까요? 네, 맞습니다. 쓸데없는 생각 그만하고 실용적인 행동을 하길 원하는 것입니다. '알았으니까, 그만 말하고, 그러니까 너 지금 숙제는 했다고 안 했다고? 언제 할 거야?' 또는 '나 바빠서 가 봐야 하니까, 너도 그런 생각 그만하고, 마늘이라도 까라.' 인데 우리는 그런 친구의 말에 절교를 고민할 만큼 실망하고 화를 내기도 합니다. 왜냐하면 그런 반응은 이미 우리의 내면에서 반사적으로 튀어나오는 목소리로서 존재하기 때문이지요.

코졸리노(2018a, 2018b)는 이런 목소리를 "반사적인 내적 화자(reflexive internal narrator)"라고 부릅니다. 이성적이고 합리적이며 타인과 소통할 때 사용되는 좌뇌와 달리 우뇌는 부정적인 감정에 치우치고 말로 잘 표현하지도 못하는데, 우뇌가 관장하는 반사적인 내적 화자의 말 내용은 대부분 인류가 긴 역사 동안 무리생활을 하며 생존을 위해 기억했어야 하는 것들로 채워져 있습니다. 나가면 늑대가 있으니 나가지 마라, 무리에서 벗어나지 마라, 얌전히 웅크리고 있어야 죽지 않을 수 있다, 도전하지 마라, 놀지만 말고 숲에 가서 열매라도 따라, 어른이 밟은 발자국을 따라가라…. 말하자면 부족의 우두머리가 했을 법한 말들로 '세상 무서운 줄 알아라.', '네 자신을 믿지 말고, 어른이 하는 말을 들어라.'라는 메시지를 담고 있습니다. 우리의 생존 가능성을 높이기 위한 무서운 겁주기와 비난이 그 목소리에 담겨 있는 것입니다.

안 그래도 우리는 우리 자신의 이야기를 할 때 청산유수로 잘하지 못합니다. 중언부언하기도 하고, 뜸을 들이다 빙빙 돌리기도 하고, 나 자신이 무슨 말을 하고 싶은 건지를 잘 모르기도 합니다. 그런데 우리 중의 많은 사람들은 이미 사는 데 지쳐서 그 이야기를 잘 듣고 이해할 때까지 탐색할 여력이 없기에, 어쩌면 나의 우뇌와 친구의 우뇌가 만나 대화를 나누는 상황이 벌어지는 것입니다. 불안하고 화나고 힘든데, 뭐라 설명할 수 없는 나와, 얘가 무슨 말 하는지 잘 모르겠지만 그게 그렇게 중요한 것 같지 않으니 그럴 시간 있으면 자기계발서라도 읽는 게 낫지 않냐고 하는 친구가 대화를 나누게 되는 것이지요. 그만큼 훈련이 잘 안 된 사람에게 자기 표현은 쉬운 일이 아닙니다. 또 자기 이해가 부족한 사람에게 타인 이해를 바라는 것도 적절한 방향은 아닙니다. 그러다 보면 방귀 뀐 놈이 성내는 웃지 못할 상황이 벌어지기도 합니다. 알아먹을 수 없게 이야기를 해 놓고 왜 내 이야기에 공감을 안 해주느냐 화내는 사람과, 그 화를 피하기 위해 대충 기계적으로 공감해서 상황을 모면하는 사람의 환장의 왈츠가 벌어지고, 그게 마치 인간 사회의 미덕인 양 오인되는 것이지요.

상담의 적(敵), 공감:
고통을 누그러뜨리기 위한 근시안적 시도

사실 상담을 하는 제가 가장 싫어하는 단어가 '공감'입니다. "상담을 하신다니 힘드시겠어요. 공감을 해줘야 하잖아요."라는 말도 자주 듣는데, 저는 그럴 때마다 "괜찮아요. 공감을 안 하니까요."라고 농담처럼 들리는 진담을 던지기도 합니다.

앞서 이야기했듯, 인간은 원시적 뇌의 부분에 비언어적인 형식으로 저장된 암묵기억의 영향 아래서 살아갈 수밖에 없습니다. 그러니, 그 자동반사적이고 뿌리 깊은 감정을 언어로 표현하고, 언어와 오래된 감정 사이에 연결고리를 만듦으로써 생각과 말이 행동과 감정을 조율하도록, 합리성이 무모함을 제어하여 우리를 더 적절한 감정을 느끼고 표현하도록 변화시키는 일은 어려울 수밖에 없습니다. 이토록 어렵지만 또 우리의 뇌는 언제나 새로운 학습을 통해 새롭게 형성되도록 프로그래밍되어 있으므로, 우리의 변화 역시 노력 여하에 달려 있고 가능한 일이라는 것도 이야기했지요.

물론 쉬운 일은 아닙니다. 자신이 누구인지에 대한 생각, 내가 겪은 일이 무엇이었는지에 대한 기억을 꺼내고 말로 표현하고 검토하고 무엇이라 부를지 단어를 고르는 일이 어떻게 쉬울 수 있을까요. 그런데 그 작업의 과정을 방해하는 가장 큰 요인이 있다면 그것이 바로 '공감'입니다. 책임 없는 공감은 고통을 누그러뜨리기 위한 근시안적 시도(Cozolino, 2018b)이기 때문이지요. 공감을 말로 표현하자면 '아, 뭔지 알겠어!'라고도 할 수 있습니다.

예를 들어 볼까요? 만약 제가 친구에게 '나 고등학교 때, 친하게 지내던 애들이 갑자기 나한테 말 안 건 적 있었다?'라고 말을 꺼냈다고 해 봅시다. 이런 경우 친구의 적절한 반응은 '어머, 정말? 갑자기 그랬다고? 친한 애들이?' 같은 질문일 겁니다. 그런데 만약 그 친구가 '아, 나 그게 뭔지 알아! 나도 그랬어!'라고 한다면 거기서 대화는 끝나게 됩니다. 뭔지 알고 있다는 섣부른 공감은 말하는 사람의 발언 기회를 빼앗게 됩니다. 얼마나 친했는데?, 여러 명이 한꺼번에?, 그래서 너는 어떻게 했어?, 괜찮았어?, 걔들이 이유는 말해 줬어?, 왜 그랬대?, 걔들이 딴 애들한테도 그랬다는 거지? 같은 질문들이 수없이 오가고 나서야 비로소 '아, 네가 그때 어땠을지 좀 알 거 같아.'라고 할 수 있는 것이지요. 그러니 공감은 결과이지, 과정이 아닙니다. 수많은 문답과 논박과 해석이 오가고 나서야, '아, 네가 겪은 게 무엇인지 조금 와 닿는다.'라는 말이 최종적으로 나오게 되는 것이지요. 그런데 결과이긴 하지만 목표도 아닙니다. 우리는 공감 받기 위해서, 공감하기 위해서 살거나 상담을 받거나 사람과 관계를 맺는 것이 아닙니다. 사실 우리 사회가 공감이라는 작은 정의 안에 갇혀 있다는 생각도 듭니다. 인간은 공감보다 큰 존재이고 공감을 뛰어넘는 존재임에도, 공감에의 강박이 우리 사회의 여러 문제와 연결되어 있다는 생각을 지울 수가 없습니다. 공감을 받지 못하면 큰일 나는 것처럼 여기거나, 공감받는 것을 인간으로서의 권리처럼 여기는 세태는 우리를 미약하고 비굴한 존재로 만든다고 생각합니다. (이에 대해서는 다른 챕터에서 다시 다루도록 하겠습니다.)

　우리는 과거로부터 왔지만 과거가 우리의 모든 것을 결정 지을 수 없습니다. 과거에서 벗어나 우리 자신을 새로운 시각으로 바라보는 데 있어서 타인의 공감이 우리를 변화시키는 강력한 요인일 수 있으나, 우리가 공감받지 못한다고 새로운 존재가 될 수 없는 것은 아닙니다. 가장 강력한 공감은 외부에서 오는 것이 아니라, 자신의 안에서, 자신의 과거와 현재, 생각과 감정 사이의 연결을 이해하는 자신의 능력에서 파생되기 때문입니다. 공감이 우리의 신경계를 연결하지만 결국 우리는 어쩌면 공감에서 더 나아간 독립적이고 자유로운, 유일무이한 존재는 아닐지 생각해 봐야 합니다.

피질 아래의 자아

감춰진 진짜 문제

자기계발 vs. 상담:
드러난 문제를 해결하는가, 드러나지 않은 문제를 찾는가

자기계발 도서나 자기고백적 심리 에세이를 읽는 등의 자가치료(?) 방식이 자주 실패하는 까닭은 우리의 진짜 문제를 우리 스스로 자각하기가 어렵기 때문입니다. 말썽꾸러기 재벌 3세 본부장님이 저지른 실수를 열심히 수습하고 다니는 비서실장의 예에서 볼 수 있듯이, 생각이라는 것이 때로는 진실을 숨기기 위한 시나리오를 쓰는 데 동원되기 때문이지요. 우리가 문제라고 생각한 것이 실제로는 진짜 문제를 수습하려고 했다가 저지른 실수인 경우가 많은 것입니다.

프로이트는 자신의 클리닉에서 환자를 치료할 때, 자유연상의 기법을 사용했습니다. 환자는 어떤 말이든 자유롭게 할 수 있었다는 것인데, 그렇다면 프로이트는 환자의 말을 어떤 태도로 듣고 있었을까요? 여기서 상담의 가장 큰 원칙이 발생합니다. 'evenly hovering attention'이라는 용어로 그 원칙을 설명할 수 있는데 이를 해석하자면 '고루고루 맴도는 주의'라고 합니다. 풀어서 설명하자면 그 어떤 말에도 공평하게 주의를 기울인다는 것이지요. 앞서 등장했던 내담자 P가 "회계사 시험 공부에 집중을 못 하겠어요."라고 가져온 호소 문제와, "우리 엄마는 친구도 없거든요. 그래서 아무리 바빠도 엄마 전화는 꼭 받는 편이에요."라고 지나가듯 흘리는 말에도 공평하게 주의와 관심을 기울여 줘야 한다는 말입니다. 이게 무슨 황당한 말일까요? 시험 공부에 집중을 못 하겠다고 상담을 받으러 왔으면, 시험에 집중할 수 있도록 도움을 줘야지 상담자들은 왜 내담자의 엉뚱한 이야기까지 집중하는 것일까요?

만약에 자기 계발 또는 개발 도서에서 이 문제를 다룬다면, 자신이 무엇을 원하는지 생각하고, 성취한 모습을 이미지 트레이닝하며, 하루에 할 수 있는 양을 찾아 정해 보고, 한 달, 두 달, 분기별, 연간 계획을 세워 공부하는 법, 슬럼프에 대처하는 법 등을 알아보아서, 학생이 회계사 공부에 조금이라도 열중하여 조금이라도 좋은 성과를 얻게 하는 것에 초점을 맞추겠지요.

그러나 상담은 다르게 흘러갑니다. P의 "우리 엄마는 친구가 없다."는 말에서 엄마가 사회적으로 고립되어 있다는 것인지를 묻고, 그래서 내담자가 학원에서 수업을 듣거나, 도서관 3층에서 공부하고 있어, 바깥으로 나가기가 매우 번거로운데도 불구하고 엄마 전화가 오면 무엇을 하다가도 내려놓고 전화를 받기 위해 달려 나간다는 것을 알아냅니다. "사실 공부가 재밌어서 하는 사람은 없잖아요?"라는 한탄을 그냥 지나치지 않고 물어보면 실은 P는 학원을 정하는 일도, 전공을 택하는 일도, 하다못해 언제 숙제를 하고, 무엇부터 시작할 것인지도 다 엄마가 정해 왔다는 것을 알아냅니다. 그러니 공부가 충분히 재밌을 수 있는 인지적 자원과 능력을 가졌던 P는 항상 무기력하고 수동적인 태도를 취할 수밖에 없었던 것이지요. "형들은 저랑 달라요. 형들은 독립해서 잘 살고 있어요."도 '아, 이 내담자의 형들은 내담자랑 다르구나. 독립해서 잘 살고 있군.' 하고 끝내면 안 됩니다. 형들이 그와 다르다는 것이 무슨 뜻인지, 독립해서 잘 산다는 게 밥을 잘 해 먹는다는 건지, 집을 잘 얻었다는 건지, 돈을 잘 번다는 건지, 부모의 간섭에서 벗어나 연애를 자유롭게 한다는 건지, 대체 뭘 어떻게 잘 산다는 건지를 묻고, 주의와 관심을 기울여야 하는 것이죠. 그를 통해 P의 형들이 내담자와 비슷한 갈등을 엄마와 겪다가 집을 도망치듯 나갔으며, 자기가 삶을 주도하기 위해 엄마와 거의 연을 끊을 정도의 싸움을 하고 있고, 거기서 엄마가 거의 패배했다는 것을 알게 되는 것입니다.

그렇다면 이 상담의 방향은 어떻게 되는 것일까요? 그의 공부를 방해하는 요소들을 찾고, 공부 계획을 세우는 것은 이 공부가 정말 필요하고, 꼭 성취할 만하다는 것, 시험이라는 것이 그렇듯 합격자와 탈락자가 있음에도 불구하고 도전할 만한 가치가 있다고 P가 판단을 내린 상태에서 할 수 있는 것들입니다. 그때는 P가 공부에 집중을 못 하는 것이 혹시 우울장애나 불안장애 때문은 아닌지, 오랫동안 진단받지 못한 ADHD가 있는 것은 아닌지, 만약, 우울이나 불안이 문제라면 그 인과관계를 살펴서 증상의 개선을 먼저 이루는 것이 필요하겠지요.

그러나 P가 "아니에요. 저는 회계사가 되고 싶어요. 그건 맞아요." 라고 한다고 해서 그 말만 곧이곧대로 들어서는 안 됩니다. 그가 무언가가 되고 싶다고, 그래서 3년이고 4년이고 공부해서 이루겠다는 결심을 말할 때에는 대체 얼마만큼 되고 싶다는 것인지를 궁금해해야 합니다. 대체 우리는 얼마만큼 '되고 싶어야' 하는 것일까요?

사람들은 '나도 결혼하고 싶다.', '나도 저 회사에 들어가고 싶다.' 라는 말을 쉽게 하지만, 실제로 사랑하는 사람과 결혼에 골인하고 좋은 회사에 입사한 사람들이 얼마나 진심으로 열렬히 원해서 그것을 이뤘는지는 잘 모르는 경우가 많습니다. 마치 제가 '아, 나도 엄청 예뻐서 CF 찍고 싶다.', '나도 비싼 외제차 몰고 싶다.'라고 하는 것과 비슷해 보일 때도 많습니다. 저도 예쁘면 좋겠고 비싼 외제차도 갖고 싶습니다만 그러기 위해서 목숨을 걸고 전신을 성형하거나 차 살 돈을 마련하기 위해 몇 년을 헌신하고 싶은 정도는 아닙니다. 남이 가진 게 좋아 보이고 부러운 수준인 것이지요. 어떤 분들의 '아, 저도 회계사가 되고 싶긴 하거든요.'는 제가 '아, 저도 외제차를 몰고 싶긴 하거든요.'와 별반 다르지 않은데도 많은 분들은 자신이 무엇을 진지하게 진정으로 원하는지 잘 이해하지 못할 때가 많습니다.

그걸 가진 사람이 왜 부럽고 좋아 보이는지, 왜 원한다고 느끼는지 꼼꼼하게 알아볼 필요가 있습니다.

이처럼 내담자가 '나는 공부를 많이 해야 하는데 너무 게으르다.'라고 말한다고 해서 미루기 행동을 못 하게 하는 책략을 함께 연습하는 것은 내담자의 드러난 문제만을 보고 감춰진 문제는 방치하는 결과로 이어지는 것입니다. 공부를 하다가도 쪼르르 엄마의 전화를 받기 위해 도서관 밖까지 달려 나가야 한다는 P의 말을 '효자네, 약간 마마보이네.' 하고 넘기면 이 상담은 길을 잃고 표류하게 됩니다.

앞서서 우리의 통념과는 달리 공감이 상담의 가장 큰 방해 요소라고 한 것처럼 이심전심이라는 전통에서 파생된 '짐작'이나 '넘겨짚음'도 상담을 실패하게 하는 가장 큰 요소입니다. 흘리는 말이나 당연한 듯 지나가는 말, 혼잣말, '모두들 그렇지 않느냐.'는 말에는 사실 말해야 하지만 말하지 않으려고 하는 중요한 주제가 들어 있을 수 있기 때문입니다. 그렇기 때문에 상담자는 내담자의 말을 따라가는 동시에, 이 사람이 이 말을 하는 의도에 대해서도 생각해 보아야 하고, 말하지 않는 중요한 부분에 대해서도 의문을 간직합니다. 표정도 보고 자세도 보고 말하는 것은 물론 말하지 않는 것은 무엇인지 생각해 봐야 하는 것이죠. 내담자가 문제라고 말하는 것, 힘들다고 말하는 것은 매우 일부분이기 때문에 그것만을 따라가서는 내담자가 누구인지를 아는 것에 실패하기 쉽습니다. 그렇다면 근본적인 질문이 여기서 생겨납니다. 우리는 왜 이러는 걸까요? 우리는 왜 제일 중요한 문제를 표면으로 꺼내지 않고 다른 문제를 가져와 이런 혼란을 일으키는 걸까요?

뇌는 변하지 않기 위해 방어한다:
변화를 죽음처럼 느끼는 편도체

첫째로 우리의 원시적 실행체계는 변화를 위협으로 여기기 때문입니다. 앞에서 말했듯이 편도체를 비롯한 우리의 원시적 뇌는 증거와 논리를 희생시켜서라도 우리를 생존하게 하는 데만 신경을 씁니다(Cozolino, 2018a). 이제까지 초기에 프로그래밍된 대로 살아오면서 힘들었기 때문에, 이제는 변화하고자 상담소에 왔으면서도, 초기의 프로그램과 다른 학습이 머릿속으로 들어오면 원시적 뇌는 그것을 위협으로 받아들입니다.

바로 이때 일어나는 것이 '저항'입니다. 마음이 좀 괴롭긴 해도 이제까지 하던 대로 하면 확실하게 살아남을 수 있는데 왜 바꾸려고 하느냐는 항의가 편도체의 입에서 터져 나오는 것이지요. 그럴 때 내담자들은 실없는 소리를 하거나, 아예 상담시간에 안 나타나기도 합니다. 갑자기 상담을 그만두겠다고 문자나 전화만 남기기도 합니다. 아니면 갑자기 전화나 문자로 상담자의 이러이러한 점이 별로고, 이런 말을 해서 자기를 기분 나쁘게 했다고 어필하기도 합니다. 물론 상담자가 정말로 잘못하는 경우도 많습니다. 내담자의 어려움을 잘 탐색하지 못하고, 자기 식대로 생각하여 내담자의 복장을 터지게 하거나 주의 깊지 못한 딴소리를 해서, 안 그래도 상처 입은 내담자에게 2,3차의 상처를 주기도 하지요. 그런데 애초에 상담자와 내담자의 치료 관계가 이렇게 틀어졌을 때가 아니라면, 내담자는 중요한 기점을 앞두고 이런 모습을 보이곤 합니다. 변화하지 않을 수 있다면 무엇이라도 할 수 있을 것 같은 모습을 보이는 것이죠. 말하자면 변화는 일종의 '사치'인데 '그걸 하자고 삶을 위기로 빠뜨려?'라는 질책과 비난이 무의식의 층위에서 일어납니다. 편도체는 '내가 이러저러해서 네가 이제까지 살아남을 수 있었다.'는 아집을 가지고 있기 때문에, 초기의 암묵적인 지식과 기억과 다른 새로운 지식과 기억이 내담자에게 새로이 학습되려고 할 때, 어마어마한 저항을 일으키는 것입니다.

'막장 드라마'에나 등장하는 내용일 수 있지만 예를 들어, 자기가 하나부터 열까지 해준 것들이 모두 맞았기에 우리 아들이 서울대에 가고, 훌륭한 의사 선생님이 되었다고 믿는 어떤 어머니가 있다고 합시다. 그 어머니는 자신이 아들의 모든 것을 대신 결정했는데(아들이 쓸 지우개 브랜드부터 아들이 수련받을 과까지) 그 모든 결정이 아들을 성공시켰다고 믿습니다. 그래서 아들이 성인이 된 이후에도 모든 것을 자신이 결정하려 하고 그러지 않으면 아들에게 큰일이 난다고 생각합니다. 예를 들어 아들에게 매일 아침 달걀을 꼭 두 알씩 반숙으로 먹게 했는데 어머니는 아들이 힘든 교수 생활을 할 수 있는 것이 자기가 꼭 반숙으로 해준 달걀 두 알에 있다고 믿는 식이죠. 아들이 원체 머리가 좋고 성실하며, 인내심이 강했으며 학창시절에 만난 좋은 교사들이 있었다는 것은 안중에도 없습니다. 그런데 아들이 결혼을 합니다. 며느리는 자기 남편에게 달걀 반숙 두 개 대신에 ABC 주스를 아침마다 갈아 줍니다. 아들의 콜레스테롤이 높기 때문이라고 합시다. 그러자 어머니는 길길이 날뜁니다. 마치 며느리의 ABC 주스가 아들을 죽이기라도 할 것처럼 생각하는 거죠. 사실 달걀이 두 개가 아니라 열두 개고, 반숙이 아니라 완숙이어도, ABC주스가 아니라 CCA주스여도, 또는 ABCD주스여도 그 아들이 훌륭한 교수라는 데에는 큰 영향이 없을 수 있습니다. 오히려 나이가 좀 들고 배가 나온 그에게는 ABC주스가 훨씬 활기를 주고 다이어트 효과도 있겠죠. 그러나 어머니는 마치 양계업계 회장인 것처럼 분연히 떨치고 일어납니다. 자기가 선택한, 가르친 모든 것이 맞았기 때문에 아들이 훌륭하다는 그 신념을 버릴 수가 없는 것이죠. 우리의 편도체도 마찬가지입니다. 살아온 대로 살지 않으면 죽을 수도 있다, 큰일이 난다는 경고를 우리에게 날립니다.

　무례하게 구는 사람의 연락처를 차단하는 것, 부모의 끝없는 돈 요구를 거절하는 것, 나에게 죽겠다고 위협하며 구속하는 애인에게 벗어날 준비를 시작하고 하나씩 증거를 수집하는 것, 내가 바보고 어리바리한 사람이 아니라는 것, 내가 공무원을 그만두고 디자인 대학원을 가도 된다는 것, 내가 이제까지 내 삶을 충분히 잘 이끌어 왔으니 자긍심을 가져도 된다는 것, 내가 스스로를 지키지 못한 패배자가 아니기에 하고 싶은 일들을 좀 더 해 봐도 큰일 나지 않는다는 것. 이런 새로운 학습이 일어나면 편도체는 '검증되지도 않은, 성공해 본 적도 없는 괜한 짓을 하면 너는 죽고 말 텐데!'라고 으름장을 놓는 것이죠. 그러니 이런 아사리판이 일어나기 전에 일상의 즐거운 이야기를 하며 상담자의 혼을 쏙 빼놓거나, 다른 재밌는 이야기나 하자거나, 상담이 도움이 안 되었으니 나머지 돈을 환불해 달라고 웃으며 공손히 말하기도 합니다. 또는 특히 상담 초기에는 오랫동안 스무고개를 하듯이, 숨은 그림을 찾듯이, 그게 일부러는 아닐지라도 자기의 문제를 상담자가 찾아내도록 다른 카드들을 꺼내 보이며 상담자와 마주 앉게 됩니다. 그래서 꽤나 자주, 여러 상담소와 상담자를 만나는 와중에 저에게 온 분들도 만나게 됩니다. 항상 같은 문제로, 비슷한 주제로 상담을 받았는데 옛날에 비하면 나아졌지만 완전히 좋아지지 않는다고 말씀하십니다. 왜 이러는 걸까요? 도대체 우리는 왜 우리의 치료와 변화를 우리 스스로 가로막는 걸까요?

새로운 것을 배우지만 이전의 것도 잊기 어려운 우리

우리가 중요한 문제를 표면으로 꺼내지 못하는 두 번째 이유는, 우리의 뇌가 새로운 지식을 배우기도 하지만, 예전에 배운 것을 잊기도 쉽지 않기 때문입니다. 쉬운 예를 들어, 저는 '국민학교'와 초등학교를 모두 다닌 세대인데, 아직도 가끔은 '국민학교'라는 말이 튀어나옵니다. '읍니다'라는 맞춤법이 '습니다'로 바뀐 것은 1988년인데, 아직도 나이가 지긋하신 어르신들은 '읍니다'를 쓰는 것을 볼 수 있습니다. 이전의 학습은 사라지는 것이 아닌 것이지요. 새로운 지식으로 덮어씌워지지만, 이전의 학습 역시도 그 연결이 약해지기는 해도 남아 있기 때문에, "지 버릇 개 못 주는" 상황이 벌어지는 것입니다.

영화 〈패왕별희〉를 보면, 엄마에 의해 버려지듯 경극학교에 맡겨진 주인공 청데이(장국영)는 경극 〈패왕별희〉에서 초패왕과 헤어지는 패왕의 첩, '우희' 역할을 맡게 됩니다. 경극의 장면 중에, 여주인공 우희가 전쟁 속에 남자아이로 변장을 하고 살다가 "나는 본래 여자아이로서, 남자아이가 아닌데"라는 대사를 하는 장면이 있는데, 실제 남자아이인 청데이는 이 대사를 자꾸만 "나는 본래 남자아이로서, 여자아이가 아닌데"로 바꿔 말하고 맙니다. 경극학교의 무서운 선생님들이 손에 피가 나도록 회초리로 때려도 청데이의 대사 실수는 멈추질 않습니다. 그러던 어느 날 경극학교의 후견인인 매우 중요한 손님이 아이들의 공연을 보러 오는데, 그 후견인이 보고 있는 공연에서도 그만 청데이는 "나는 본래 남자아이로서 여자아이가 아닌데"라고 대사를 실수하고 말죠. 찬물을 끼얹은 분위기. 공연하던 배우들과 청중까지 모두 얼어붙고, 후견인이 혀를 차며 일어나려 하는 그때, 시투라는 청데이의 제일 친한 형이 청데이의 입에 상처를 내며, "여자아이! 여자아이!"라고 소리를 고래고래 지릅니다. 청데이의 입에서 피가 주르륵 흐르고, 눈에서도 눈물이 또르륵 흐르는 것을 보며 더더욱 모두가 얼어붙은 그 순간, 청데이는 다시 대사를 시작하죠. "나는 본래 여자아이로서, 남자아이가 아닌데" 청데이가 이 대사를 하며 완벽한 연기를 다시 시작하자, 공연은 다시 활기를 찾고 모든 배우가 각성하여 아이들은 스승들과 청중이 만족할 완벽한 공연을 선보이게 됩니다. 이 장면은 영화에서도 중요한 부분이기도 합니다. 주인공 청데이가 〈패왕별희〉 속 우희를 자신과 동일시하여, 패왕을 맡은 친한 형 시투를 평생 사랑하게 되기 때문이죠. 청데이가 자신이 남자라는 오래된 암묵기억, 자신의 정체성을 버리고, 우희와 혼연일체가 된 새로운 삶 속으로 뛰어들게 되었음을 이 장면은 상징적으로 보여 줍니다.

이 이야기는 또 다른 측면을 보여 줍니다. 우리가 이전의 구멍이 숭숭 난 방패, 녹이 슨 창을 내려놓으면, 그러니까 내가 남자아이라는 정체성을 내려놓으면, 우리는 빈손이 됩니다. 험한 세상에 무방비로 놓이게 된다는 것이죠. 그러므로 우리가 누군가의 낡고 오래된, 그래서 이제는 효용이 사라진 무기를 내려놓게 하려면 최소한 새 방패, 새 창, 최신식 무기 정도는 새로 쥐어 주며 예전 것을 내려놓으라고 해야 한다는 것이죠. 청데이의 대사 실수는 완전한 배움이 일어나지 않은 상태에서의 저항이며, 이것이 심리학적 관점에서는 방어라고 할 수 있습니다. 어느 날 자신을 버리고 간, 매춘부였던 어머니. 혹독한 매질과 체벌이 있는 경극학교에서의 삶. 남자지만 여자 역을 맡아야 하는 자신의 숙명. 이게 자신의 새로운 삶임을 받아들일 준비가 아직 되어 있지 않았던 것이지요. 그러나 그를 진정으로 아끼는, 버림받은 어린 청데이를 진심으로 감싸 준 시투의 절박한 폭력(공연을 망치면 어차피 청데이는 선생들의 손에 맞아 죽게 될 것이므로)이 그의 저항을 멈추게 하고, 그는 새로운 삶으로 들어갈 결심을 하게 합니다. 그를 경극의 예술성과 아름다움을 자신에게 동일시하여, 경극 속 우희를 자신으로 받아들여 최고의 경극배우로 성공하게 되죠.

그래서 어떤 내담자들은 상담을 받으며 열심히 공모전에 낼 대본을 써 놓고도, 즉 실패를 감수하는 도전과 노력이라는 새로운 정체성을 자신의 신경망 안에 넣어 놓고도, 막상 제출 날짜가 되면 이런저런 핑계로 작품을 제출하지 않기도 합니다. 대학원 수료를 하고도, 논문 기한을 넘기기도 합니다. 승진의 시기가 왔을 때 육아휴직을 신청하기도 합니다. 자신이 하고 싶은 것을 해도 된다는, 성공해도 되고, 즐거움을 누려도 된다는 자유와 허락이 스스로에게 주어졌음에도, '너는 더 잘날 수 없고 나대서는 안된다. 나대다가는 큰일 나고, 망신을 당할 것이다.'라는, 오래된 지식이 이제 새롭게 배운 새로운 지식을 이겨 버리는 것이지요. 습니다를 이긴 '읍니다'처럼, 초등학교를 이긴 '국민학교'처럼 말이지요. 그럴 때 내담자들은 와서, 자신이 요즘 얼마나 바쁜지, 자기가 대본에서 발견한 문제점이 얼마나 다채롭고 심각한지, 공모전이 꼭 중요한 게 아닌지에 대해서 말하고 또 갑자기 아이와 보내는 시간이 더 필요하다는 생각을 했다고 그게 좋은 엄마로서 해줄 수 있는 가장 큰 선물이라고 말하곤 합니다. 그 내용이 틀리거나 중요하지 않은 것은 아닙니다. 그러나 우리는 그가 갑자기 좋은 엄마 타령을 하는 것에 너무 쿵짝을 맞춰선 안 됩니다. 대본의 결점을 설명하며 상담자를 설득하려 하는 내담자의 모습을 자기 객관성을 갖추려는 모습 아닌가 하며 격려만 해서는 안 됩니다.

논리성과 합리성을 근거로 생각을 만들어 내는 대뇌피질이 때로는 우리의 원시적 뇌가 이미 저지른 사고를 뒤늦게 수습하는 데 자신의 능력을 다 동원한다고 말씀드렸다시피, 그들의 말은 그럴듯하게 들리고 엄밀히 따지면 통상적인 시각에서 보아도 틀린 말이 아닙니다. 아이 곁에서 함께해 주는 게 엄마가 아이에게 해줄 수 있는 가장 좋은 선물 아니냐는 말은 납득할 만한 구석이 충분히 있습니다. 그런데 그게 왜 하필 승진심사를 앞둔 지금이어야 하는가를 내담자의 진지한 설득은 숨기고 있는 것이지요.

다시 'evenly hovering attention': 상담이라는 특수한 기술

우리가 스스로를 이해하고 대하며, 설명하는 방식이 이토록 오묘하고 복잡하기 때문에, 상담은 여타의 다른 인간사에 대한 해결방식과 달라 보이긴 합니다. 그러나 실은 같기도 합니다. 이전에 저희 아랫집의 화장실 천장이 누수되었을 때, 어떤 업체에서는 우리집 변기가 샌다고 했고, 어떤 업체에서는 우리집 욕조가 샌다며 몇십만 원을 들여 욕조를 떼자고 했죠. 그런데 어떤 업체에서는 우리집과 그 집을 잇는 공용 밸브가 아파트가 지어지던 시기에 이미 잘못 잠겨 있었고, 그 틈이 헐거워지며 물이 샜다는 것을 찾아냈습니다. 그 밸브의 위치는 화장실과 아무 상관이 없는 세대와 세대 사이의 어떤 공간이었습니다. 물이 샌 아랫집 화장실 천장도 아니고, 우리집 화장실 천장 위로 천장을 뜯고 올라가 보아야 발견할 수 있는 것이었습니다. 오랜 경험치와 신중함으로 문제를 찾아낸 그 업체 사장님은 밸브를 올바르게 잠그고는, 출장비만 몇만 원 받고 돌아갔습니다.

또 다른 예를 들어 볼까요? 저는 10년 넘게 발작적인 상복부 통증에 시달렸는데, 명치 아래가 아팠기에 선천적 기형인 췌장과 위를 계속 의심하고 검사하고 이런저런 약을 먹어 보았으나 효과가 없었습니다. 어느 날도 배가 너무 아파 응급실에 가서 엑스레이만 찍고 몇 개의 진통제를 받아들고 힘없이 집에 돌아왔지요. 엑스레이를 판독한 의사는 배에 아무 이상이 없다고 했고요. 그런데 저와 계속 만나던 외래 교수님은 같은 엑스레이를 보고 다른 발견을 했습니다. 대장이 이렇게까지 부풀어 오를 수 없는데, 이렇게 부풀어 올랐으니 배가 통증이 엄청날 수밖에 없다는 진단이었습니다. 상복부가 아팠고 췌장이 기형이었으니, 우리는 항상 위와 췌장만 보았는데 사실

과민성대장증상의 복통형이었다는 것이 십년 넘게 이 병원, 저 병원을 전전한 끝에 알아낸 것입니다.

아랫집 화장실 천장이 젖었다고 해서 윗집 화장실에서 내려온 물이 아닐 수 있는 것, 윗배가 아프지만 상복부에 위치한 장기가 문제가 아닐 수 있는 것, 같은 엑스레이를 보고도 '이상 무'와 '매우 이상'의 다른 판독이 나오는 것. 이것이 우리가 일상에서 만나는 훌륭한 장인과 보통의 기술자 사이, 둔감한 상담자와 섬세한 상담자 사이의 차이일 수 있습니다. 게다가 상담은 인간이라는 복잡 미묘한 존재를 두고, 그가 누구인지를 그의 설명에 의지해 찾아가기 때문에 더욱 섬세한 관찰과 호기심을 갖지 않고는 내담자가 이야기하는 문제만을 이해한 채 허무한 결말을 맞이할 수 있습니다. 그러니 우리 자신이 대체 뭐가 문제인 건지 잘 알지 못한다고 해서 너무 자책하지는 않았으면 좋겠습니다. 우리는 계발이나 개발, 훈련으로 획기적인 변화를 이루기에는 너무나 심오한 존재이기 때문에 그런 것이니까요.

해석을 통해 부정적인 과거의 기억은 새로운 시각과 조망이라는 학습 안으로 초대를 받고, 거기서 새로운 이야기에 통합되어 다른 감정을 불러일으키는 대상이 됩니다. 이것은 한 번에 완결되지 않고, 훈습이라는 진보와 퇴보 사이를 오가는 훈련과 연습을 거치게 됩니다(Cozolino, 2018b). 초등학교를 '국민'학교로 쓰는 퇴보가 일어나더라도 초등학교라는 새로운 학습이 우리의 안에 단단히 뿌리를 내리게 되면, 그것이 곧 우리의 새로운 정체감을 형성하게 되는 것이지요. 그러니 이 과정에서는 책이나 강연에서의 가르침과 훈련이 힘을 발휘할 수 있습니다. 그러나 우리가 잘못된 행동과 생각을 제대로 억제하려면 자신의 잘못된 생각과 행동을 정확히 짚어 내 그것을 정확히 억제해야 합니다. 비언어적인 암묵기억, 그 원초적이고 모호한 감정을 언어로 번역하여 해석으로 가기까지, 해석에서 훈습으로 가기까지 그 길에는 상담이라는 특수한 기술 또는 상담에 버금가는 집중적이고 열려 있는, 편견 없는 관심과 관찰이 필요하다는 것을 기억하셨으면 좋겠습니다.

36개월의 신화

경단녀와 불안정 애착 사이에서

자녀를 수확하는 나라:
부모와 자녀는 인과관계일까

정말 그렇다면 그동안 내가 재이에게 준 것은 무엇이었을까.

-김애란 <가리는 손> 중에서-

나는 내 아이들이 잘 살기를 바랐다.
끔찍한 일을 겪지 않고 무사히 어른이 되기를.
모두가 행복하기를 바랐다.
잘 모르면서 내가 그 꿈을 꾸었다.
잘 모르면서.

-황정은 《연년세세》 중에서-

'자식 농사'라는 표현을 쓰는 나라가 또 있는지 모르겠습니다만 이 표현은 한국사회가 가진 매우 강력한 신념을 표현합니다. 그것은 바로 자식은 부모가 행한 노력의 결실이라는 것이지요. 훌륭한 위인 뒤에는 훌륭한 부모가 있더라는 우리의 통념, "콩 심은 데 콩 나고, 팥 심은 데 팥 난다."는 속담 등은 우리가 자식을 더 잘 키우기 위해 노력할 필요성을 우리에게 일깨워 줍니다. 윤기 흐르는 단단한 콩은 부모인 우리가 좋은 종자(?)임을 말해 주기 때문에 한국 사회에서 자식을 키운다는 것은 어떤 한 개인을 키운다는 것 외에, 우리 자신이 누구인지를 증명한다는 의미까지 포함하고 있습니다. 부모와 자식이 강력한 인과관계를 형성한다는 믿음은 우리 안에 뿌리 깊이 남아 있는 신화입니다.

그렇기 때문에 서점의 한 코너는 부모 교육, 양육 지침서가 차지하고 있습니다. 사실 이번 챕터는 제가 다른 원고들을 다 쓰고, 거의 마지막에 쓰게 된 부분인데요. 그만큼 양육, 36개월이라는 주제를 다루는 것은 저에게도 부담이었던 것 같습니다. 왜냐하면 이미 차고 넘치는 부모 교육, 양육 지침서의 내용에 작은 조약돌이나 파벽돌 하나라도 더 올리는 모양새가 되고 싶지 않았기 때문입니다.

완벽한 부모가 된다는 것이나, 완벽한 자녀가 존재한다는 것은 신기루와도 같음(Tsabary, 2022)에도 불구하고, 육아 지침서는 마치 우리가 제대로 노력하기만 한다면 완벽하거나 이상적인 부모가 될 것처럼 제시하고 있기 때문에 현실의 우리는 좌절에 빠지게 됩니다(이

무석, 이인수 2022). 앞에서 이야기한 바와 같이 우리 사회는 문제를 이해할 수 있다면 해결도 가능하다는 인식(윤예영, 2022)을 가지고 있기 때문이지요. 그러나 어떤 문제든, 노력 여하에 따라 극복 가능하고 해결 가능하다는 인식은 양육에서는 적용되지 않는 것 같습니다. 가끔 부모인 내담자들이 저에게 자녀에 대한 고민을 이야기하고 의견을 물어볼 때가 있는데 특히나 부모 자녀 관계에서의 교육적 개입을 싫어하는 제가 어쩔 수 없이 제 개인적인 의견이나 소회를 말하면(개인적인 의견이라는 단서를 단단히 달고) 듣고 있는 내담자의 얼굴에서 공통적으로 음성 지원되는 말소리가 있습니다. '내가 그걸 안 해 봤겠냐?'

TV에 나오는 양육 전문가나 심리학자, 책의 저자들은 우리가 언제 당신에게 '완벽한 엄마'가 되라고 했냐며, '충분히 좋은 엄마(good enough mother)'면 된다고 우리를 진정시키려 합니다. 그러나 곰곰이 생각해 보면 얼마만큼 좋아야 충분히 좋은 건지, 보통이나 평균은 고사하고 아슬아슬하게 좋은 편에 속하기도 버거워, '아, 혹시 나는 최악의 엄마가 아닐까?' 하는 사람에게 '굿 이너프' 같은 표현은 '뻘소리'처럼 느껴집니다.

내 아이의 완벽한 36개월?:
완벽한 부모로 진화하지 못한 인류

특히 '36개월의 중요성', '결정적 시기', '안정 애착'이라는 단어들이 나오기 시작하면 마음이 매우 불편해집니다. 완벽한 양육자로의 진화에 실패한 우리, 현생 인류(Cozolino, 2018b)의 입장에서 보자면, 사람을 자지도, 먹지도, 화장실에 맘 놓고 가지도 못하게 하는, 정말 양육자에게 징글징글하게 의존적이며 혼자 생존하기에 극심하게 취약한 생명체를 별 탈 없이 사람 노릇하게 키우는 것만으로도 지금까지의 삶이 완전히 깨지고 전복되는 충격과 고통이 따릅니다. 그런데, '안정 애착'이라니. 그것도 이 때가 인간의 성격을 결정하는 '결정적 시기'이니, 양육자의 정신과 육체를 갈아 넣어도 시원찮다니. 이 때에 아이가 양육자의 일관되고 안정적인 양육을 받지 못하면 이후의 80년이 폭망이라니. "세 살 버릇 여든까지 간다."는 우리 조상들의 입버릇이 그냥 하는 소리가 아니라 발달심리학의 관점에서 볼 때 진짜였다니.

차장 자리를 두고 진급 경쟁을 해야 하는 엄마, 매일같이 밤샘을 하지 않으면 아르바이트생의 월급을 못 주게 생긴 아빠, 낯가림 심한 돌쟁이를 두고 인공 관절 수술을 하러 입원을 해야 하는 외할머니, 외손주 다 키워 초등학교에 보내 놨더니, 이제 아들과 며느리가 '왜 형님 아이만 키워 주고, 우리 애는 못 키워 주시냐.'고 따지고 드는 친할머니 입장에서는 그놈의 36개월, 누가 말한 건지, 위자료라도 청구하고 싶은 심정이 됩니다.

결혼과 출산의 시기가 늦어진 현대 한국사회에서 자녀의 취약성이 가장 도드라지는 시기는 공교롭게도 부모가 조직에서 가장 중요한 허리를 맡아, 가장 많은 일을 해내는 시기와 겹칩니다. 부하직원들을 가르치며 중간관리자로 진급했거나 진급을 두고 경쟁하는 상황, 일을 가장 많이 알며, 가장 많이 해야 하는 상황에 나의 온정과 희생에 인생의 흥망성쇠가 달린 아이가 '짠' 하고 나타나는 것이지요. 그러니 우리 사회에서 아이를 안정 애착으로 키운다는 것은 '경단녀', '승진을 포기한 남성'의 다른 이름일지도 모릅니다. 남성에게는 능력 없는 못난 남자는 설 자리가 없다는 사회적 압박이 가해지고, 여성에게는 능력을 발휘해 차별받지 말라는 부모들의 가르침이 무게를 짓누릅니다. 이런 사회에서 아이들은 조부모의 인공관절과 워킹맘의 번아웃으로 길러지고 있는지도 모르겠습니다. 아이 하나를 키우는 데 온 마을이 필요하다고 해 놓고, 대체 그 마을은 어디에 있는 건지 아득합니다.

이런 이야기를 하다 보면 옛날에는 안 그랬다, 어느 집에 들어가서나 아이들이 밥을 얻어먹고 놀고 다녔다는 이야기가 나오기 마련이지만, 그것도 일과 관련된 생산성에 있어서는 그렇지도 않았던 것 같습니다. 이철승(2021)의 책에는 안동지역 길쌈 두레의 규약이 나오는데요. 거기에는 "밥을 하러 자리를 뜨지 않아야 한다.", "돌볼 어린아이가 있으면 안 된다.", "피치 못할 사정으로 자리를 비우더라도 바로 돌아올 수 있는 가까운 이웃이어야 한다." 등의 내용이 들어 있습니다. '돌볼 어린아이'가 딸리고 여러 돌발적인 상황과 살림에의 부담을 안고 있는 노동력은 예전에도 노동 조직 내에서 환영받을 수 없었던 것이지요. 그러니 딸린 어린아이가 없는 상태가 되어서야 여성들은 노동의 질을 엄격하게 통제하고 감시하는 두레의 일원이 될 수 있었을 것입니다.

게다가 현대 사회는 체화된 적 없는 문제를 해결해 내도록 우리를 밀어붙입니다. 수많은 정보와 수많은 할 일들이 쏟아지는 현대 사회는 우리로 하여금 극도로 유연한 사고와 문제 해결력을 가지도록, 그러면서도 정신적으로 무너지지 않고 직장에서 성공하며 가정생활도 잘해 나갈 것을 바라는 것이지요(Cozolino, 2018a).

그런데 더 화가 나는 포인트가 바로 여기 있습니다. 조상들이 겪어 본 적 없는 문제, 부모에게도 구할 수 없는 해결책, 미지의 세상 앞에서 불확실성과 엄청난 속도에 노출된 우리에게 필요한 것이 바로 이 '안정 애착'이라는 것입니다. 우리가 유연한 생각과 균형 잡힌 감정을 가지도록, 그래서 어떠한 상황과 조건에서도 나를 보호하며 만족스러운 삶을 영위할 수 있는 대처 능력을 가지도록, 수많은 스트레스와 돌발 상황 앞에서 나를 보호하는 면역이 바로 어렸을 때 형성된 이 안정 애착이라는 사실입니다.

우리가 태어나 생애 초기의 몇 년간은 생존을 위해 양육자의 정신

세계를 다운로드한다고 앞서 말씀드렸습니다. 깡통 노트북에 윈도우를 까는 것과 다름없다고 설명했는데요. 저는 가끔 이 부분에 대해 예시를 들 때, 건축과 인테리어의 차이라고 이야기합니다. 기본적인 구조, 골자, 효율성과 튼튼함은 건축에서 결정이 되지요. 이후에 아무리 돈을 들여 리모델링이나 인테리어 공사를 한다 해도 사는 집의 평수, 기본적인 구조를 크게 바꿀 수는 없습니다. 부실 공사로 지어진 집이라면 아무리 방수 공사를 해도 장마철에는 물이 새고, 해가 잘 들지 않는 방향으로 지어진 집은 기본적으로 어둡지요. 방 세 개를 방 네 개로 바꿀 수는 있지만 새로 생긴 방은 옹색할 수도 있습니다. 그러나 그렇게라도 이미 결정된 기본 구조 위에서 최대한의 적응과 융통성을 발휘하는 것이, 우리가 나머지의 삶을 통틀어 해야 하는, 할 수밖에 없는 노력인 것이지요. 비가 많이 오면, 대야를 미리 준비해서 물이 새는 곳에 가져다 놓고, 미리 방수 페인트를 바르며, 단열재를 더 준비해서 약한 곳을 보강하고, 잘못된 것을 수습해가며 살아갑니다. 인테리어나 리모델링이 별거 아닌 것 같아도 공사 전후의 집을 비교하면 감탄이 나오듯이, 우리 자신도 얼마든지 변화를 경험하며 살아갈 수 있는 것입니다.

대부분의 집이 보수와 변경, 업그레이드가 가능하듯, 우리 뇌도 학습을 통해 변화하는 '신경 형성력'을 가지고 있기에 인간의 애착 역시도 변화 속에 존재합니다. 애착 유형의 일관성 역시 여러 연령대와, 치료 경험 등을 통해 보았을 때, 24~64퍼센트 정도밖에 되지 않습니다. 그렇다면 불안정한 애착도 사회적인 노력의 결과로 변화될 수 있는 주요 대상이라고 볼 수 있습니다(Pilowsky et al., 2008; Cozolino, 2018b에서 재인용). 말하자면 우리가 첫돌에 특정한 애착 유형을 이미 획득한다는 증거는 있지만, 그 유형은 계속해서 변화하는 신경 형성력 위에 존재한다는 것입니다. 코졸리노에 따르면 사람들은 자신을 돌아보는 능력, 좋은 배우자나 치료자와의 관계, 자신에 대한 이해를 통해 안정적인 애착을 형성할 가능성과 능력을 가지고 있습니다. 그 쉬운 예로 우리는 한번 좋아하거나 사랑한 사람을 영원히 사랑하지는 않습니다. 누군가를 좋아했다가도 그 마음을 완전히 돌릴 수도 있고, 어떤 사람에 대한 나쁜 인상이 사랑으로 변하기도 합니다. 이것들은 모두 우리가 가진 마음의 융통성과 유동성을 보여 주는 예라고도 할 수 있습니다.

그러나 생애 초기 36개월에 대한 논쟁이 끊이지 않는 것은 초기에 긍정적이고, 학습에 유리한 양상을 가지는 것의 유리함을 부정할 수 없기 때문일 것입니다. 안정된 애착을 가진 아이는 사회에서 자신에게 긍정적인 반응을 불러일으키기 쉽고, 이러한 긍정적인 반응을 경험하는 것은 다시금 안정 애착을 공고히 하는 역할을 하게 될 테니까요. 불안정한 출발점은 여러 번의 궤도 수정이 필요하다는 점에서 어디까지나 안정적인 출발점보다 불리할 수밖에 없습니다.

영화 〈굿 윌 헌팅〉의 주인공 윌은 불안정 애착의 아이콘, 상처가 많은 인물입니다. 윌은 천재이자, 건달이자, 대학의 청소부였는데 그의 재능을 아깝게 여긴 대학의 교수가 상담사 션에게 윌의 상담을 맡기게 됩니다. 윌은 자의 반, 타의 반으로 션에게 상담을 받게 되지만 상담은 지지부진하게 흘러갑니다. 어려서 학대를 당한 윌의 상처가 너무 깊기 때문입니다. 어느 날도 윌은 션 앞에서 마구 분노를 분출하다가 "네 잘못이 아니야."라고 말하는 션의 말에 결정적인 변화를 맞이합니다. 자신이 겪은 그 모든 불행, 천재적인 재능을 가지고 태어났지만 계속해서 자기 삶을 스스로 망가뜨리는 방향으로 몰고 간 반사적인 선택들이 진실로 자신과는 무관한 일이었음을 인정하게 되었기 때문이지요. 윌은 그 길로 자신이 마구 악담을 퍼붓고 떠나게 만든 여자친구를 찾아가 붙잡고 새로운 삶을 시작합니다.

어려서 봤던 이 영화는 매우 감동적이었습니다만, 이제 어른이 된 저는 진정한 회복과 변화란 윌과 션의 결정적 장면이 적어도 50번은 반복되어야 공고히 자리 잡는 것을 알기에 이 영화가 담은 환상을 불편한 시각으로 보게 됩니다. 앞에서 말했던 '훈습'이 바로 이것입니다. 깨달음을 일상에 뿌리 내리게 하기 위해, 쉽고 빠른 부정적 감정과 생각 대신 새로 배운 신념의 줄기를 뇌 안에 깊고 넓게 자리 잡게 하기 위해서는 충동과 불안을 견디고, 다른 이들의 애정과 도움을 받아들이고, 자신에 대한 반사적인 자책과 비난을 중단하는 수없는 반복이 필요하니까요.

여기서 우리는 재미있는 점과 마주합니다. 이렇든 저렇든 36개월의 부정할 수 없는 중요성에도 불구하고, 우리가 36개월만 살고 죽는 존재가 아니라는 사실입니다. 고통스러운 어린 시절을 보낸 윌에게 어른으로서의 더 길고 긴 삶이 펼쳐졌듯, 보통의 일반적인 인생에는 36개월 이후의 삶이 훨씬 길고 복잡합니다. 세 살 이후의 여든까지의 삶이 있다는 것이지요. 게다가 만약 당신이 부모라면 (예상하지 못한 일이 벌어지지 않는 이상 통상적으로) 죽을 때까지 부모라는 역할에서 벗어날 수가 없습니다. 말하자면 자식을 키운다는 것, 또 자식을 차치하고라도 우리가 인간으로서 성숙한다는 것은 생애 몇 년에 한정된 문제가 아닌 전 생애에 걸친 일이며, 우리가 그만두고 싶을 때 그만둘 수 있는 일이 아니라는 점을 마주하게 되는 것이지요. 애착을 유지하는 것이든, 변화시키는 것이든 모두 우리에게 달린 문제가 됩니다. 애착은 과거의 결과물인 동시에, 현재부터 새로이 생성되는 것이니까요.

양육의 딜레마:
통제는 자녀에게 상처가 될까

현재의 우리가 살고 있는 세상과 어린 세대들이 살아가게 될 세상은 우리 이전 세대가 살았던 시대보다 복잡하고 어렵고, 예측이 불가능합니다. 그 세상에서 살아야 하는 사람들은 이전 세상을 살았던 사람들보다 더 다양한 능력을 갖추어야만 한다는 뜻일 수도 있습니다.

경우의 수가 100가지가 되든, 1,000가지가 되든, 다양한 상황에서 적절한 태도를 가질 수 있어야 한다는 것이지요.

모든 방패를 뚫을 수 있으며, 모든 창을 막아 낼 수 있는 '만능', '치트 키'인 그 능력을 우리는 '자기조절능력'이라고 부릅니다. 우리의 뇌가 가소성을 가지고 있다는 점에서, 학습되지 않은 것은 우리 안에 있을 수 없다면 자기조절을 가르치는 것이야말로 아이가 사회적으로 인정받고 만족스러운 삶을 살아가는 데 가장 필요한 것이라고 할 수 있겠죠. 우리가 36개월이라는 기초 공사를 할 때, 자기조절이라는 커다란 기둥이 들어가야만 그 건축물이 튼튼하게 서는 것입니다. 그런데 현실은 반대로 흘러가는 것 같습니다. 많은 아이들이 천진한 얼굴로 '저는 분노조절장애가 있어서요.'라고 말하고, 교사들은 이구동성으로 생활지도가 불가능한 아이들이 점점 늘어난다고 호소합니다. 교사가 학부모에게 자녀의 문제에 대해서 말하면 '우리 아이의 마음을 읽어 주셨냐'는 질문이 돌아오고, 게임 중독, 스마트폰 중독, 온라인 도박에 빠지거나 등교를 거부하는 경우도 많아지고 있습니다. 내적인 조절능력을 기르지 못한 아이들이 가정과 사회, 학교에서 통제 불가능한 상태에 이르렀다고 볼 수 있습니다. 이런 상황에서 무력감과 혼란에 빠진 부모들의 마음을 일명 '왕의 DNA'가 파고든 것이지요.

자기조절능력은 다양한 사회적 상황에서 자신의 기능과 상태를 스스로 통제하는 과정으로, 크게 정서적 조절과 행동적 조절 두 가지로 나누어 볼 수 있습니다. 정서적 조절은 기쁨과 같은 긍정적 정서와 우울, 분노와 같은 부정적 정서 간의 균형을 유지하기 위해 바람직하지 않은 반응을 억제하려고 노력하는 것을 의미합니다. 또 행동적 조절은 상황에 적절하게 행동을 통제하는 능력인 순응, 충동통제, 만족지연, 유혹저항 등을 의미합니다. 아이가 만 한 살이 되면 이미 자기조절능력에서 차이를 보이고, 이 차이는 일생에 걸쳐 안정적으로 유지되는 것으로 알려져 있으며, 높은 자기조절능력은 사회적 유능감과 정서, 도덕성, 높은 지적 성취로, 낮은 자기조절능력은 낮은 주의집중력과 과잉행동, 충동장애, 반사회적 행동과 낮은 학업성취, 행동장애를 예측하는 강력한 변인으로 알려져 있습니다(설경옥, 문혁준, 2018).

물론 아이들 중에는 분명히 키우기 더 어려운 아이가 존재합니다. 부모가 아무리 책임감을 가지고 건강한 태도로 아이를 대하려 해도 좌절을 맛보는 경우가 많습니다. 잘 먹지 않는 애가 잠도 잘 자지 않고, 배도 고프고, 졸리고, 예민하여 신체적으로 불편하기 때문에 짜증과 떼를 더 잘 씁니다. 한번 울기 시작하면 달래기 쉽지 않고, 영문을 알 수 없는 신경질도 내기 때문에, 아이와 함께 있는 시간이 양육자에게는 긴장과 스트레스의 연속이 됩니다. 우리는 긴장하고 불안하고 지친 상태에서 상대에게 집중하고 친절히 대하기 어렵기 때문에 아이는 양육자가 자신의 마음을 알아주지 않는 것에 화가 나 다시 짜증을 보이고 양육자는 분노와 피로를 느끼는 무한궤도에 들어

가게 됩니다. 순한 아이는 양육자의 의도에 잘 따르고, 반응을 보여 주기 때문에 양육자는 자신을 훌륭한 부모라고 느끼고, 부모로서 효능감을 가지며 아이와의 시간을 보람 있고 행복한 것으로 여기게 됩니다. 아이의 만족감과 양육자의 행복의 무한궤도로 들어가는 것이지요. 일차적인 환경으로 작용하는 양육자와의 상호작용의 영향 때문에 쉬운 기질의 아이들은 필연적으로 높은 자기조절능력을 보이고, 까다로운 기질의 아이들은 낮은 자기조절능력을 가지기 쉽습니다(설경옥, 문혁준, 2018).

그러면 어떻게 해야 할까요? 까다로운 기질의 나 또는 까다로운 기질의 배우자를 딱 빼닮은 아이는 운명적으로 낮은 자기조절능력을 가지고 사회와 자신이 불화한다는 느낌을 평생 받으며 살아야 하는 것일까요? 실은 자녀가 순응하지 않을 때 양육자가 일관되게 한계를 그어 주는 것이 자녀의 자율성을 키우고 부정적인 정서를 조절하는 능력을 발달시킵니다. 따라서 어디까지가 허용되는지 일관되게 알려 주는 것이 자녀의 건강한 발달에 매우 중요하다고 볼 수 있습니다(김재희, 2020). 오히려 다루기 어려운, 쉽게 불안과 혼란을 느끼는 아이일수록 한계를 명확히 그어 주는 것이 아이가 안정감을 느끼는 데 도움을 주는 것이죠. 최근에는 특히 자기조절능력 중에서 중요하게 여겨지는 요소로 '의도적 통제(effortful control)'가 꼽히는데요. 이는 정서 조절과 관련된 능력으로 곧잘 일어나는 반응을 억제하거나, 잘 일어나지 않는 반응을 일부러 활성화하는 것을 말합니다(Rothbart & Bates, 2006; 유애형 외, 2022에서 재인용). 이는 의도적이고 자율적인 조절능력으로서 상황적 요구에 맞게 계획적이고 의식적으로 자신의 정서와 행동을 조절할 수 있는 능력을 의미합니다(Eisenberg & Spinard, 2007; 유애형 외, 2022에서 재인용). 곧잘 일어나는 우세한 반응을 억제하고 우세하지 않은 반응을 활성화한다는 데에서 알 수 있듯이, 생긴 대로 막 사는 것이 아니라 누울 자리를 보고 다리를 뻗으려는 생각과 노력을 기울인다는 것이지요. 쉽게 말하자면 마구 울고 꼬집고 때려서 엄마에게 과자를 얻어 내는 것이 자신의 우세한 본성일지라도 엄마에게 공손하게 부탁하거나 밥을 골고루 잘 먹는 모습을 보여서 상으로 과자를 얻어 내는, 우세하지 않은 반응을 활성화시켜 상황에 맞게 자신을 조율하는 것입니다.

아이의 이러한 의도적 통제 능력을 기르는 것에는 양육자의 한계 설정 양육이 필요합니다(유애형 외, 2022). 그런데 아이에게 한계를 그어 주고 좌절을 시켜야 할 때, 우리의 마음속에 모호한 불안이 고개를 듭니다. 내가 아이를 억제하는 것인지, 억압하는 것인지, 훈육하는 것인지, 기를 죽이는 것인지 잘 모르겠다는 불안이지요. 이는 앞서 언급한 트라우마에 대한 우리 사회의 편협한 이해, 공감에 대한 무분별한 집착이 아이가 상처받지 않고 자라는 것이 그 무엇보다도 중요하다는, 그래야만 아이가 자신의 가능성을 최대한으로 펼치며 살아갈 수 있다는 기이한 사회적 신념을 형성하고 있기 때문으로 보입니다. 그러나 우리가 세상을 살며 무수히 보게 되듯 자기조절, 의도적 통제를 가지지 못한 사람은 살아가면서 평생에 걸쳐 상처를 받게 됩니다. 세상 그 누구도 그 어떤 집단이나 조직도 그의 폭발이나 충동, 욕구를 계속해서 받아줄 수 없기 때문에 결국은 거절당하는 경험을 계속하게 되는 것이죠. 좌절을 통해 자신의 자유가 어디까지인지, 어떤 행동까지를 사회가 용인하며 적절하다고 여기는지를 배우지 못한 사람은 리더가 되는 것이 아니라 폐인이 됩니다. 그러나 오늘날 많은 부모들이 자신의 아이가 사회에서 제재를 받거나 행동의 제지를 당할 때, 미래의 리더인 자신의 아이를 상처 입혔다는 사실(좋은 말로 타이르며 왜 그랬는지부터 묻고 공감해 주지 않았다는 사실)에 격노하는 반응을 보입니다. 왜 이런 현상이 일어나는 것일까요?

학창 시절 차별과 억압에 대한 기억:
저신뢰 사회

우리는 우리가 자라난 사회에 대한 신뢰가 없습니다. 억압적이었던 사회, 가부장적이고 권위적이었던 어른들. 우리가 다녔던 학교를 떠올려 보아도 교사라는 단어는 '복종을 요구하는, 억압적이고, 두려운 대상'으로 떠오릅니다(김대현, 2020). 그러니 교사가 아이를 지도한다는 것, 더구나 '우리집 아이'를 '엄격하게' 지도한다는 것을 용인할 수가 없습니다.

사실 신뢰라는 것은 우리가 신뢰할 대상의 자질에서 온다기보다는 신뢰하는 당사자가 신뢰를 할지 말지를 결정한다는 특성을 가지고 있습니다(김대현, 2020). 그래서 신뢰는 신뢰할 당사자의 경험치가 반영되는 특성, 맥락적 배경이라는 특수성을 가지게 됩니다. 김대현(2020)에 따르면 학부모들은 젊은 여교사에 대해서 가장 신뢰하며 반대로 자신의 학창 시절 교사를 연상시키는 나이 든 교사를 가장 불신하는 모습을 나타냈다고 합니다. 젊은 여교사에게는 우리가 경험했던 교사와 완전히 다를 것이라는, 이제 시대가 바뀌었으니 교사도 바뀌었을 것이라는 기대를 가질 수 있지만, 나이 든 교사에게는 우리가 경험했던 것과 비슷한 행동을 우리 자녀에게 할 것이라는 불안을 느끼기 때문입니다. 우리에게 했듯이 아이들을 성적이나 부유함으로 차별하고, 촌지를 요구하고 멋대로 체벌할 가능성이 있다고 생각하는 것이죠. 비슷하게 학대적이고 억압적인 가정에서 자란 사람들도 부모로서의 자신에게 불안을 느낍니다. 적절한 제재와 훈육이 통제와 폭력과 무엇이 다른지 구별하기 어렵기 때문입니다.

여기에서 볼 수 있듯이 사실 신뢰에는 리스크 테이킹, 즉 위험과 손해를 감수하겠다는 선택이 포함되어 있습니다(원숙연, 2001). 이게 무슨 말이냐면, 사실 신뢰에는 상대방의 능력과 성실성과 선한 의지에 대한 믿음이 포함되어 있는데요. 상대방의 선한 의지와 능력과 성실성에 나의 미래의 손익에 대한 결정을 위임한다는 뜻입니다. 말하자면 '부족한 자식을 선생님께 지도를 부탁드리니, 잘 부탁드립니다. 선생님의 지도에 전적으로 믿고 따라가겠으니, 가정에서 협조할 부분이 있으면 언제든지 말씀해 주십시오.' 하는 자세입니다. 어느 날, 담임에게 아이가 혼이 나고 돌아오면 부모 입장에서 속상하고 억울할 수 있겠지만, 멀리 보면 이것이 아이의 인생에 도움이 될 것이라는, 담임선생님이 우리 아이에게 악한 의지를 가지거나, 자녀를 지도할 능력이 부족하거나, 아이를 띄엄띄엄 본 것이 아니라는 믿음으로 오늘 아이가 받은 상처를 문제 삼지 않고 넘어가는 위험을 감수하기로 하는 것을 의미합니다.

그러나 신뢰할 수 없기에, 그 대상이 하는 행위에 대해 위험을 감수할 여지가 없습니다. 그가 최선으로 행동했을 것이라는 믿음이 없기에 자기 불안에 의해 망설임 없는 괴롭힘 행동(김태선, 이지연, 2015)을 하고도 그것이 자신이 손해를 보지 않기 위한 행동이라고 확신하기에, 가책이 없습니다.

사실 우리 사회는 공감이 결여된 동시에 공감에 매우 매몰되어 있는 사회라고 생각합니다. 앞에서 말했듯이 공감이라는 것은 매우 긴 과정을 필요로 하는, 수많은 질문과 답을 하는 과정 끝에 이르는 진정한 이해입니다. 어울리지 않는 장소와 상황과 사람에게 공감을 찾는 것은 우물가에서 숭늉 찾는 것과 다를 바가 없습니다. 오히려 단호한 훈육과 지시가 상황을 정리하고 감정을 추스르는 능력을 키우는 데 도움이 됩니다. 그럼에도 마음 읽기와 공감을 요구한다면 거기서 받을 수 있는 왜곡된 공감은 결국 공감받지 못할 인간을 양산하는 결과만 낳을 수 있습니다. 왜곡된 공감 속에 자란 아이는 무엇이 옳고 그른지 알지 못하고, 무엇이 사회에서 용인되는지 용인되지 않는지 구별하지 못합니다. 타인을 자기를 알아줘야 하는 책임이 있는 대상처럼 이용하고, 그 욕구가 채워지지 않으면 비난하고 미워하게 됩니다. 마음은 야생마처럼 날뛰고, 인생이 왜 자기 맘 같지 않은지 울분을 느끼기 쉽습니다. 책임 없는 공감은 그 순간의 고통을 누그러뜨리는 데만 사용되는 근시안적 시도(Cozolino, 2018b)이기 때문이지요. 자기의 감정과 행동을 조절하고, 적절한 사고를 하기 위해 노력하는 것은 수학에서 덧셈, 뺄셈과 같은 기본적인 능력입니다. 덧셈, 뺄셈이 뒤에서 배우는 모든 수학적 지식의 바탕이 되듯이, 자기조절 역시 우리가 가지는 모든 능력과 자질의 바탕이 됩니다. 조절이 되어야 자신과 세상을 이해할 수 있고, 이해가 되어야 공감을 받거나 주는 것도 가능합니다.

부모는 교육의 대상일까: 교육을 통한 해결 vs. 회복을 통한 해소

복잡한 사회 속에서 정신적, 신체적 건강을 지키는 데 필요한 자기조절능력은 양육자의 일관된 양육 태도와 적절한 한계 제시를 통해 완성됩니다. 그런데 이 일관된 양육, 한계 제시는 양육자가 자신의 자율성, 유능성, 관계성에 만족할 때(유애형 외, 2022), 양육자가 우울감이 없을 때(김재희, 2020) 가능합니다. 정리하자면 건강한 양육이란, 우리가 건강한 성인으로 존재할 때 가능한 일입니다.

때문에 상담을 하는 저는 부모 교육이라는 단어에 거부감을 느낍니다. 우리는 지식을 통해 변화하지 않고 지식에 기반한 경험을 통해 변화하는 존재라고 생각하기 때문입니다. 물론 부모심리상담을 하다 보면, 어린 시절부터 가정 폭력의 중재자로 살아온 사람이, 자기 자식을 똑같이 폭력의 중재자로 사용하면서도 문제의식을 못 느끼는 경우를 보게 됩니다. 이런 경우, 무엇이 자녀에 대한 학대와 폭력이고 무엇이 아닌지를 교육하는 것은 분명히 필요했습니다. 그러나 교육하는 내용이 개인에게 제대로 수용되기 위해서라도 우리는 개인에 대한 교육보다, 개인과 사회 구성원들의 안녕감부터 회복하는 것이 우선 과제라고 생각합니다. 자신이 누구인가를 알고 그 상처에 따른 반사적 자동적 무의식적인 반응에서 벗어날 때, 비로소 우리는 누군가가 변했다고 말합니다. 배움으로써 행하는 변화는 금방 실천력이 떨어지곤 합니다. 내적인 확신이 없는 해결책은 그것을 저항해 밀어내고 원래로 회귀하려는 관성에 의해 힘을 잃기 때문이지요. 안에서부터 일어나는 내적 동기가 우리에게 일관성을 가지게 해주는데 우리는 우리 본질에 가까운 것에 대해서만 이 일관성을 가지게 됩니다. 육아와 양육은 평생에 걸쳐, 우리가 죽는 날까지 끝나지 않는 일이기 때문에, '내가 아는 것'이 아닌 '나'에 의해 행해지기 때문이지요

우리는 우리 인간사에서 해결할 수 있는 문제보다 그저 감당해야 하는 문제가 더 많다는 것을 압니다. 그러나 유독 부모 자녀 문제에서는 해결이 가능하다는 환상을 유지하려고 했던 것 같습니다. 사람

이라면 해결할 수 없는 일이 없고, 다 해결할 수 있다고 생각하는 분이 계시다면 감사한 마음으로 전 재산을 기부해도 전혀 억울하지 않으신 분이라고 생각합니다. 그토록 행운이 가득한 삶을 살아오셨다니 축하드립니다. 우리 자신을 비롯해 자녀의 문제나 상황도 받아들이거나 기다리거나 그 문제를 바라보는 관점을 바꾸는 것이 유일한 해결책인 경우를 우리는 많이 보아 왔습니다.

36개월의 문제를 어떤 관점으로 바라보시냐는 저의 질문에 제가 존경하는 교수님께서는 그분이 가르침을 받았던 한 발달심리학 은사님의 말씀을 들려주셨습니다. "너무 중요하기 때문에 그 중대함을 함부로 누구의 책임으로 미룰 수 없는 것"이 초기 아동기라는 것이지요. 어쨌거나 누군가의 책임이라면 그것은 어른들의 책임일 것입니다. 그 어른들의 마음과 몸과 생활이 조금이라도 더 건강해야 이 중요한 시기의 아이들을, 그 시기를 지나온 사람들의 약함을 보호하고 이해하며 건강하게 양육할 수 있습니다. 36개월의 아이를 제대로 돌보는 데에는 마음이 아픈 어른의 '몸부림'도 도움이 되겠지만, 행복한 어른의 '존재'가 더 도움이 됩니다.

Part 4

마음을 위한 걸음 내딛기

13. 정신과, 요가 중에서 고민 중이시라고요?
14. 같은 잘못을 반복하지 않으려면
15. 당신, 가족, 친구의 자살 신호 알아채기

정신과, 요가 중에서 고민 중이시라고요?

건강했던 시절이 기억나지 않는다면

상담실에서 만난 분들 중에는 지금 자신이 약을 먹어야 하는지, 운동을 다녀야 하는지를 묻는 분들이 종종 계십니다. 일상에서 만나는 사람들 중에도 자신의 이야기를 들려주며 지금 자기가 약을 먹어야 할 것 같은지를 묻는 경우들이 있는데요. 사실 제가 의사가 아니기 때문에 이런 질문에 답을 해도 되는지, 할 수 있는지에 대한 확신은 없습니다. 그러나 저는 그런 질문을 받으면 웬만하면 정신의학과를 방문하도록 설득하는 편입니다. 약이 필요한지를 물었다는 것 자체가 자신이 이미 삶에서 현저한 불편함을 느끼고 있다는 의미이니까요. 그러나 이들 중 상당수가 막상 제가 약 복용에 대해 호의적인 태도를 보이면 쓰윽 한발 물러서곤 합니다. '내 의지로 해보고 싶다.'거나 '아직 그 정도는 아닌 것 같다.'라고 하는 것이지요.

일단 상담에 관심을 가지고 있거나, 상담을 받고 있는 분들로만 대상을 좁혀서 말하자면, 저는 특히 공황장애가 있거나 직장 내 괴롭힘과 같은 현재의 급성 스트레스에 시달리는 분들, 과거 어느 시점에서든 외상적인 경험을 하신 분들에게는 정신의학과 방문을 권유합니다. 거기에는 두 가지 주된 이유가 있습니다.

첫째는, 건강한 상태란 어떤 것인지를 자각하는 것이 필요하기 때문입니다. 건강한 상태가 무엇인지, 자신이 지금 그 건강함에서 얼마나 멀리 떨어져 나왔는가를 느껴야 치료에 대한 동기를 가지게 됩니다. 특히 만성화된 문제를 가지고 계신 분들의 경우, 몸과 마음과 일상이 무너지고, 불만족스러운 상태가 된 채, 주변인들과의 관계가 악화되고, 일이나 학업도 실패와 좌절이 반복되며 흘러간다고 느끼게 되는데, 이런 상태로 이미 긴 시간이 흐른 경우가 많습니다. 이 경우 더 심각한 문제는 한편으로는 이런 설상가상의 상태에 어느 정도 적응을 해 버렸다는 것입니다. 그러니 원래 자신이 건강했던, 몸과 마음이 편안하고 원활하게 흘러갔던 상태란 어떤 것이었는지를 잊은 채 살아가게 됩니다. 삶의 만족도가 낮게 조정되고, 밤에는 잠을 자지 못해 항상 멍하거나 두통에 시달립니다. 매사에 부정적인 느낌을 가지면서도 그저 자신의 탓으로 돌려 버리거나 회피하고 맙니다. 같은 말도 기분 나쁘게 말하는 재능을 가지게 되어 가족들과 사이가 멀어지는데 사는 게 원래 이렇다며 합리화합니다.

공황장애와 같은 불안장애에 있어서는 약이 매우 빠른 효과를 보입니다. 그러나 일반적으로 정신의학과에서 자신에게 잘 맞는 약을 찾기 위해서는 보통 6개월 정도의 시일이 소요되는 것으로 알려져 있습니다. 하지만 약을 계속 바꾸고 용량을 조절하는 기간이라도, 약을 먹으면서 잠시라도 이전의 기능을 회복하고 안정을 찾게 되면 자신이 이렇게 불균형에 빠지기 전에 어떤 사람이었는가를 기억할 수 있게 됩니다. 숨이 차지 않고도 버스를 탈 수 있었던 자신, 회의에서 발언을 해도 머릿속이 하얗게 되지 않는 자신을 기억해 낼 수 있게 되는 것이죠. 가족들의 말에 짜증과 비아냥으로 대꾸하지 않고, 아이가 징징거려도 차분하게 달랠 수 있다면, 누군가 자신에게 어떤 요구를 해도 감정 기복 없이 자연스럽게 처리해 주고 있는 자신을 다시 만나게 되면, 다시 그런 자신의 본연의 건강함을 찾아야겠다는 생각이 들 수 있습니다. 악화는 급격하게 일어나기도 하지만 시나브로 가랑비에 옷 젖듯이 일어나기도 하기 때문에 자신이 얼마나 변했는지를 자신은 잘 모르기도 합니다. 그래서 특히 만성화된 문제를 가지고 있는 분들은 약을 통해 자신의 상태와 상태의 심각성을 깨닫는 것이 치료 동기를 강화하게 되는 것이죠.

물론 약으로만 모든 변화가 일어나거나 공고화되지 않는다는 것이 상담에 종사하는 저의 입장입니다. 뇌와 신경에 대한 연구 결과들, 신체와 마음의 연관성에 대한 연구들은 우리가 우리의 생각을 이용하고 감정을 느낌으로써 스스로를 조율할 수 있는 존재임을 계속해서 밝혀내고 있습니다. 또 사람과 사람 간의 좋은 관계가 우리의 몸과 마음의 건강 모두에 매우 중요한 요인이라는 것도 밝혀졌지요. 앞에서 이야기했듯이 우리는 내가 누구인지, 내가 지금 무엇을 느끼는지, 그리고 무엇을 배울지에 있어서도 서로 영향을 주고받는 존재니까요. 그러니 사실 사람이 자신에 대해 가장 크게 배우고, 자각하며 카타르시스를 느껴 나아지는 효과를 얻는 것은 전문적이고 치료적인 대화라는 점을 다시 한번 강조하고 싶습니다. 말하자면 상담을 통해 자신의 문제에 대한 메타인지를 기르고, 자신이 누구이고 언제 어떤 문제에 빠져 헤매게 되는지를 이해하는 작업을 해야 하는 것이지요.

약으로 상태를 개선하는 데 성공해도, 이런 자기 인식이 없으면 문제는 형태와 종류를 바꿔 다시 반복되고, 같은 덫에 빠져 허우적대게 됩니다. 환경은 사실 변하지 않기 때문에 같은 상황이 일어나는 패턴이 반복되는데, 그것에 반사적으로 반응하는 무의식에게, 오래된 문제와 틀에 박힌 해결의 시도에 주도권을 내준 채 살게 되는 것이지요. 그리고 이것이 몇 번 반복되면, 살던 대로 살겠다고 포기하고 맙니다. 자신이 주변인들을 힘들게 하고 있는데도, 자신이 가장 힘들다는 것에 빠져 다른 부분을 바라볼 시각도 그런 에너지도 없기 때문에 삶은 미궁 속에 빠지게 됩니다. 결국 '상담받아 봐야 소용없더라.', '정신과 의사들 돈을 그렇게 많이 받으면서도 몇 마디 물어보고 약만 턱 주고 말더라.' 하는 원망 섞인 체념만 남게 되는 것이지요.

심리상담을 감당해 낼 자신이 없다면

상담심리사로서 정신과 방문을 권하는 두 번째 이유는, 자신을 똑바로 바라보는 데 에너지와 사고력이 필요하기 때문입니다. 상담이란 마취나 진통제 없이 '쌩으로' 하는 치료와 비슷합니다. 자신을 가감 없이 바라보는 데서 오는 민망함과 부끄러움, 불편함, 행복하지 않은 과거를 떠올리는 데서 오는 통증을 있는 그대로 경험하는 것이 상담에는 필요합니다. 또 이 과정은 순전히 내담자의 몫입니다. 상담자가 곁에서 촉진하고 격려하며 도움을 주긴 하지만 결국은 내담자가 온 힘을 다해 자신에 대해 생각해 내고, 그것을 말로 설명해 내고, 상담자와 대화를 통해 그것을 어떻게 이해할지 판단하고, 이제 어떻게 살 것인가를 결정해야 합니다.

또 무엇보다도 상담에 빠지지 말고 와야 합니다. 상담에 빠지는 것은 야근이 영향을 줄 때도 있고, 어린 자녀가 갑자기 아플 때도 있습니다. 고전적인 이유로는 더 이상 자기 이야기를 하지 않음으로써 변화를 하지 않겠다는 방어가 발동하여 상담에 안 오기도 합니다만, 실제에서는 너무 우울해서 집 밖에 나오지 못하기도 하고, 술이나 도박으로 사고를 쳐서 오지 않는 경우도 많습니다. 그러니 상담이라는 것, 자신에 대한 이런 고차원적인 대화를 할 수 있기 위해서도, 대화가 가능한 정도의 차분함, 정신적인 활기, 집중력과 의지를 유지하기 위해서도 꽤 많은 에너지와 잘 기능하는 뇌가 필요합니다. 생각보다 우리 중에는 대화가 원활하지 않은 사람들이 많고, 문제는 거기서 그치지 않습니다. 사고와 언어표현이 잘 이뤄지지 않으면 관계에 악영향을 미칠 수밖에 없고, 일상적인 선택과 행동에서도 효율성이 떨어집니다. 그러니 건강한 흐름의 대화가 가능한 사람은 삶의 기능과 효율이 괜찮은 사람이라고 볼 수 있습니다. 쉽게 말해, 너무 불안하거나 우울해 있거나 주의력이 떨어져 있는 경우 저는 그 분이 자신에 대해 잘 설명할 수 있을 정도의 기능을 회복하는 데 도움을 받을 수 있게 하기 위해서 약물을 권하기도 합니다.

　물론 약을 먹지 않겠다는 개인의 의사도 충분히 존중받아야 합니다. 그럴 때는 충분한 강도와 횟수의 걷기, 달리기, 근력 운동을 권하는데, 문제는 이런 운동도 우리 삶에 루틴으로 자리 잡게 하려면 심리적인 안정과 신체적 에너지가 어느 정도 기반이 되어 줘야 한다는 데 있습니다. 그러니 운동이나 외부 활동, 종교적인 활동 등을 상담과 병행해 보며 자신이 어느 정도 이런 생활을 잘 유지할 수 있는지 관찰하도록 권유하기도 합니다. 우리가 사는 일상의 척박함, 분주함, 피로감 안에서 치료의 첫발을 떼는 일은 쉬운 일이 아닌데, 치료에 도움을 줄 수 있는 꾸준한 운동이나, 기도, 명상과 같은 수련을 유지할 힘이 없다면 정신과 의사와 약의 도움을 받는 것을 주저하지 않으면 좋겠습니다. 그것이 무엇이 되었든 간에 자신이 자신을 도울 기회를 주지 않고 있다면, 그것이 곧 아프다는 증거임을 꼭 기억하면 좋겠습니다.

자신을 돕지 못하고 자꾸만 방치한다면

상담을 꾸준히 다니는 것, 필라테스를 등록하는 것, 명상 요가를 등록하는 것, 정신의학과의 초진을 예약하는 것 중에서 어떤 것이 필요한지 잘 모르겠다면, 각자의 삶을 관찰해 볼 필요가 있습니다. 수면과 식사를 잘하는지, 매일 씻고 집 앞 편의점엘 가더라도 집 밖을 잘 다니는지, 세상 모두와 친할 필요는 없지만 보통은 사람들과 문제 없이 평탄하게 지내는지, 죽고 싶은 마음이 들지는 않는지. 사실 어떤 측면으로는 충분히 힘든데도, 자신을 돕기 위한 행동에 결정을 내리지 못한다면, 말하자면 주변에서 치료를 받으라는 말을 여러 번 들었는데도 시작을 못 하고 있다면 그 자체가 현재 치료가 필요하다는 증거일 수도 있습니다. 이들 중에 무엇이라도 시작해서 자신에게 필요한 것을 추가로 찾아야 합니다.

우리 대뇌피질은 이유와 변명을 만들어 내는 데 천재적인 소질을 가지고 있기 때문에 거기에 속지 않고 현상만 우선 봐야 합니다. 자신의 건강을 위한 최소한의 행위조차 하지 못하고 있다면, 그런 결정조차 내리지 못하고 있다면, 그것이 어떻게 건강한, 아직은 괜찮은, 자기 의지로 해볼 수 있는, 다른 사람의 도움과 치료가 불필요한 상태라고 할 수 있을까요? 우리는 왜 목이 붓거나 배가 아픈 것으로는 병원에 잘만 가면서, 마음의 문제에서는 유독 스스로의 의지로 이겨 낼 수 있다는 착각을 하는 것일까요.

같은 잘못을 반복하지 않으려면

상담, 당신을 비출 새하얀 스크린

특정 문제를 해결하거나 해소하기 위해 상담실을 찾는 분들이 있습니다. 그런데 그 과정은 우리의 예상과 다르게 흘러가는 경우가 많습니다. 문제가 무엇인지 파악하고 원인을 찾아내고 해결책을 제시하면 될 것 같은데, 이야기를 나누다 보면 다른 문제들이 더 튀어나오기도 하고, 그중 무엇이 더 근본적인 문제인지 무엇부터 이야기하는 것이 더 나을지는 항상 우리의 예측을 비껴가곤 합니다.

상담은 이런 측면에서 독특한 위치를 점합니다. 상담이 세상과는 다른 방식으로 당신을 바라보는 것은 억지로 기인(奇人)의 흉내를 내느라 그런 것이 아닙니다. 상담은 가져온 문제를 무시하거나 다른 것을 멋대로 들이대지도 않지만, 가져온 문제를 따라가며 진짜 문제를 발견하는 개방적인 작업이라고 할 수 있습니다.

물론 우리는 좋은 가족, 좋은 배우자, 친구, 애인, 직장 동료를 통해 우리 자신이 누구인지를 새로 알게 되고, 또 자기 자신을 더 나은 사람으로 생각할 수 있게 되기도 하지만, 그런 온정적이고 친화적인 관계와는 좀 다른 것이 상담관계라고 할 수 있지요.

우리는 뭔가 떨떠름한 일이 생겼을 때, 무작정 내 편을 들어주는 친구의 말이 그다지 위로가 되지 않기도 합니다. 차라리 현실적인 판단과 위안, 단호한 충고를 적절히 섞어서 말해 주는 누군가가 정말 내 편 같기도 하지요.

상담자들은 내담자를 있는 그대로 보기 위해 훈련을 받는데, 그러지 않으면 문제에 빠진 누군가가 죽을 때까지 그 미궁 속에서 헤맬 수도 있기 때문입니다. 그가 설명하는 대로만 그를 이해하고, 그가 문제라고 지목하는 부분만 바라봐서는 그의 진짜 문제는 해결되지 않을 수 있는 것이지요. 그 사람이 일부러 남들을 속이는 것이 아니라 앞에서 계속 설명했듯 그것이 우리 뇌가 세상을 살아가기 위해 택한 방식이기 때문입니다. 실제로 우리는 우리 뒷모습을 스스로 보지 못합니다. 그래서 누군가 나 대신 봐 주지 않으면 엉덩이와 허벅지 경계에 있는 작은 점은 죽는 날까지 영영 발견하지 못할 수도 있습니다. 상담은 이처럼 거울을 통해, 눈을 통해 우리가 직접 볼 수 있는 부분뿐 아니라, 시선이 닿지 않는 곳까지 샅샅이 보려는 시도라고 할 수 있습니다.

상담이 건축은 아닐지라도 리모델링이나 인테리어일 수는 있다고 앞서 말씀드렸습니다. 이때, 어떤 사람이 집의 창을 크게 내고 싶다고 업체를 찾아왔다고 합시다. 만약 그 사람이 주변 사람들에게 '우리집 거실 창을 더 크게 내 볼까 해. 전망도 좋아지고 햇볕도 잘 들어올 테고.'라고 하면 주변 사람들은 어떤 반응을 보일까요? 자기 집 창호 브랜드를 알려 주기도 하고, 잡지나 인터넷에서 본 예쁜 창에 대한 정보를 가져다줄 수 있습니다. 아는 업체 사장님을 소개해 주며 꼭 이분한테 하라고 연결해 주기도 하고, '사실 전부터 너희 집 창이 참 거슬렸었다.'며 고백하는 친구도 있을 겁니다. 성격이 센 사람들은 '네 집이 창이 문제냐? 내가 진작부터 말하지 않았냐, 이사나 가라.'라고 할 수도 있겠지요. 엉뚱하게 '그래서 너희 집 페인트 칠은 언제 다시 할 거냐?'며 자기가 예전부터 하고 싶었던 말을 내뱉기도 합니다.

이럴 때 상담자는 꼼꼼한 인테리어 전문가와 비슷할 수도 있습니다. 일단 고객이 무엇을 원하는지를 잘 들은 다음에는 이 집이 언제 지어졌는지를 확인해 그때 당시와 지금의 달라진 건축법도 알아보고, 창을 키우면 어떤 조망이 나오는지도 다각도로 연구합니다. 창을 키워도 전기 배선엔 문제가 없는지, 원래 그 쪽에 비가 새고 있지는 않은지도 알아볼 것입니다. 창이 위치한 벽이 창을 키워도 되는 벽인지, 그러면 집이 위험해지지 않을지도 알아봐야 할 것입니다.

그런데 가장 중요한 것은 '왜 창을 크게 만들려고 하시죠?', 즉 '왜 창의 크기가 문제라고 생각했는지'를 묻는 것입니다. 이때, 고객은 아주 의외의 답을 할 수 있습니다. '집에 자꾸 결로가 생기고 곰팡이가 슬어서요. 친구가 그러는데 창을 크게 내서 채광을 많이 확보하면 곰팡이도 안 생기고 결로도 덜해진다고 하네요.' 등의 대답이지요. 그러니 이 고객의 경우에 창을 크게 내겠다는 애초의 계획은 단열재 보강 공사라는 결론으로 끝날 수도 있습니다. 단열이 안 되거나 누수가 있는 집에 채광을 더 확보해 봐야 곰팡이와 결로가 덜해진다고 확언할 수 없으니까요. 이처럼 누군가의 기대나 요구, 소망을 사사로움이 없는 눈으로 봐야 그 사람의 집을 곰팡이에서 구할 수 있습니다. 만약, 그 인테리어 전문가가 특정 창호와 인센티브 계약이 맺어져 있다면 크고 아름답고 고급스러운 창을 설치해 주는 것으로 그 고객의 요구를 처리할 수도 있겠죠. 편견과 선입견에서 최대한 자유로워지려 노력하며, 내담자에게 원하는 사적인 이익이 없는 상태를 유지하는 것은 이처럼 중요합니다. 창 얘기를 하는 사람에게 페인트를 묻는달지, 이왕 바꿀 거면 창을 제일 비싼 프리미엄 라인으로 바꾸라고 부추긴달지, 돈이나 아끼지 무슨 창 타령이냐고 노후 준비는 하고 있냐고 하는 것은 우리가 일상에서 나누는 대화이자 문제 해결의 방식들입니다. 창에 관한 문제를 들고 왔다고 해서 창만 보지 않고 왜 창 이야기를 들고 왔는지를 궁금해하며 그 집 전체를 함께 살펴보는 것, 창의 뒤에 숨은 근본적인 원인과 욕구를 보는 것 그것이 상담의 방식입니다.

그러나 우리가 언제나 어디서나 상담과 같은 대화를 제공받을 수 있는 것은 아닙니다. 그래서 일시적으로라도 누군가와의 관계를 단절하여 고통을 잊거나, 약물치료를 단기적으로 받기도 합니다. 전쟁을 자주 다루는 대하 드라마에 이것을 빗대자면 누군가와 관계를 끊거나 약을 먹음으로써 평상시로 돌아가는 것은 국경을 침범한 적국과 재빨리 화친을 맺고 공물을 바치는 것과 비슷합니다. 그런데 여기서 가만히 손을 놓고 있으면 언제든지, 무슨 명분을 대서라도 다시 쳐들어오는 것이 적국의 캐릭터라고 할 수 있습니다. 성벽도 보수하고, 군 병력도 키우고, 사신을 보내 조약을 맺으며 다시 이전과 같은 난리까지는 절대 가지 않도록, 장기적인 평화와 안정을 위해 신경을 쓰는 것이 곧 상담이라고 설명할 수 있습니다. 우리는 그때그때 스트레스만 사라지면, 그 문제만 지나가고 상황이 바뀌면 잊어버리곤 하지만, 비슷한 문제는 옷만 바꿔 입고 우리를 다시 찾아옵니다. 그러니 자신이 누구이며 언제 힘들고 언제 행복한 사람인지를 잘 이해하기 위해, 다시는 같은 아픔으로 끌려들어 가지 않기 위해 노력할 필요가 있는 것이지요. 이런 의미에서 상담은 당신이 과거를 반복하지 않게 도울 수 있는 훌륭한 조력자가 될 수 있습니다.

우리는 부모와 대응되는 존재인가:
형제와 쌍둥이의 역설

부모가 자식에게 남긴 그림자를 자각하면서 부모가 된 세대들은 육아 예능 프로그램의 관찰 카메라가 자신을 비추는 것 같은 긴장 속에서 살아가는 것 같습니다. 그게 뭔지는 모르겠지만 아이의 감정에 공감하고 싶고, 아이가 나에게 상처를 받아 기죽지 않길 바라며, 사랑받으며 자랐다는 확신을 갖게 해주고 싶습니다. 한마디로 말하면, 내가 겪은 유년시절은 절대로 겪지 않게 하겠다는 확고한 결심이 새로운 지식과 연리지처럼 강력하게 엮여 우리에게 뿌리를 내린 듯합니다. 그런데 심리학을 접한 세대가 자녀들에게 보인 사랑과 관심은 어려서 읽은 헬렌 켈러의 위인전기를 떠올리게 합니다.

어려서 시각 장애와 청각 장애를 가지게 된 헬렌 켈러는 설리번 선생님의 가르침으로 공부를 해 나갑니다. 그런데 헬렌 켈러에게 단어를 가르치던 설리번 선생님은 암초에 부딪힙니다. 눈이 보이지 않고 귀가 들리지 않아, 모든 것을 촉감으로 익히던 헬렌이 '물'과 '컵 안에 담긴 물'을 구별하지 못했기 때문이지요. 헬렌에게 물은 설리번 선생님이 컵에 담아 와서 만지게 해준 것이었으니까요. 설리번 선생님은 고민 끝에 헬렌을 마당으로 데리고 나가 수도 펌프 앞에 서게 합니다. 그리고 열심히 펌프질을 해서 엄청난 수압의 물을 헬렌이 들고 있는 컵에 쏟아부어 줍니다. 갑작스러운 물의 힘에 컵을 놓친 헬렌은 수압이 자신의 손을 때린 그 순간, '물' 자체를 느끼고 이해하게 됩니다.

우리는 자녀의 마음을 읽어 주고 공감하는 데 골몰하며 자녀의 유년기를 보냈습니다. 그리고 요즘은 매체에서 '과도한 마음 읽기'와 '부적절한 공감, 부자연스러운 공감'이 자녀를 망치고 있다는 이야기들이 심심찮게 들립니다. 사실 마음을 읽어 준다는 게 무엇인지 모른다는 측면에서 우리는 '컵에 담긴 물'은 알아도 '물'이라는 것을 알지 못했던 헬렌 켈러와 비슷한지도 모르겠습니다. 오은영 박사님이 방송에 나와 차분하면서도 다정한 어조로 아이에게 건네는 말, "우리 OO가 그랬구나."가 공감일 것이라고, 공감적인 양육일 것이라고 미루어 짐작할 수밖에 없었기 때문입니다. 우리 안에 없고 경험한 적 없는, 해태와 비슷한 상상 속의 어떤 것, 아마도 어미 "~구나"와 관련이 있는 다정함이 공감이라고 얕게 이해하는 것만이 최선이었을지 모릅니다. 사랑을 충분히 받아, 자신의 마음을 잘 알고 있고 자존감이 있으며 자립적인 아이가, 몇 년이 지나면 내 앞에 서 있을 것이라 기대한 마음과 달리 우리집에는 자신이 어떤 행동을 했건, 항상 자기가 이해받아야 한다고 생각하며, 상처에 민감하고, 어떤 문제도 혼자는 해결할 수 없는 아이가 어슬렁거리게 되니, 나와 같은 상처를 받지 않게 하기 위한 나의 노력이 대체 어디서 잘못된 것인지 암담하기만 합니다.

이러한 현상은 다시 말하면, 비록 우리가 어느 정도의 시행착오는 겪었을지라도 우리가 우리의 상처를 제대로 들여다보기 시작했다는 것을 의미합니다. 아이로서의 우리가 이 세상의 부족한 보호 속에서 고통받았다는 것, 부모는 자식을 사랑한다는 대명제가 지켜지지 않았다는 울분이 어떤 형태와 크기로든 생겨났던 것이지요. 어둡고 척박한 마음의 기반, 황량하고 메마른 무의식이 멀쩡한 척 애쓰며 살고 있는 나의 바탕을 이룬다는 것은 씁쓸함을 자아냅니다. 그러나 우리가 과거를 알아 가는 데 있어 있는 사실을 있는 그대로 보고 관찰하고 말할 수 있는 것은 매우 중요한 부분이기 때문에 어두운 것을 어두운 것으로, 쓴 것을 쓴 것으로 말하는 것은 반드시 필요합니다. 쉽게 말해, '어쨌거나 내 부모인데 어떻게 불효를 할 수 있나요?'와 같은 하나 마나 한 피상적인 통념으로 자신이 느끼고 생각하는 것을 스윽 덮어 버리는 것은 우리가 건강한 삶을 살아가는 데 전혀 도움이 되지 않는다는 것입니다. 오히려 모든 것을 똑바로 보고 말해 보았을 때, 그 모든 힘겨운 사실들을 말로 다 표현해 보았을 때, 우리는 우리 자신이 그렇게 쉽게 무너지거나 망가지지 않으며, 그 모든 우연과 불행에도 불구하고 결국 살아남은 대단한 사람이라는 것을 인정하게 됩니다.

부모와 살았던 지난 과거에 대해서 이야기하는 것은 우리의 무의식에 대해서 이야기하는 것과 다르지 않습니다. 부모라는 환경, 우리가 살아남기 위해서 이해할 수밖에 없었던 부모라는 존재는 우리에게 생각과 신념, 기분, 기억, 독백 등 여러 가지 형태로 우리 안에 존재합니다. 요즘 상담실에서 만나는 많은 분들이 이 사실을 이미 알고 오십니다. 인정과 지지를 찾으러 항상 애쓰며 떠도는 자신의 삶을 돌아보다, 자신의 과거에 인정과 지지가 없었음을 알게 되는 식이지요. 우리를 형성한 최초의 구조물에 중요한 철근이 빠져 있는 것입니다. 이제 스스로 자신에게 철근을 보강해 줘야만 하는 것이 우리의 남은 숙제임을 우리는 압니다. 그 철근을 외부에서 갈구했다가는 다른 사람과의 관계, 소중하고 중요한 관계마저도 내가 의도한 바와는 다른 식으로 흘러가게 된다는 것을 이미 수없이 들었기 때문입니다. 물론 어느 정도는 외부에서 주어야 합니다. 너무 결핍된 영양소나 무기질이 있으면 일정 기간 고함량으로 복용해 몸속에 채워 넣기도 하듯이, 처음에는 그것이 충분히 내재화가 될 기회를 주는 것이 필요합니다. 대신 다른 데서 자신에 대한 인정과 지지를 주면 그것만 흡수하는 것이 아니라 인정과 지지를 주는 태도 자체를 학습해야 합니다. 내가 나를 어떻게 대해야 하는가를 나를 대하는 다른 사람의 바람직한 태도를 학습함으로써 나의 것으로 만들어야 하는 것이지요. 그것을 하지 않고 남에게 끝없이 찬사와 지지와 인정을 요구하면 결국 어디서든, 누구와든 파국에 이르게 됩니다.

감정은 반사적이기에 무의식의 영향을 받는데 우리는 무의식을 다루며 부모의 이야기로 흐르게 됩니다. 거기에 우리 정체성의 많은 부분, 우리가 세상과 사람을 바라보는 시각, 어려움 앞에서 가지는 마음가짐, 실패 앞에서 자신을 대하는 태도, 성공 앞에 붙이는 해석 등 많은 것이 기인한 것을 알기 때문이지요. 우리가 과거를 이해함으로써, 우리의 근원적인 감정과 생각, 신념을 이해한다는 것, 그리고 우리의 과거란, 다름 아닌 부모의 그림자라는 것은 심리학이 우리에게 전파한 '진리'인지도 모르겠습니다. 마음에 대한 이러한 사실은 우리 세대가 발견한 엄청난 깨달음이지만, 동시에 우리가 지금 이 깨달음에 갇혀 있다는 답답함도 같이 느끼게 합니다.

결론부터 말하자면, 상담을 하며 제가 내린 결론은 우리의 자녀가 우리의 결과물이 아니고, 우리가 우리 부모의 결과물이 아니라는 것입니다. 우리가 부모나 사회의 영향을 지대하게 받는 것은 어쩔 수 없는 일이지만, 우리는 어디까지나 고유한 개성과 자율적인 생각을 가진 존재입니다.

상담을 하며 저는 제 앞에 앉은 사람에 대해 먼저 놀라움을 느끼곤 합니다. 기적이라는 생각마저 듭니다. 인생 내내 그토록 이상한 부모, 그토록 반복되는 불운을 겪고서도 이렇게 담담히 털어놓는 건강함과 강인함, 여유와 사람들에 대한 애정을 마주하자면, 제 마음속에서 이것은 기적이라는 생각이 피어오릅니다.

그런데 거기서 상담이 더 진행되면 저는 당연함을 느낍니다. 그 사람의 자질과 능력, 쉽게 좌절하지 않는 끈기, 개성, 선한 천성을 알게 되면, 축복받지 못한 출생부터 시작해서 때로 방황하고 쓰러져 있었더라도 다시 일어서 여기까지 오신 이 상황이 기적이 아닌 당연한 일이었다는 것을 알게 되는 것이지요. 말하자면 우리는 부모나 환경, 어린 시절의 팔자보다 힘이 센, 독립적이며 강인한 존재입니다. 당장에 우리 형제자매만 봐도 같은 부모에게 태어나 비슷한 환경에서 자랐지만 완전히 다른 사람들이듯, 일란성 쌍둥이라도 서로 다른 영혼을 가졌듯, 우리는 부모보다 세상과 사람들을 더 많이 이해하고 인생을 넓은 시야로 바라보는, 나를 이해해 주지 않은 사람조차 이해하는 어른으로 성장해 있는 경우가 많습니다.

 물론 그렇다고 해서 내면의 통증이나 어둠을 부인하자는 것은 아닙니다. 우리는 엄청난 병이나 부상에서 회복한 사람들의 이야기를 압니다. 정말이지 뼈가 조각조각 부서지거나 다시 일상으로 돌아갈 수 없을 것이라는 진단을 받았던 사람들이 병상에서 일어나 자기 삶을 멋지게 살아가는 모습을 봅니다. 그러나 그런 사람이라 할지라도 상처를 입기 전으로 돌아갈 수는 없습니다. 날씨만 흐려도 온몸이 아플 수 있고, 감기가 들거나 몸살이 오려 하면 다쳤던 부위부터 먼저 아프기 시작할 것입니다. 무리하거나 피곤하면 아무리 그날 신나고 행복하게 지냈다고 할지라도 다음날은 꼬박 누워서 앓아야 할 수도 있습니다. 말하자면, 회복을 하더라도 어느 정도는 고통이 그의 일부가 된 채로 남아 있을 수밖에 없다는 것입니다. 대신 고통을 다루며 함께 살아가는 삶을 배우게 되고, 그로써 보통의 사람들보다 더 성숙한 됨됨이를 갖추는 경우가 있는 것이지요.

상담실에 오신 분들은 현재의 문제에서 시작을 하더라도 어느 날이 되면 이제 자신의 과거를 이야기할 수밖에 없겠다는 생각이 든다고 말하는 경우가 많습니다. 대화 속에서 자신의 현재 문제가 가진 연원을 스스로 파악하게 되고, 그것을 이야기하며 동시에 이해하다 보면 이런 문제가 어느 정도는 삶에서 반복되었다는 것, 그래서 문제의 기원이 생각보다 더 멀리 있다는 것을 알게 되는 것입니다. 지금 생각하면 황당하다고밖에 알 수 없는 어린 시절의 가정환경은 곧 그 환경을 조성한 부모에 대한 이야기로 이어집니다. 그러나 우리의 이야기는 그 두 사람에서 멈추지 않습니다. 그렇다면 우리 삶은 원망과 슬픔에서 마무리되고 말겠지요. 우리의 이야기는 그 상황을 보며 황당함을 느끼고 있는 어린아이로 이어집니다.

제 어린 시절을 예로 들자면, 그다지 화목하지 못한 부모를 보며 슬픔과 두려움도 느꼈지만 동시에 황당하다는 생각도 했던 것 같습니다. '이 사람들은 이렇게 살 거면서 왜 나를 낳았을까?' 고작 다섯 살 무렵에 이해할 수 없는 상황에 처하고도 두려움이나 슬픔에 압도당하기보다 황당한 일이라 느끼고, 심지어 엄마에게 왜 나를 낳았는지 진지하게 묻기까지 했던 당돌함과 신랄함, 호기심이 결국 지금의 저를 만들었다고 생각합니다. 내가 누구인지 이해하고 싶다면, 화목하지 못한 부모의 어린 딸인 동시에 그 상황을 빤히 바라보고 의문을 품을 줄 아는 타고난 성향까지 이해해야 하는 것입니다.

무의식의 다음으로:
자신의 바람직하지 않음까지 받아들이기

우리가 우리를 안다는 것은 우리의 무의식, 부모로부터 연원한 우리의 과거, 과거의 영향과 흔적만을 말하는 것이 아닙니다. 우리의 좌절에 대해서만이 아니라 우리의 뜨거운 욕망과 욕구, 바뀌지 않는 욕심, 자신의 공격성과 비열함을 아는 것도 필요합니다. 그러나 우리나라의 집단주의 문화의 영향 때문인지 자신에게 다른 모든 것을 다 희생시켜도 좋을 정도의 성취지향성, 공격성, 저돌성이 있다는 것을 인정하는 분은 잘 없습니다.

내담자가 '저는 커리어가 중요해요.'라고 말하면 '음, 커리어가 중요한 사람이군.' 하고 스윽 넘어가면 안 되는 것이지요. 그 사람이 말한 커리어는 돈이 가장 중요하다는 물질에 대한 욕망, 능력을 인정받고 다른 사람을 이겨야겠다는 경쟁심과 공격성, 다른 데 얽매이지 않고 나비처럼 정말 마음대로 날아다니며 살고 싶다는 자유에 대한 열망 등 많은 것들을 의미할 수 있습니다. 일과 배우자가 충돌하고, 일과 자녀 양육이 충돌하고, 일과 부모님의 기대가 충돌하는 것으로 보이지만, 사실 더 탐색해 보면 그 사람의 본연의 모습과 사회가 그 사람에게 요구하는 것 사이의 갈등인 경우가 많은 것이지요. 그럴 때 우리는 '배우자와 더 많은 시간을 보내야 하는데 그걸 못해서 괴로워요.', '좋은 부모가 아닌 것 같아서 힘들어요.'라고 말하지만 사실 자신이 욕심이 정말 많은 사람이라는 것, 사람의 관계나 가정생활보다 자신의 성취와 성공이 훨씬 중요한 사람이라는 것을 인지하지 못하거나, 인정하고 싶지 않아서 문제를 그렇게 설명하는 경우도 많은 것 같습니다. 무엇이 옳은가, 또는 무엇이 균형 잡힌 상태인가를 떠나서, 우리는 자신의 상처를 이야기하고 자신의 강점과 장점에 대해서도 이야기하고 나서는 우리가 아직 버리지 못한 욕심과 욕망에 대해서도 이해해야 합니다. 자신의 공격성이나 비겁함, 시기심 역시도 우리를 구성하는 퍼즐 조각의 하나니까요. 결국은 그 퍼즐까지도 함께 더해져야 '내가 나를 잘 이해하고 있다.'고 말할 수 있습니다.

변화는 변화를 통해 오지 않는다는 것이 바로 이런 의미입니다. 나 자신이나 내가 사랑하는 사람보다 성공에 더 큰 의미를 두는 내가, 그 사실을 인정하지 않고 '성공도 중요하지만, 내 애인을 너무 기다리게 하면 안 되겠다. 애인을 좀 더 우선순위에 둬야겠다.'라고 생각한다고 합시다. 그러나 성공을 위해 헌신하고 모든 에너지를 쏟아붓는 태도는 자동적이며 반사적인 나의 모습이므로, 애인을 생각하자는 나의 다짐과 항상 덜컹거리게 됩니다. 좀 참고 노력하다가 어느 날 참지 못하고 결국 '기다리지 말고 먼저 밥 먹으라니까!!!!'라며 소리를 지르고 끝나게 되는 것이지요. 결국 사랑하는 사람에게 맞춰주려다 실패한 꼴이 되므로 원망은 상대에게 돌아가게 되고, 나 자신은 '에잇 어쩔 수 없다. 생긴 대로 사는 수밖에.' 또는 '이런 나를 이해하는 다른 사람을 만나야겠다. 결혼도 안 하면 되고 자식은 안

낳으면 되지.'로 이야기는 마무리됩니다.

  차라리 성공만이 내 인생의 유일한 가치라는 것을 인정하고 나면, 그 가치 때문에 주변 사람들을 잃어도 상관없는지, 오히려 성공을 위해 사랑하는 사람이 더욱 필요한 건 아닌지를 생각하게 됩니다. 물질적 성취든 명예든 이를 위해 다른 사람들의 도움과 이해가 필요한지를 생각하고 나면, 다른 사람들과 어떻게 지내는 것이 좋은지를 생각하게 됩니다. 그리고 그것이 결국 내가 원하는 성공의 일부라는 것을 이해하고 나면 내가 나서서 할 수 있는 부분들, 하고 싶은 부분들, 신경 쓰고 싶은 것들이 생기지요. 내가 얼마나 성공에 목이 마른 사람인가를 이해하고 나면, 그 성공이 무엇을 의미하는지를 이해하고 나면, 그 욕망을 가지고도 남들과 싸우지 않고 사는 법을 찾아내게 됩니다. 결국 성공은 혼자서는 이루기 어렵다는 것을 알게 되고, 성공에 대한 사람들의 정의가 다 저마다 다르다는 것을 알게 되면 죄책감이나 갈등 없이 자신의 성취를 위해 노력할 수 있게 되고, 다른 사람을 이해하고 존중하는 것도 가능해지기 때문이지요.

당신, 가족, 친구의 자살 신호 알아채기

음소거 버튼이 눌린 머릿속:
평안함을 가장하고 다가온 절대적인 무력감

몇 년 전에 저는 우울증을 앓았고, 생각해 보면 그때 죽음에 꽤 가까이 가 있었던 것 같습니다. 제가 우울증을 겪었던 사실을 이렇게 공개하는 까닭은 그때 우울증이 말 그대로 정말 '병'이라는 것을, 자살은 '자유 의지'나 '극단적인', '선택'이 아닌 질병으로 인한 사망이라는 점을 확실히 알았기 때문입니다. 우울증은 확실히 병이 맞고, 죽음으로 끝나지 않고 생존하더라도 매우 힘들고 고통스러운 질병입니다. 힘들고 고통스러운 질병은 적극적인 치료가 필요하지 '의지로 이겨 내거나' '맘을 굳게 먹거나' '바쁘게 사는' 것으로 해소되지 않습니다. 이 점을 확실히 여러분과 공유하기 위해서, 개인적으로 '자기 고백적 에세이'를 선호하지 않음에도 저의 경험을 토대로 우울증이라는 병에 대해 함께 이야기해 보고자 합니다.

저는 상담자로 꽤 오래 일을 했고 심리검사를 수없이 실시해 봤습니다. 그럼에도 우울증을 실제로 경험하기 전까지, 부끄럽지만 우울증과 '우울감'을 확실히 구분하지 못했던 것 같습니다. 저라는 사람은 항상 하고 싶은 것이 있고, 그 일을 하며 살고 있었고, 기본적으로는 사람들과 잘 지내고 유쾌하다는 평을 받는 편이었습니다. 그러나 제 삶에도 여러 문제와 어려움이 있었기에 저는 대학생 때부터 상담을 여러 차례 받아 왔습니다.

변화는 아이러니하게도 그중 가장 오랜 기간 상담을 받던 중 천천히, 조용히 일어났던 것 같습니다. 당시의 개인적 상황은 그다지 편하고 좋은 상황은 아니었지만, 그렇다고 최악도 아니었지요. 어느 날부턴가, 머릿속에서 종알거리는 제 목소리가 사라지고, 머릿속이 마치 '음소거' 버튼을 누른 것처럼 고요하게 느껴졌습니다. 음소거와 같은 침묵. 어떤 생각이나 감정도 없는 상태가 되자, 그런 상태가 낯설기는 했지만, 평온하다고도 느낀 저는 이게 편안함인가? 라고 생각하기도 했습니다.

아무것도 느껴지지 않으므로 변화할 방법이 없다

그런데 곧 이상함이 감지되기 시작했습니다. 누군가 제게 어떤 일을 제안했는데, 평소라면 '이렇게 해볼까, 저렇게 해볼까?' 하면서 신이 나기도 하고 '안 한다고 할 걸 그랬나.' 싶은 걱정이 들기도 해야 하는데 정말 아무 감흥이 일어나지 않았습니다. '좋아! 한번 해봐야지!'라는 동기나 열의가 어떻게 해도 생겨나지 않자 뭔가 이상하다는 것을 조금씩 느끼기 시작했습니다. 그렇다고 일을 하지 않거나 집안일을 하지 않거나 씻지 않거나 밥을 못 먹고 다닌 것은 아니었습니다. 그러니 겉보기에는 제가 변했다는 것을 사람들이 알아채지 못했습니다.

그렇지만 저는 점점 누군가를 만나도 인사말조차 하기가 어려웠고, 누가 무언가를 물어도 대답도 제대로 뱉지 못했을뿐더러, 다른 사람의 농담에 웃지도 않게 되었습니다. 제 스스로 농담 같은 것이 나오지 않는 것도 당연했고요. 농담을 하려면 대화에 뛰어들어서 적극적으로 잔머리를 굴려야 하는데, 머리가 정지 상태에 있었으니까요. 누군가 저를 웃기려고 해도 웃기지도 않았을뿐더러, 사실 그 사람의 말이 잘 들리지도 않고, 이해가 되지도 않았습니다. 저는 동물을 정말 좋아하는데, 당시에는 귀여운 복슬 강아지를 만져 봐도 행복한 것이 아니라 '아, 개다.'라는 인식만 겨우 할 뿐이었습니다.

설명할 수 없는 상태:
전처럼 말할 수도 생각할 수도 없는 막막함

세상은 그대로 굴러가는데, 저만 홀로 페트병 속에 들어앉은 느낌이었습니다. 아무것도 느껴지지 않았고, 나를 둘러싼 모든 일들이 동떨어진 것처럼 다가왔습니다. 내가 왜 이러는지, 지금 어떤 상태인지를 설명할 수도 없었습니다. 좋아하는 글을 써도 집중이 안 되고, 전처럼 몰입하며 고양된 감정을 느끼는 상태로 들어가지 못했습니다. 겨우 상담 시간에만 내담자에게 몰입을 하고 나면, 정신적인 에너지가 바닥을 치는 게 느껴졌습니다. 가족들의 일상적인 대화도 정신을 차려보면 듣지 않고 멍하게 있는 때가 많았으니, 가족들과의 사이도 이전과 달리 악화되었지요. 미용실을 가지도 않았고, 돌아보니 당시에는 옷도 한 벌 사지 않았더군요. 밖을 나가도 겨우 선크림만 바를까 말까 하고, 기운이 없어 무얼 하나 하려면 직전에 뭐든 먹어야 시작할 수 있었으니 갑자기 체중도 늘었습니다. 또 그 어떤 약에도 반응하지 않는 변비도 시작되었습니다. 뇌와 장이 동시에 완전히 멈춘 것 같았습니다. 손에 참기름이라도 바른 듯 어떤 것에도 마음이 머무르지 않았고 마치 기차 밖 풍경처럼 저를 스쳐 지나갔습니다. 그래도 남은 에너지를 모두, 일상을 그런대로 유지하는 데 썼으니 친구나 가족들도 제 상태를 잘 알거나 심각성을 알지 못했습니다.

"좋겠다, 우울할 시간이 있어서. 나는 우울하고 싶어도 그럴 시간이 없는데."

"네가 언제는 안 그런 적 있었어?"

"너도 그래? 나도 그래."

"사람들 다 그렇게 살아. 모두 힘들지."

등이 제가 당시에 실제 주변 사람들에게 들은 이야기입니다. 사이가 나쁘거나, 그 사람이 인격적으로 나쁜 사람이 아니었는데도 그랬습니다. 언어적인 표현력도 훼손이 된 제가 스스로 얼마나 힘든 상태인지를 잘 설명할 수 없다 보니, 다들 그런 무심한 태도를 보였던 것 같습니다. 가족들은 저에게 실제로 짜증을 보이기도 했습니다. 원래 같으면 그런 짜증스러운 반응에 서운하다며 싸우기라도 했을 텐데 그럴 기운이 없으니 그냥 상처만 받고 끝냈습니다. 아무렇지 않은 척 사람들 사이에 섞여 있는 것도 힘든 일이 되었습니다. 시시때때로 죽음만이 모든 상황을 정리할 수 있다는 판단이 마치, 대단히 합리적인 판단인 것처럼 머릿속에서 떠올랐습니다.

어느 날은 거실에 앉아 빨래를 개면서 생각했습니다. '이러다가 정말 죽을 수도 있겠구나. 죽지 않으려면 내 발로 병원에 입원을 해야겠구나.' 누구도 나를 입원시켜야겠다는 생각을 하지 않으니, 이게 지금 병이라고 알고 있는 나만이 나를 입원시켜야 한다는 생각도 할 수 있는, 아이러니한 상황이었습니다. '이게 병이구나.'라는 확신이 들었기 때문입니다. 나 스스로는 끝없이 세상 사람들 사이에서 흘러 나가고 있다는 느낌, 그리고 내 힘으로 이 움직임을 거스르기가 어렵다는 생각이 들었습니다. 다시 상담을 갈까 싶었고, 당시 코로나였기에 실제 줌으로 몇 번 상담을 받기도 했지만 그에 대한 제 반응이 전과 달랐습니다. 아무것도 소용이 없다는 생각이 우세했는데 그 생각마저 말을 길게 하기가 귀찮아서 속으로 삭였습니다. 그런 상태이다 보니 잠깐 상담을 통해 제 안에서 작은 동요가 일어난다 해도 금세 사그라들고 말았습니다.

페트병 속에서 혼자 소리를 질러 봐야 밖으로 전달이 되지 않았고, 페트병 밖에서 일어나는 어떤 즐거운 일이나 시끄러운 일도 저에게 와닿지 않았습니다. 이전에 저의 내담자가 자신의 마음을 설명하면서 "진공 상태의 공 속에 들어있는 것 같다. 내가 하는 말을 바깥의 남들이 듣지 못하고, 바깥의 무엇도 나에게 와 닿지 않는다."라고 말한 적이 있는데, 그 말을 이제야 깊이 이해하는 것 같아 무한히 미안한 마음이 들었습니다. 검은 어두움 속에 들어가 있다고 느낄 때야 있었지만 그때도 살아 있기 때문에 아프다는 느낌이 있었는데 이제 완전히 그 차원을 벗어난 처음 와 보는 어떤 곳에 추방되어 있는 것 같았지요. 괴롭고 아프다는 감각조차 없이, 그저 '더 이상은 못 하겠다!'는 외침만이 마음속에서 계속되었습니다. 무엇을 더 이상 못 하겠는지도 생각해 내기 어려운, 아무것도 채워지지 않아 텅 비어 있었고, 허무했습니다. 무엇을 부어도 제 안에 남지 않는 밑 빠진 독이었고, 과거와 미래가 사라져 있었습니다.

맞는 약을 찾기 위해 약을 계속 바꾸고, "무슨 말을 하고 싶은 건지 전혀 이해가 안 된다."고 말하는 정신과 의사 선생님에게 "그건 당연한 거 아니냐. 나도 지금 내가 왜 이러는지 이해가 안 되는데, 그걸 어떻게 남들이 이해하게 설명할 수 있겠느냐?"고 맞받아치면서, 그렇게 고독하게, 저 자신이 자살이라는 병사를 하지 않게 하기 위해 애를 쓰는 시간이 흘러갔습니다. 멍하게 앉아 있는 게 아니라, 정말로 '세탁기를 돌려야겠다.'는 생각에 엄청나게 집중하면서, 그 세탁기 버튼을 누르기 위해 의자에서 일어나는 데 40분이 꽉 채워 소요될 정도로 극도로 무력했지요. 내가 어쩌다 이렇게 되었는지 시작을 알 수 없었고 이제 어디로 가는지 그 끝도 모른 채, 이해할 수 없는 세상에 덩그러니 앉아 있는 사람 같았습니다. 세상과 생명으로부터 '충분히 버림받은 시간'이었다고 표현하고 싶습니다.

오랜 시간 상담자로서 다양한 내담자들을 만나 왔고, 긴 시간 수련과 공부를 거쳤는데도, 우울증이라는 질병이 저의 뇌 자체를 바꾸어 놓았기 때문에 제가 아프다는 것을 알기까지도 시간이 걸렸고, 그 상태에서 나오기까지도 쉽지 않았습니다.

끝없이 불리해지는 상황:
도움을 청할 수 없는 환자와 도울 수 없는 주변인들

자살을 예방하자고 할 때, 흔히들 자살위험자의 사인을 잘 읽으라고 하는데, 제가 경험해 본 바로는 그게 쉽지 않습니다. 자살 계획이 있는 사람은 그런 계획과 마음을 충분히 표현한다고 하는데, 주변에서 감지할 수 있는 수준이 아닌 경우가 많은 것이죠. 말하는 능력과 표현하는 능력, 자신이 지금 어떤 상태인지를 이해하는 능력이 이미 많이 제한되어 있기 때문입니다. '왜 사는지 모르겠어…….' 정도의 말을 누군가 했다고 칩시다. 그 사람이 평소 열심히 살고, 의지가 강한 사람이었다면 특히나 주변 사람들은 이런 말을 가벼운 푸념 정도로 여기기 쉽습니다. 눈앞의 이 사람이 예전의 그 사람이 아니라는 것을 알기가 쉽지 않기 때문입니다. 그래서 우리는 누구보다 강인하고, 주변에 헌신적이며 존경할 만하고 성실했던 사람을 종종 갑작스러운 사고로 잃게 됩니다. 그가 내적으로는 이미 다른 사람이 되었으나, 그를 둘러싼 환경과 사람들은 그를 이전의 그 사람으로만 대하기 때문에, 상황이 불리한 방향을 향하는 것입니다.

그러니 어떤 면에서 자살은 주변인들이 예방하기에는 어려운 질병인지도 모릅니다. 질병에 걸린 당사자 역시 우울증이 일으킨 변화 때문에 스스로 치료를 시작하고 유지하기가 극히 힘들기 때문에, 안팎으로 정말이지 돕기가 어렵습니다. 예전 같으면 혼자 병원도 가고 검사도 받고 약도 잘 챙겨 먹으며 건강을 돌봤을 사람이, 이런 자기 돌봄을 위해 필요한 모든 판단력과 결정력, 의지를 잃기 때문이지요. 저에게는 그나마 직업적으로 배운, 그리고 그간 내담자들과 상담을 통해 얻은 흔적이 어렴풋하게나마 남아 있었기 때문에 죽고자 하는 의지에 의문을 제기하고, 그 죽음에 대한 의지 자체가 곧 병의 증상임을 알아챌 수 있었을 뿐입니다.

지금에 와서야 주변의 가족이나 친구들에게 당시의 이야기를 꺼내면 '그렇게 힘든지 정말 몰랐어. 왜 그때 이야기를 안 했어?'라고 하는데, 그러면 저는 속으로 웃고 맙니다. 이야기를 했기 때문이지요. 했으나 곧이듣는 사람이 정말 손에 꼽는 누군가 말고는 없었습니다. 그러나 누구를 원망하거나 탓하지는 않습니다. 치료자로서의 저는 제 경험을 통해 우울증으로 인한 자살이 어떻게 일어나는지 이해하게 되었기 때문입니다. 유난히 차갑고, 공격적인 사람들 곁에 있기에 누군가가 죽음으로 생을 마감하는 것이 아니고, 지극히 평범하고 일상적인 장면에서도 충분히 자살은 일어날 수 있습니다. 우울증을 둘러싼 모든 사회적인 상황이 죽음을 막기에 역부족인 것이 오늘날 우리의 현실인 것 같습니다. 주변에서 보면, 자살로 인한 가족의 죽음을 겪은 사람들이 낙인을 당하는 경우가 있는데, 그런 면에서 이런 낙인은 옳지 않습니다. 우리가 누군가 위암에 걸려 죽었다고 해서 그 가족이 그 죽음에 일조했다고 비난하지 않는 것과도 같은 이치입니다. 물론 가족의 기능이 아주 튼튼하고 정신적으로 건강하고 애정이 넘친다면 그런 결과가 오지 않을 수는 있었을 것입니다. 그러나 어쩔 수 없는 죽음들이 최선의 방어막을 뚫고 발생하는 것이 우리의 현실입니다.

오늘날의 냉혹한 세상에서 우리는 누군가를 보호해 주기보다는, 우리 각자가 오히려 치료와 보호를 필요로 합니다. 다른 누구를 돌보기에는 모두가 너무 지쳐 있고, 아픕니다. 때문에 주변의 신호를 잘 알아채는 것도 버거울 수 있습니다. 우울증의 실체는 가느다랗고 희미한 소리로, 소극적인 표현으로, 애매모호한 호소로 감춰지는 경우가 많기 때문입니다.

따라서 서로에게 우울증이 무엇인지를 교육하는 것이 더 중요할 것 같습니다. 가끔 우리는 직장에서 괴롭힘을 당하던 누군가가 자살했다는 내용을 뉴스에서 접하기도 합니다. 그럴 때면 우리는 안타까움에 '그깟 직장 그만두고 다른 곳으로 가지, 그렇게 살면 되지, 대한민국에 직장이 거기 하나야? 죽긴 왜 죽어?!'라며 비난 섞인 한탄을 하곤 하는데 이것이 바로 우리가 우울증에 대해 잘 이해하지 못하는 면일 수 있습니다. 직장을 그만두거나 이직을 하거나 그래야겠다고 결정을 하는 것에도, 휴직을 하거나 휴직기간을 정하는 것에도 에너지가 필요합니다. 옮겨 갈 만한 다른 곳이 어디가 있는지, 쉬는 기간 생활비는 어떻게 하면 될지 등을 계산해 내는 것도 마찬가지고 이 문제로 가족을 설득하거나 의논하는 것도 쉬운 일이 아닙니다. 그가 우울증이기 때문에 자살을 했지 직장에는 잘못이 없다는 것이 아니라, 척박하고 가혹한 상황과 환경, 사회생활에서의 상처가 우울증이라는 병을 일으켰을 때, 그 우울증이 그가 스스로를 위하고 살리기 위해 해야 할 행동을 방해하는 것입니다.

우울증은 생각하는 힘에 직격타를 날리기 때문에 결정을 내려야 할 때 하지 못하고, 선택을 미루고, 때로는 선택을 해야 한다는 사실 자체를 인정하지도 않습니다. 시야가 좁아지고, 전체적인 상황을 살피고, 깊이 있는 탐색을 해내는 것을 안 하는 것이 아니고, 못 하는 것이 됩니다. 그러니 우리가 누군가 자신을 위한 생각이나 고민을 하지 못하거나, 상황을 방치하는 것으로 보이거나, 치료를 받아야 하는 상황을 계속 외면하고 회피한다면, 미루고 모른 체하면서, 삶에 대해 회의적인 말을 흘린다면, 그것이 위험한 신호임을 서로가 알고 있을 필요가 있습니다.

차라리, 잠을 못 자고, 밥을 못 삼키는 것처럼 눈에 띄는 어려움이 있으면 좋을 텐데, 우리는 멀쩡하게 회사에 가서 돌아오지 않은 사람을 본 적도 있고, 가족들과 영화를 보러 가기로 해 놓고 돌아오지 않은 사람을 본 적도 있습니다. 누군가의 희미한 신호라도 인지했다면, 치료를 받으라고 언쟁을 벌이는 것이 아니라 어떻게든 나서서 그를 데리고 병원에 가는 것을 첫 번째 원칙으로 삼았으면 합니다.

덧붙여, 이런 상황에서 온정적인 대화를 나누거나 시시때때로 그가 요구하는 상호작용에 다 응해 주는 것이 최선이 아닐 수 있다는 말씀을 드리고 싶습니다. 그랬다가 그의 '감정 쓰레기통'이 되고 말았다는 이야기를 심심찮게 듣습니다. 그것이 얼마나 효용이 있는지 모르겠습니다.

주변 사람이 우울증인 것 같다면:
일단 병원으로 '직접', '계속' 끌고 가기

우울증이 그가 생각하고 느끼는 방식 모두를 바꿔 놓았으므로, 일단 병원이나 상담소에 데려가서 무엇부터 긴급하게 시행해야 하는지를 의논하고 약물을 비롯한 치료를 시작해야 합니다. 함께 있을 가족이나 친구가 없는 상황이라면 입원도 적극적으로 선택해야 합니다. 우울증이 가져오는 자살 의지가 '그가 겪은 스트레스에 대한 당연하고 합리적인 반응'이 아닌 병의 '증상'이라는 것을 우리가 모두 마음 깊이 새겨야 합니다. 그렇게 자살을 최대한 막고, 끝없이 막을 것이라는 의지, 사회가 당신의 자살을 막기 위해 다 같이 협력할 것이라는 의지를 보여 주는 것이 중요합니다. 조금은 과하다 싶을 정도로 강하게 피력해도 좋습니다.

우울증은 의지의 문제나 정신력의 문제가 아닌 위험한 질병이라는 것을 마지막으로 다시 한번 강조하고 싶습니다. 그러니 첫 번째 원칙으로 그가 죽지 못하게 막아야 합니다. 죽지 않아야 회복하는 것도 가능하기 때문입니다. 죽음은 되돌릴 수 없는데 삶은 되돌릴 수 있는 게 참 많습니다. 죽음은 그다음이 없는데 삶은 다음에서 그다음으로 끝없이 이어 볼 수 있습니다. 하나의 문장을 다음 문장으로 이으며 제가 이 책을 완성했듯 말이지요.

상담자들에게 드리고 싶은 이야기

프로이트는 정신분석이 과학이자 의학으로 인정받으려면, 의사들을 통해 전수되어야 한다는 신념을 가졌습니다. 카리스마 넘치는 정신분석의 아버지 프로이트는 자기가 사라지면 자신을 대신할 계승자가 있어야 정신분석의 정수를 지켜 낼 수 있다고 생각했습니다. 그리고 그 계승자는 자신과 다른 비(非)유태인 의사여야 한다고 생각했는데 그래야만 정신분석이 주류로 편입할 수 있다고 믿었기 때문입니다. 프로이트는 자신을 따르는 제자 중, 카를 융과 같은(스위스인 정신과 의사라는 면에서 꽤 적합한) 인물을 찾아냈고 자신의 모든 것을 전수하려 했지만 정신분석과 정신분석의 역사는 프로이트의 고집과는 다른 방향으로 흘러갔습니다. 결과적으로 정신분석은 대학교를 나오지 못한, 보통의 여성이라는 이유로 프로이트의 학회 '매너분트'에 참여조차 하지 못했던 멜라니 클라인과 같은 일반인

여성 치료자, 프로이트의 아들이 아닌 막내딸 안나 프로이트 등에 의해 계승되고, 발전하고, 또 반박을 통해 분화되면서 오늘에 이르렀습니다(Zaretsky, 2022).

프로이트는 무의식, 의식과 같은 정신분석의 개념들을 신경과학으로 증명하겠다는 목표를 가지고 자신의 과업을 시작했습니다. 그러나 당시 의학 발전의 한계로 인해, 프로이트의 이런 비전은 실현될 수 없었고, 우리는 무의식과 같은 프로이트의 기본 개념들이 뇌과학적인 연구를 통해 실재(實在)로 밝혀지고 있는 오늘날에야 그의 인간을 이해하는 통찰력과 분석력에 경탄을 넘어선, 커다란 빚을 졌다는 부채감마저 가지고 있는지도 모르겠습니다. 그가 그렇게 자신의 정신분석이 의사에 의해 계승되고 시행되어야 한다고 주장했던 이유는 간단합니다. 정신분석이 의학으로 취급되지 않고서는 끝없이 그 전문성에 도전을 받고, 과학이 아닌 것, 학문이 아닌 것으로 치부되리라는, 끝없이 권위와 효과를 의심받으리라는 것을 프로이트는 알고 있었던 것이지요.

그리고 이러한 프로이트의 걱정은 오늘날 한국에서 상담자로 일하는 우리의 걱정이기도 합니다.

보통 우리는 모두 그림을 그릴 줄 압니다. 그게 졸라맨이든, 멋진 초상화든 말이지요. 그러나 우리가 그림을 그릴 줄 안다고 해서, 우리가 화가가 될 수 있다고 생각하진 않습니다. 대부분의 우리는, 특히 문맹률이 현저히 낮은 한국 사람들은 보통은 글씨를 쓸 줄 압니다. 한글이든, 한자든, 영어든 말이지요. 그러나 글씨를 쓸 줄 안다고 해서 서예나 캘리그래피를 할 줄 안다고 말하진 않습니다. 덧셈, 뺄셈을 안다고 해서 수학자가 되겠다고 하지도 않고, 영어를 안다고 해서 통번역을 하겠다고 하지도 않지요.

그러나 상담에선 이야기가 달라집니다. 우리는 다른 사람들과 대화를 할 줄 알기 때문에, 자신이 살면서 삶의 깨달음을 얻었기 때문에 상담을 할 수 있다고 생각하는 사람들을 종종 보게 됩니다. 제가 대학교 학생상담센터에서 일을 할 때, 아침 일찍 어떤 공대 교수님이 전화를 걸어 왔습니다. 그 전화는 제 동료가 받았는데 전화의 요지는 '학생을 상담하는 일은 우리 교수들도 늘상 하고 있는데 너희는 대체 무슨 일을 하는지 모르겠다.'였죠. '학생 상담'을 무엇으로 정의하느냐에 따라 그 교수님의 말도 일리가 있습니다. 학생의 진로나 취업, 학업에 대한 대화를 '학생 상담'으로 생각한다면 그 연륜을 인정해야 합니다. '상담'이 조언이나 교육, 격려라고 생각해서였을 수도 있습니다. 사실 화가에게 전화를 걸어서 그림은 나도 그릴 줄 아는데 왜 너만 화가냐고 묻는 사람이 있다면 황당해도 그저 비웃고 넘기거나, 그러면 '네가 그린 그림을 가져와 봐라. 같이 작품 이야기를 해보자.'라고 할 수도 있겠지요 그러나 당시 우리 상담자들은 당황스러워서 우왕좌왕할 뿐이었고 그럴수록 상대방은 쉽게 포기하지 않고 주장을 이어 갔습니다. 그 교수님은 아마도 전화를 끊고 학생상담센터란 불필요하다는 신념을 더욱 굳혔을지 모릅니다.

그런데 문제는 그렇게 생각하는 것이 그 교수님 한 명이 아니라는 데 있습니다. 사회에서 만나게 된 사람이 제가 상담하는 것이 직업이라는 걸 알게 되면 '그래? 그럼 나 지금 상담 좀 해줘.'라고 말하는 것은 애교로 볼 수 있습니다. 정체불명의 상담 자격증이 난립해 있기에 베이커리 카페에도 '베이킹 심리상담 1급' 자격증이 걸려 있고, 각종 레크리에이션도 심리상담과 결부되어 있으며, 하다못해 사기꾼 전 모씨도 'OO체육 심리상담' 자격 소지자라며 광고하고 다녔지요. 그가 어떤 치료를 하는지, 올바른 방향으로 가는지 검증해 줄, 지도해 줄 감독자도 없이, 일단 상담이라는 이름자가 들어간 대학원에 등록만 하면 자신이 치료를 할 수 있다고 믿고, 사람들을 모으고 돈을 버는 사람들도 생각보다 많습니다. 자신이 상담을 할 수 있다고 믿는, 자신에게 상담을 받으러 오라고 광고하는 사람이 상담이 필요한 사람보다 많아진 느낌입니다.

각자가 겪은 시련을 극복하며 얻은 깨달음, 인간이 어떤 존재인지 함께 이야기하고 싶은 욕망, 자신이 경험한 좋은 것을 남도 경험하게 해주고 싶다는 마음은 일견 이타적으로 보이기도 합니다. 그렇지만 그러한 콘텐츠들이 주는 불편함은 실은 이런 것들이 자기애에 기반하는 데서 비롯됩니다. 자신이 도움을 주고자 하는 사람보다 자신이 이룬 성취와 성장, 자기 경험의 특별함을 앞세우기 때문에 이는 이타적이라기보다는 자기애적이라고 봐야 할 것 같습니다.

사실 자기애와 상담은 극단적인 반대 방향을 향합니다. 포커스를 어디에 두는가에 있어, 상담은 상담자와 내담자의 온 신경을 내담자에게 맞추기 때문에 상담자의 자기애적인 과시나 집중은 설 자리가 없는, 극도로 자기애를 억제하는 작업이라고 볼 수도 있습니다. 자기가 삶에서 무엇을 잘했는지, 얼마나 성공적이거나, 얼마나 인간의 한계를 극복하며 역경을 이겨 냈는지와 상관없이 내담자가 누구인지, 내담자가 살아온 세계가 무엇인지에 대한 전적인 집중이기 때문입니다.

우리 중 누구도 자기의 경험과 지혜를 모두에게 일반화할 수는 없습니다. 내가 이랬으니 너도 이럴 수 있다는 말보다 더 편협한 말은 없다고 생각합니다. 오히려, 일반화된 고통을 겪는 것으로 보이는 사람을 철저히 개인의 영역으로 분석하는 것이 치료를 위해 필요한 작업입니다. 인간의 삶과 경험은 그 누구와도 같을 수 없는 고유의 영역이라는 것을 인정하는 데서 상담은 출발하기 때문에 자기 경험이 훌륭하기 때문에 이를 가지고 다른 사람에게 영향을 주고자 하는 자기애적 욕구는 상담자가 가장 경계해야 하는 대상입니다. 그러나 여러 매체를 통해 이런 자기애적 과시와 그 내용들이 마치 심리치료이며 상담인 것처럼 오인되는 것은 실제 상담에 종사하는 사람들로서는 매우 애석한 일이 아닐 수 없습니다. 쉽게 말해, 상담의 본질, 치료의 본질이 관심과 찬사를 바라고, 자신이 사람들에게 영향력을 미치기를 바라는 사람들에 의해 훼손되고 있는 것입니다.

차라리 그림처럼 캔버스에 남겨져 있으면 좋기라도 할 텐데, 밀실에서의 대화는 그 대화를 일일이 기록하지 않는 한 실체로 남지 않습니다. 설령 그 모습을 있는 그대로 녹화해서 보여 준다 해도, 두 당사자가 경험한 감정적 파고를 함께 느끼는 것은 쉬운 일이 아닙니다. 따라서 상담이 얼마나 많은 훈련을 필요로 하는, 고도의 윤리성과 숙련성을 필요로 하는 대화인가에 대해서 우리는 매일 도전을 받을 수밖에 없습니다. 밀실에서의 대화는 긴 훈련과 교육 없이는 위험해지기 쉽습니다. 아무도 보지 않는 곳에서 그가 무엇을 하는지 누구도 알 수 없습니다. 그러니 상호 간의 지도, 감독, 재교육, 그리고 상담자에 대한 치료가 없는 곳에서 '상담'이나 '심리'라는 말을 붙이는 것은 그 도덕성과 전문성을 누구도 보장하지 않는다는 것을 의미합니다.

 인간의 본성에 대해 남다른 통찰력과 유머, 경험과 지혜를 가진 명사가 강연을 하며 사연 신청자들의 이야기를 들어주는 프로그램을 보면 그가 하는 것이 상담이라고 생각할 수도 있습니다. 말 몇 마디만 듣고도 핵심을 찌르고, 사연자를 울컥하게 하는 장면을 보다 보면 상담이 대량생산이 가능하고 저렇게 간단하게 끝날 일인데, 무슨 몇 날 며칠, 몇 년씩을 상담소를 다니는 사람들이 있나 생각할 수도 있죠. 이렇게 상담과 상담 비슷한 것, 상담과 상담이 아닌 것의 경계가 모호한 한국에서 우리가 상담자로서 전문성을 가지고 있다고 어떻게 주장할 수 있을지, 차라리 상담한다는 말을 입도 뻥긋하지 않으면 중간이라도 가지 않을까 하는 생각마저 듭니다.

교사도 아닌, 멘토도 아닌 상담자란 어떤 인간인가, 무슨 역할을 하는가 앞에서 많은 사람들은 오해를 가질 수밖에 없습니다. 상담이 하소연을 듣는 것인지, 따끔하게 교육하는 것인지, 마음을 공감하고 어루만져 주는 것인지 이해하고 싶은 대로 이해한 풍문만이 떠도는 것도 같습니다. '자아'라는 개념이 희박한 문화적 특징 안에서 우리가 누구인가를 설명하는 것은 어렵고 우리에 대한 수많은 억측과 오해는 자연스럽게 낮은 처우와 보상으로 이어지고 있습니다.

상담자로서의 정체성에 대해 고민하던 중 루이스 코졸리노 박사의 《심리치료의 비밀》을 처음 접했고, 책에서 받은 충격이 저를 여기까지 이끌어 온 것 같습니다. 《몸은 기억한다》, 《다미주 이론》, 《트라우마》와 같은 책도 지식과 깨달음의 지평을 넓혀 주었습니다. 수많은 석학과 대가들의 책이 제가 알게 되고 이해한 것들, 치료 현장에서 경험한 것들을 한데 엮어 공유하고 싶다는 열망을 품게 했습니다. 제가 저명한 학자는 아니지만, 보통의 학생이라도 시험기간이 오면 친구들에게 노트 필기는 빌려줄 수 있기에, 제가 정리한 노트를 친구들과 돌려보는 심정으로 권위자들의 연구와 지식을 쉽고, 피부에 와닿게 설명해 보았습니다.

지식이 우리를 치유할 순 없으나, 지식이 기반이 되지 않은 치료는 근거가 없기에 공허합니다. 따라서 이 책은 대중서이면서 동시에 내용적으로는 치료자들과 공유하고 싶은 지식이기도 합니다. 이 책의 내용이 비록 가장 기초적이고 입문적인 것일지라도 모든 치료자들이 이 정도의 지식은 함께 공유할 수 있을 때, 우리의 일이 인간을 회복시키겠다는 원래의 사명과 소명을 잃지 않을 수 있다고 생각합니다. 과학이 발달하고, 새로운 사실과 지식이 발견되면 제가 지금 알고 이해한 것들, 저에게 가르침을 준 책들의 내용들 또한 지나간 과거의 것이 될 수는 있겠지만, 현재 주어진 것들 안에서 최선의 자세로 치료자로서 공부하며 도덕적으로 일하고자 하는 것이 우리가 가질 수 있는 최소한의 양심이라고 생각합니다.

김대현(2020). 초·중학교 교사에 대한 학부모의 신뢰 형성. 교육혁신연구, 30(2), 151-177.

김애란(2017). 바깥은 여름. 문학동네.

김은준(2018). 포스트힐링시대 한국사회 성찰적 자기계발담론의 가능성 모색: 2013~2017년 언론분야 학술지 담론을 중심으로. 미디어, 젠더 & 문화, 33(2), 87-134.

김재희(2020). 어머니의 한계설정과 과보호/허용 양육이 유아의 외현화 행동에 미치는 영향: 어머니의 우울과 유아의 의도적 통제에 의한 조절된 매개효과. 한국보육지원학회지, 16(3), 99-117.

김태선, 이지연(2015). 교사 대상 불링(Bullying)에 대한 이해와 개입 방향에 관한 고찰. 상담학연구, 16(5), 339-353.

김현수(2019). 요즘 아이들 마음고생의 비밀. 해냄.

김형진, 심덕섭(2022). 심리적 특권의식이 비윤리 행동에 미치는 영향: 개인-조직 적합성 및 개인-직무 적합성의 조절효과와 직무스트레스의 매개효과 검증. 인사조직연구, 30(4), 63-90.

류지아, 김주현(2022). 청소년 안녕감에 대한 어머니 안녕감의 세대간 전이: 대화시간 및 양육태도를 고려한 다수준 분석. 청소년학연구, 29(9), 131-160.

박신혜, 이지연(2018). 대학생의 대상관계수준과 외로움의 관계: 시기심과 억제, 회피 방어기제의 매개효과: 시기심과 억제, 회피 방어기제의 매개효과. 사회과학연구, 29(2), 173-195.

서우빈, 조윤희, 김지현(2023). 이성과 감정 사이, 심리상담 토크쇼를 통한 치유적 에토스의 구성: 〈오은영의 금쪽 상담소〉 텍스트 분석을 중심으로. 한국방송학보, 37(1), 34-72.

설경옥, 문혁준(2018). 유아의 기질, 어머니의 심리적 통제, 교사의 훈육 방식이 유아의 자기조절능력에 미치는 영향. 미래유아교육학회지, 25(2), 187-210.

원숙연(2001). 신뢰의 개념적, 경험적 다차원성 신뢰연구에 갖는 함의. 한국정책학회보, 10(3), 63-86.

유애형, 조은진, 신나리(2022). 어머니의 기본심리욕구와 한계설정 양육행동이 유아의 의도적 통제에 미치는 영향: 자녀 성별의 조절효과를 중심으로. 인간발달연구, 29(1), 179-199.

윤기봉, 신나나, 박보경, 김민주, 노지운(2019). 어머니의 의도적 통제 및 양육행동이 걸음마기 아동의 의도적 통제에 미치는 영향. 아동과 권리, 23(2), 189-213.

윤예영(2022). 디지털 내러티브의 생산과 전유-리얼리티 쇼 '요즘 육아 금쪽같은 내새끼'를 중심으로. 기호학 연구, 72, 125-167.

윤홍균(2016). 자존감 수업. 심플라이프.

이무식, 이인수(2022). 따뜻한 무의식. 미류책방.

이세라(2016). "너무" 특별한 사람들-병리적 자기애(자기애성 성격장애)를 중심으로. 현대사회과학연구, 20, 31-47.

이철승(2021). 쌀, 재난, 국가. 문학과지성사.

전명희(2016). 근현대사에서 한국인이 경험한 트라우마의 집단적, 역사적, 세대전이적 특성에 관한 연구. 한국기독교상담학회지, 27(4), 231-

254.

정선영, 조한익, 박소희, 조민아(2013). 부모 양육태도와 자기애적 성격의 관계: 불신/학대, 특권의식/과대성 도식의 매개효과. 청소년학연구, 20(10), 1-26.

주재홍, 박민정, 김미경, 송지훈(2022). 심리적 특권의식 관련변인에 관한 메타분석. HRD 연구, 24(1), 39-71.

채수미, 김혜윤, 최소영, 이상정, 현진희, 김태종, 전진아(2021). 사회정신건강연구센터 운영: 한국인의 트라우마와 회복력 증진 전략. 한국보건사회연구원.

최선옥, 염보아, 황의갑(2018). 교권침해 실태와 영향요인에 대한 연구: 학부모의 인식을 중심으로. 한국치안행정논집, 14(4), 165-190.

최항섭(2018). 모두가 갑이 되고 싶은 사회. 사회과학연구, 30(2), 225-248.

최현정(2010). 조용한 마음의 혁명. 일다.

황정은(2020). 연년세세. 창비

Aquaro, F. G. R.(2004). *Death by envy: The evil eye and envy in the Christian tradition*. iUniverse.

Bronte, C.(1985). 제인 에어(신영출판사편집부 편), 신영출판사. (원저 1847년).

Clarkson, P. & Mackewn, J.(2019). 프리츠 펄스(김한규, 김금운 역). 학지사. (원저 1993년).

Cohen-Charash, Y.(2009). Episodic envy. *Journal of Applied Social Psychology, 39*(9), 2128-2173.

Cozolino, L.(2018a). 심리치료의 비밀(하혜숙, 황매향, 강지현 역). 지식의 날개. (원저 2015년).

Cozolino, L.(2018b). 정신치료의 신경과학(강철민, 이영호 역). 학지사. (원저 2017년).

Eagleman, D.(2022). 우리는 각자의 세계가 된다(김승욱 역). 알에이치코리아. (원저 2020년).

Emerson, D.(2018). 트라우마 치유 요가(조옥경, 왕인순, 장진아 역). 김영사. (원저 2015년).

Genova, L.(2022). 기억의 뇌과학(윤승희 역). 웅진지식하우스. (원저 2021년).

Gogerly, L.(2005). 지그문트 프로이트(김석희 역). 어린이작가정신. (원저 2003년).

Herman, J. L.(2022). 트라우마(최현정 역). 사람의집. (원저 1997년).

Hurvich, M. S.(1989). Traumatic moment, basic dangers and annihilation anxiety. *Psychoanalytic Psychology, 6*(3), 309.

Kertesz, I.(2003). 태어나지 않은 아이를 위한 기도(정진석 역). 다른우리. (원저 1990년).

Kira, I. A., Templin, T., Lewandowski, L., Ramaswamy, V., Ozkan, B., Mohanesh, J., & Hussam, A.(2012). Collective and personal annihilation anxiety: Measuring annihilation anxiety AA. *Psychology, 3*(01), 90.

Klein, M.(1975). Envy and Gratitude and Other Works 1946-1963. In M. Masud and R. Khan(eds.). *The International Psycho-Analytical Library, 104*. London: The Hogarth Press and the Institute of Psycho-Analysis.

Lacan, J.(1949). The Mirror Stage as Formative of the Function of the 1. *Ecrits: A Selection*, trans. Alan Sheridan, 1-7. New York: Norton,

1977.

Lembke, A.(2022). 도파민네이션(김두완 역). 흐름출판. (원저 2021년).

McWilliams, N.(2007). 정신분석적 심리치료(권석만, 이한주, 이순희 역). 학지사. (원저 2004년).

Myers, D. G.(2009). 마이어스의 심리학(신현정, 김비아 역). 시그마프레스. (원저 2007년).

Porges, S. W.(2020). 다미주 이론(노경선 역). 위즈덤하우스. (원저 2011년).

Stahl, S.(2016). 심리학, 자존감을 부탁해(김시형 역). 갈매나무. (원저 2011년).

Stolorow, R. D.(1999). The phenomenology of trauma and the absolutisms of everyday life: A personal journey. *Psychoanalytic Psychology, 16*(3), 464.

Tsabary, S.(2022). 깨어있는 부모(구미화 역). 나무의마음. (원저 2010년).

van der Kolk, B. A.(2016). 몸은 기억한다(제효영 역). 을유문화사. (원저 2014년).

Zaretsky, E.(2022). 프로이트와 20세기(권오룡 역). 문학과지성사. (원저 2005년).